독자의 1초를
아껴주는 정성을
만나보세요!

세상이 아무리 바쁘게 돌아가더라도 책까지 아무렇게나 빨리 만들 수는 없습니다.

인스턴트 식품 같은 책보다 오래 익힌 술이나 장맛이 밴 책을 만들고 싶습니다.

땀 흘리며 일하는 당신을 위해 한 권 한 권 마음을 다해 만들겠습니다.

마지막 페이지에서 만날 새로운 당신을 위해 더 나은 길을 준비하겠습니다.

길벗 IT 도서 열람 서비스

도서 일부 또는 전체 콘텐츠를 확인하고 읽어볼 수 있습니다.
길벗만의 차별화된 독자 서비스를 만나보세요.

더북(TheBook) ▶ https://thebook.io

더북은 (주)도서출판 길벗에서 제공하는 IT 도서 열람 서비스입니다.

ZUKAI SOKUSENRYOKU ChatGPT NO SHIKUMI TO GIJUTSU GA KORE 1SATSU DE
SHIKKARI WAKARU KYOKASHO
by Nakatani Shuyo
Copyright © 2024 Nakatani Shuyo
All rights reserved.
Original Japanese edition published by Gijutsu-Hyoron Co., Ltd., Tokyo
This Korean language edition published by arrangement with Gijutsu-Hyoron Co., Ltd., Tokyo
in care of Tuttle-Mori Agency, Inc., Tokyo, through Botong Agency, Seoul.

그림으로 이해하는 챗GPT 구조와 기술
STRUCTURE AND TECHNOLOGY OF CHATGPT

초판 발행 · 2025년 11월 5일

지은이 · 나카타니 슈요
옮긴이 · 박광수
발행인 · 이종원
발행처 · (주)도서출판 길벗
출판사 등록일 · 1990년 12월 24일
주소 · 서울시 마포구 월드컵로 10길 56(서교동)
대표전화 · 02)332-0931 | **팩스** · 02)323-0586
홈페이지 · www.gilbut.co.kr | **이메일** · gilbut@gilbut.co.kr

기획 및 책임편집 · 이다빈(dabinlee@gilbut.co.kr) | **편집** · 이다빈 | **디자인** · 장기춘 | **표지 일러스트** · 피클첨스
제작 · 이준호, 손일순, 이진혁 | **마케팅** · 임태호, 전선하, 박민영, 서현정, 박성용 | **유통혁신** · 한준희 | **영업관리** · 김명자
독자지원 · 윤정아

교정교열 · 김윤지 | **전산편집** · 책돼지 | **출력 및 인쇄** · 정민문화사 | **제본** · 정민문화사

- 잘못 만든 책은 구입한 서점에서 바꿔 드립니다.
- 이 책은 저작권법에 따라 보호받는 저작물이므로 무단전재와 무단복제를 금합니다.
  이 책의 전부 또는 일부를 이용하려면 반드시 사전에 저작권자와 ㈜도서출판 길벗의 서면 동의를 받아야 합니다.

ISBN 979-11-407-1634-0 93000
(길벗 도서번호 080461)

정가 24,000원

독자의 1초를 아껴주는 길벗출판사

㈜도서출판 길벗 | IT교육서, IT단행본, 경제경영서, 어학&실용서, 인문교양서, 자녀교육서 www.gilbut.co.kr
길벗스쿨 | 국어학습, 수학학습, 어린이교양, 주니어 어학학습, 학습단행본 www.gilbutschool.co.kr

페이스북 · www.facebook.com/gbitbook

그림으로 이해하는 챗GPT 구조와 기술

나카타니 슈요 지음
박광수 옮김

지은이의 말

챗GPT는 미국 OpenAI가 2022년 11월 말 출시한 AI 기반 채팅 도구로, 기존의 챗봇(chatbot)보다 훨씬 정교한 기술을 선보이며 등장 직후부터 폭발적인 반응을 이끌어 냈습니다. 출시 두 달 만에 활성 이용자 수 1억 명을 돌파했으며, 이는 이전까지 가장 빠른 성장세를 보였던 틱톡이 같은 수치에 도달하는 데 9개월이 걸린 것과 비교하면 그 영향력을 짐작할 수 있습니다.

챗GPT는 사회 전반에서 큰 변화를 일으키고 있습니다. 예를 들어 GPT-4가 미국 사법 시험에서 합격점을 받은 사례나, OpenAI의 CEO 샘 알트만(Samuel H. Altman)이 일본 총리와 만나 일본 내 거점 설립을 논의한 일 등은 AI가 기존 상식을 넘어서는 변화를 만들어 가고 있음을 보여 줍니다.

챗GPT가 기존 AI 기술과 뚜렷이 구별되는 점은 인간이 일상 언어로 지시를 내릴 수 있는 높은 범용성에 있습니다. 이것으로 AI 전문 지식이 없는 일반 사용자도 자신이 원하는 기능을 손쉽게 구현할 수 있게 되었습니다.

이 책은 챗GPT의 높은 범용성을 가능하게 한 핵심 기술, 즉 대규모 언어 모델(Large Language Model, LLM)의 구조와 원리를 체계적으로 설명합니다. 'AI를 사용하는 데 구조까지 알아야 할까?'라는 의문이 들 수 있습니다. 그럼에도 AI가 인간의 언어를 이해하고 복잡한 지시를 수행하는 과정이 어떤 기술로 구현되는지 이해하는 일은 매우 중요합니다. 이러한 이해는 AI의 장단점과 응용 가능성, 성능을 높이는 요소, 앞으로 발전 방향을 깊이 있게 고찰하는 기반이 됩니다.

사실, 불과 몇 년 전만 해도 이러한 수준의 기술은 30년은 더 걸릴 것이라는 전망이 많았습니다. 지금 우리는 상상을 뛰어넘는 속도로 발전한 AI 기술의 한가운데에 있습니다. 그렇기에 이 시점에서 그 구조와 원리를 제대로 이해하는 일은 더욱 의미가 있습니다.

CHATGPT

이 책은 기술적 해설에 그치지 않고, '생성형 AI는 단순히 학습 데이터를 조합하는 것인가?', 'AI가 반란을 일으켜 인류를 위협할 가능성은 있는가?'처럼 흥미로운 주제의 칼럼도 함께 담았습니다. 독자 여러분이 즐겁게 읽으며 AI를 보다 깊이 이해하는 계기가 되길 바랍니다.

2024년 7월

나카타니 슈오

옮긴이의 말

저는 2017년부터 일본에서 웹 프로그래머로 일하고 있습니다. 급변하는 개발 환경 속에서 대규모 언어 모델(LLM)은 제 업무 효율을 극대화하는 강력한 파트너입니다. 특히 해외 근무 환경에서 비즈니스 메일이나 팀즈(슬랙) 스레드를 작성할 때 미묘한 뉘앙스와 정확한 표현을 고민할 때가 많습니다. 이러한 순간마다 LLM은 언어 교정은 물론, 일본어나 영어로 된 전문 자료를 빠르게 요약해 주는 최고의 언어 능력자 역할을 톡톡히 해내고 있습니다.

LLM의 강점은 코딩 분야에서 더욱 빛을 발합니다. 현재 활용하는 깃허브 코파일러 덕분에 아이디어 구상부터 코드 작성, 최종 리뷰 과정까지 LLM의 지원 없이는 상상하기 어려울 만큼 필수적인 존재가 되었습니다. LLM은 이제 단순한 도구가 아니라, 제 업무 생산성을 비약적으로 높여 주는 핵심 엔진입니다.

이 혁신의 중심에 있는 챗GPT와 그 근간 기술들을 깊이 있게 다룬 이 책은 독자에게 놀라운 통찰을 선사합니다. 특히 다음과 같은 점들이 인상 깊었습니다.

1. **AI 및 자연어 처리 기술의 기초부터 최신 응용까지**

   AI의 핵심 개념부터 기계 학습, 심층 학습, 자연어 처리의 전반을 체계적으로 다룹니다. 나아가 생성형 AI, 범용 인공지능(AGI), 트랜스포머 모델에 대한 심도 있는 설명은 관련 분야 지평을 넓혀 줍니다.

2. **AI 기술이 던지는 사회적, 철학적 질문 제시**

   단순한 기술 설명을 넘어 AI가 우리 사회에 미치는 영향, 보안 문제, AI의 편향성, 미래에 대한 철학적 논의까지 폭넓게 다룹니다. 이는 독자가 기술 사용을 넘어 책임감 있는 AI 시대의 구성원으로서 사고할 수 있도록 이끌어 줍니다.

CHATGPT

3. 실제적인 AI 기술 활용 로드맵 제시

OpenAI API 등 실질적인 AI 기술을 설명합니다. 이는 AI 기술을 비즈니스에 접목하려는 독자에게 매우 실용적인 활용 방안을 제시합니다.

4. 최신 AI 기술의 발전 과정을 조망하는 깊은 통찰

기술 발전의 흐름을 단계별로 명쾌하게 설명하여 독자가 최신 AI 기술이 어떻게 현재 위치에 도달했는지에 대한 깊이 있는 맥락을 이해할 수 있도록 돕습니다.

이 책은 AI나 챗GPT의 원리를 알고 싶어 하는 초보자와 중급자 모두에게 좋은 안내서가 될 것입니다. 챗GPT가 우리 일상과 업무에 미치는 영향이 갈수록 중요해지는 지금, 이 책으로 LLM의 무궁무진한 매력을 발견하고 관련 지식을 탄탄하게 다지기를 강력히 추천합니다.

부족한 번역을 보완하느라 수고하신 길벗 담당자님과 사랑하는 아내 츠카모토 유이(塚本 唯)님께 깊은 감사를 전합니다.

2025년 11월

아크몬드(박광수)

베타 리딩 후기

이 책은 마치 컴퓨터 사이언스와 인공지능 분야의 백과사전 같은 책입니다. 인공지능의 역사부터 하드웨어(GPU, NPU 등), LLM(대규모 언어 모델)까지 매우 폭넓은 영역의 지식을 다룹니다. 그동안 학습했던 내용을 복습할 수 있을 뿐만 아니라, 미처 알지 못했던 새로운 내용도 배울 수 있어 유익했습니다. 특히 다른 책에서는 보기 어려운 AI 관련 자격시험에 출제된 내용이 상당 부분 포함되어 있어 인상적이었습니다. 이 책은 전반적으로 인공지능의 기본 이론과 원리를 중심으로 설명하고 있어 실무보다 인공지능의 기초를 체계적으로 학습하고자 한다면 추천합니다.

김영익_백엔드 개발자

이 책은 프롬프트 엔지니어링의 다양한 기법을 구체적인 예시와 함께 설명하며, 교정 기능이나 마크다운 표기법 등을 활용하여 이전보다 더 나은 결과물을 얻는 방법을 안내합니다. 또 AI 연구의 역사를 연대기 순으로 정리하고, 주요 AI 모델들의 장단점을 비교하여 독자가 자신의 목적에 맞는 AI를 선택할 수 있도록 돕습니다. 머신러닝의 학습 과정이나 과적합(overfitting)처럼 난해한 개념도 그림으로 직관적으로 풀어내어 깊은 전문 지식이 없어도 AI의 전체 구조와 흐름을 쉽게 이해할 수 있습니다. AI의 기본 원리부터 실제 활용까지 체계적으로 정리하고자 하는 입문자에게 특히 추천할 만한 책입니다.

추성원_GOTROOT/Pentester

GPT를 자주 사용하지만 원리를 제대로 이해하지 못한 채 활용하고 있어 보다 효율적으로 사용하고 개념을 깊이 이해하고자 〈그림으로 이해하는 챗GPT 구조와 기술〉 베타 리더에 지원하게 되었습니다. 이 책은 인공지능과 GPT의 작동 원리를 다양한 그림과 사례를 활용하여 직관적으로 설명합니다. 복잡한 개념을 시각 자료로 풀어내어 이해하기 쉽고, 인공지능을 처음 접하는 독자도 부담 없이 읽을 수 있습니다. 단순히 GPT 기술의 사용법만 나열하는 것이 아니라, 'AI가 왜 이렇게 동작하는가'라는 근본적인 질문에 대해 기초부터 차근히 설명해 주어 자연스럽게 이해할 수 있도록 구성되어 있습니다. AI 개념을 처음부터 체계적으로 정리하고 싶거나 인공지능 원리를 전반적으로 쉽고 명확하게 이해하고자 하는 독자에게 추천할 만한 훌륭한 입문서입니다.

임재곤_백엔드 개발자

챗GPT의 구조와 작동 원리를 더 깊이 이해하고 싶어 이번 베타 프로그램에 참여하게 되었습니다. 이 책은 챗GPT를 구성하는 다양한 기술을 역사적 발전 흐름과 최신 트렌드까지 폭넓게 다루고 있어 매우 인상적이었습니다. 일반 교양서보다 한층 깊이 있게 챗GPT를 설명하고 있어 다소 어렵게 느껴지기도 했지만, 각 주제를 세밀하게 다루어 챗GPT를 비롯한 생성형 AI 전반에 대한 이해의 폭을 넓힐 수 있었습니다.

김수정_취업준비생

〈그림으로 이해하는 챗GPT 구조와 기술〉은 이제 일상화된 대규모 언어 모델(LLM)이 어떤 원리로 작동하는지 명확히 이해할 수 있는 책입니다. 오늘날 많은 사람이 다양한 LLM을 활용하고 있지만, 그 편리함에 익숙해지면서 어느새 기술의 구조와 원리를 간과하기도 합니다. 무언가를 '안다'는 것은 단순히 사용하는 단계를 넘어, 그 구조를 이해하고 직접 결과물을 만들어 낼 수 있을 때 비로소 완성됩니다. 이 책은 인공지능을 보다 효율적으로 활용하고자 하는 독자는 물론, 한 단계 더 나아가 더욱 발전된 AI 시스템을 만들고자 하는 사람에게도 도움이 될 것입니다.

박경호_개발자

주의 사항

이 도서는 2024년 9월 시점의 정보를 바탕으로 집필된 원서를 기준으로 하며, 번역 과정에서 2025년 7월 기준의 최신 내용을 반영하였습니다. 다만 AI 및 관련 기술은 매우 빠르게 변화하고 있어, 책의 내용이나 예시, 명령어, 요금제, 화면 구성 등이 실제 서비스와 다를 수 있습니다. 또한 책의 내용은 정보 제공만을 목적으로 하며, 이를 활용한 운영 및 판단의 책임은 전적으로 독자에게 있습니다. 따라서 이 책을 이용한 결과에 대해 출판사 및 역저자는 어떠한 책임도 지지 않습니다. 본문에 수록된 실행 결과와 화면 이미지는 집필 당시 챗GPT가 생성한 결과를 기록한 것으로, 이후의 모델 업데이트나 환경 변화에 따라 달라질 수 있습니다. 책에 기재된 웹 사이트 주소 및 외부 서비스 내용은 사전 예고 없이 변경될 수 있습니다.

목차

1장 챗GPT ····· 019

1.1 챗GPT란 020
- 1.1.1 챗GPT 시작 020
- 1.1.2 챗GPT 활용 사례 021

1.2 편리한 챗GPT 기능 026
- 1.2.1 채팅 답변 편집 및 조작 026
- 1.2.2 채팅 기록 및 공유 027

1.3 프롬프트 엔지니어링 028
- 1.3.1 프롬프트와 컨텍스트 028
- 1.3.2 프롬프트 엔지니어링 029

1.4 챗GPT 엔진(대규모 언어 모델) 035
- 1.4.1 GPT-4와 GPT-3.5 035
- 1.4.2 웹 검색 연동 기능 038
- 1.4.3 멀티모달 기능(이미지를 이용한 채팅) 039
- 1.4.4 Code Interpreter(프로그램 자동 실행) 040

1.5 GPTs(AI의 커스터마이징 기능) 042
- 1.5.1 GPTs 042
- 1.5.2 GPT 빌더 043

1.6 챗GPT 이외의 AI 채팅 서비스 045
- 1.6.1 구글 제미나이 045
- 1.6.2 마이크로소프트 코파일럿 047
- 1.6.3 앤트로픽 클로드 048

1.7 AI 채팅을 이용할 때 주의할 점 050
- 1.7.1 무작위성이 존재한다 050
- 1.7.2 오류 가능성 051
- 1.7.3 금지된 행위 052
- 1.7.4 입력 데이터 취급 052
- 1.7.5 GPTs 이용할 때 주의 사항 053

2장 인공지능 ····· 055

2.1 AI(인공지능) 056
　　2.1.1 인공지능이란 056

2.2 AI 역사 058
　　2.2.1 AI 연구의 역사 058

2.3 생성형 AI와 범용 인공지능 062
　　2.3.1 생성형 AI 062
　　2.3.2 범용 인공지능(AGI) 064

3장 머신러닝과 딥러닝 ····· 069

3.1 머신러닝 070
　　3.1.1 머신러닝 ≠ 기계가 스스로 학습하는 것 070
　　3.1.2 머신러닝 종류 071
　　3.1.3 추론과 학습 073
　　3.1.4 최적화 074
　　3.1.5 일반화와 과적합 075

3.2 신경망 079
　　3.2.1 신경망이란 079
　　3.2.2 신경망 구조 080

3.3 신경망의 학습 084
　　3.3.1 경사 하강법을 이용한 학습 084
　　3.3.2 오차 역전파법 086

3.4 정규화 089
　　3.4.1 드롭아웃 089
　　3.4.2 배치 정규화 090
　　3.4.3 잔차 신경망 092

3.5 컴퓨터에서 숫자를 다루는 방법 095
   3.5.1 2진수로 정수와 소수 표현 095
   3.5.2 부동 소수점 수 096
   3.5.3 부동 소수점 수의 대표적인 형식 097
   3.5.4 부동 소수점 수의 정밀도와 동적 범위 099

3.6 양자화 102
   3.6.1 모델 크기와 GPU VRAM 관계 102
   3.6.2 양자화 104

3.7 GPU를 활용한 딥러닝 107
   3.7.1 계산을 빠르게 하는 방법 107
   3.7.2 GPU vs CPU 108
   3.7.3 GPU의 탄생과 범용 계산 110
   3.7.4 딥러닝에 특화된 GPU와 NPU 112
   3.7.5 GPU/NPU의 소프트웨어 지원 115

4장 자연어 처리 ····· 119

4.1 자연어 처리 120
   4.1.1 딥러닝 이전의 자연어 처리 120
   4.1.2 자연어 처리와 딥러닝 122

4.2 문자와 문자 코드 125
   4.2.1 문자 코드 125
   4.2.2 유니코드 126

4.3 단어와 토큰 130
   4.3.1 문장을 컴퓨터가 처리할 수 있도록 분할하기 130
   4.3.2 단어와 문자 기반 분할 131
   4.3.3 서브워드 133

- **4.4 토크나이저 137**
  - 4.4.1 토크나이저의 학습 137
  - 4.4.2 어휘 수와 토큰 수의 트레이드 오프 139
- **4.5 Word2Vec 142**
  - 4.5.1 '개념'을 다루는 방식 142
  - 4.5.2 Word2Vec으로 단어의 벡터 표현 144
  - 4.5.3 Word2Vec이 단어 의미를 파악하는 원리 146
- **4.6 임베딩 벡터 150**
  - 4.6.1 토큰 벡터는 '의미'를 나타내지 않는다 150
  - 4.6.2 임베딩 벡터 152
  - 4.6.3 다양한 임베딩 벡터 153

5장 대규모 언어 모델 ····· 157

- **5.1 언어 모델 158**
  - 5.1.1 모델이란 158
  - 5.1.2 언어 모델이란 160
- **5.2 대규모 언어 모델 163**
  - 5.2.1 대규모 언어 모델과 '일반적인 언어 능력' 163
- **5.3 신경망의 범용성과 기반 모델 165**
  - 5.3.1 신경망으로 특징 추출 165
  - 5.3.2 기반 모델 166
  - 5.3.3 기반 모델로 정확도가 향상되는 원리 167
- **5.4 스케일링 법칙과 창발성 170**
  - 5.4.1 스케일링 법칙과 창발성 170
  - 5.4.2 대규모 언어 모델의 파라미터 수 172

5.5 언어 모델이 텍스트를 생성하는 원리　175
　5.5.1 언어 모델의 텍스트 생성　175
　5.5.2 자기 회귀 언어 모델　176
　5.5.3 탐욕법　178

5.6 텍스트 생성 전략　180
　5.6.1 랜덤 샘플링과 소프트맥스 함수　180
　5.6.2 '온도'의 역할　182
　5.6.3 단어 생성의 트리 다이어그램　183
　5.6.4 빔 서치　185

5.7 언어 모델을 이용한 AI 채팅　190
　5.7.1 문장 생성을 이용한 AI 채팅　190
　5.7.2 대규모 언어 모델을 이용한 AI 채팅의 문제점　192

5.8 로컬 LLM　195
　5.8.1 로컬 LLM이란　195
　5.8.2 로컬 LLM 환경　197
　5.8.3 로컬 LLM을 이용한 추론 과정　199

5.9 대규모 언어 모델의 라이선스　203
　5.9.1 로컬 LLM의 생태계　203
　5.9.2 소프트웨어 라이선스　204
　5.9.3 대규모 언어 모델의 라이선스 종류　204

5.10 대규모 언어 모델의 평가　208
　5.10.1 대규모 언어 모델의 평가 방법　208
　5.10.2 리더보드　211

5.11 대규모 언어 모델의 학습: 사전 학습　213
　5.11.1 사전 학습과 기반 모델　213
　5.11.2 자기 지도 학습　213
　5.11.3 기반 모델의 추가 학습　215
　5.11.4 사전 학습의 훈련 데이터　216

5.12 대규모 언어 모델의 학습: 파인튜닝 220

    5.12.1 파인튜닝 220

    5.12.2 파인튜닝 방법 222

    5.12.3 RLHF 223

    5.12.4 LoRA 224

5.13 컨텍스트 내 학습 229

    5.13.1 문맥 내 학습 229

6장 트랜스포머 ····· 233

6.1 회귀형 신경망(RNN) 234

    6.1.1 벡터의 차원 234

    6.1.2 회귀형 신경망 235

    6.1.3 언어 모델로서 RNN 237

    6.1.4 장거리 의존성과 LSTM 238

    6.1.5 인코더–디코더 240

6.2 주의 메커니즘 243

    6.2.1 인간의 인지와 주의 메커니즘 243

    6.2.2 주의 메커니즘의 기본 244

    6.2.3 인코더–디코더와 주의 메커니즘 247

6.3 주의 메커니즘의 계산 250

    6.3.1 주의 메커니즘 계산 250

    6.3.2 주의 메커니즘이 잘 작동하는 이유 254

6.4 트랜스포머 257

    6.4.1 트랜스포머의 기본 구성 257

    6.4.2 위치 인코딩 260

    6.4.3 멀티헤드 주의 메커니즘 261

6.5 BERT 264
　　6.5.1 BERT(버트) 특징 264
　　6.5.2 BERT의 사전 학습 265

6.6 GPT 268
　　6.6.1 GPT 모델의 기본 구조 268
　　6.6.2 Mixture of Experts 270

7장　API를 이용한 AI 개발 ····· 273

7.1 OpenAI API 활용 274
　　7.1.1 OpenAI API 274
　　7.1.2 OpenAI API를 이용할 때 주의 사항 275

7.2 텍스트 생성 API(Completion API 등) 277
　　7.2.1 텍스트 생성 API의 종류 277

7.3 OpenAI API 요금 280
　　7.3.1 OpenAI API의 토큰 280
　　7.3.2 텍스트 생성 모델의 종류와 요금 281
　　7.3.3 OpenAI 토크나이저 라이브러리 tiktoken 283
　　7.3.4 언어별 토큰 수 차이 284

7.4 텍스트 생성 API에 지정하는 파라미터 287
　　7.4.1 텍스트 생성 API의 파라미터 287

7.5 텍스트 생성 API와 외부 도구의 연계: Function Calling 292
　　7.5.1 Function Calling 292
　　7.5.2 랭체인 라이브러리 293
　　7.5.3 기계가 읽을 수 있는 도구로써 Function Calling 294

7.6 임베딩 벡터 생성 API와 규약 위반 검사 API 297
　　7.6.1 임베딩 벡터 생성 API 297
　　7.6.2 임베딩 벡터 생성 API의 모델 종류 298
　　7.6.3 약관 위반 검사(Moderation) API 299

7.7 OpenAI 이외의 대규모 언어 모델 API 서비스　**301**
　　7.7.1　마이크로소프트 Azure OpenAI API　301
　　7.7.2　구글, Vertex AI　303
　　7.7.3　아마존, Bedrock　304
7.8 RAG　**306**
　　7.8.1　외부 지식을 활용한 AI 애플리케이션 개발　306
　　7.8.2　RAG　307

8장　대규모 언어 모델의 영향 ····· 315

8.1 생성형 AI의 위험과 보안　**316**
　　8.1.1　생성형 AI가 미치는 악영향　316
　　8.1.2　생성형 AI의 악용　318
　　8.1.3　생성형 AI가 부적절한 출력을 할 위험　319
　　8.1.4　생성형 AI를 이용한 서비스 공격　320
　　8.1.5　대책과 가이드라인　321
8.2 AI의 편향과 정렬　**323**
　　8.2.1　학습 데이터의 편향이 AI에 미치는 영향　323
　　8.2.2　AI의 편향성을 제어하는 방법　325
8.3 환각　**328**
　　8.3.1　AI는 실수한다　328
　　8.3.2　환각의 정체　329
　　8.3.3　환각의 대책　330
　　8.3.4　환각을 없앨 수 있을까?　332
8.4 AI의 민주화　**334**
　　8.4.1　AI 활용의 민주화　334
　　8.4.2　AI 개발의 민주화　335
　　8.4.3　빅테크의 컴퓨팅 자원　338

8.5 대규모 언어 모델의 다국어 지원 341
　　8.5.1 챗GPT는 몇 개 언어로 사용 가능한가요? 341
　　8.5.2 대규모 언어 모델의 언어 간 격차 343
　　8.5.3 대규모 언어 모델과 인지, 문화와의 관계 345

8.6 AI와 철학 348
　　8.6.1 지능이란, 언어란 348
　　8.6.2 중국어의 방 348

찾아보기 353

1장

챗GPT

이 장에서는 2022년 11월 말에 출시된 AI 채팅 도구 '챗GPT'의 기본적인 특징과 사용법을 소개합니다. 챗GPT는 마치 사람과 대화하는 것처럼 자연스러운 소통이 가능한 AI 도구로, 방대한 지식과 다양한 기능을 갖추고 있어 전 세계적으로 큰 주목을 받고 있습니다. 여기에서는 챗GPT 대화를 시작하는 방법, 구체적인 활용 사례 등 그 매력과 가능성을 살펴봅니다. 또 챗GPT를 사용할 때 유의해야 할 사항과 효과적으로 활용하는 방법도 설명합니다.

1.1 챗GPT란

챗GPT는 발표와 동시에 전 세계적으로 주목받은 AI 채팅 도구입니다. 단순한 대화 도구를 넘어서는 뛰어난 언어 이해 능력으로 화제를 모았습니다. 이 절에서는 챗GPT의 기본적인 특징과 활용법을 소개합니다.

1.1.1 챗GPT 시작

챗GPT는 미국 OpenAI가 2022년 11월 말에 출시한 AI 채팅 도구입니다. 사람처럼 대화를 주고받을 수 있으며, 풍부한 지식으로 번역, 요약 등 다양한 작업을 수행할 수 있습니다. 이는 이미지 생성형 AI 붐을 넘어 챗GPT 붐을 일으켰습니다.

챗GPT를 사용하려면 다음 URL을 웹 브라우저로 엽니다.

`URL` https://ChatGPT.com/

▼ 그림 1-1 챗GPT 기본 화면

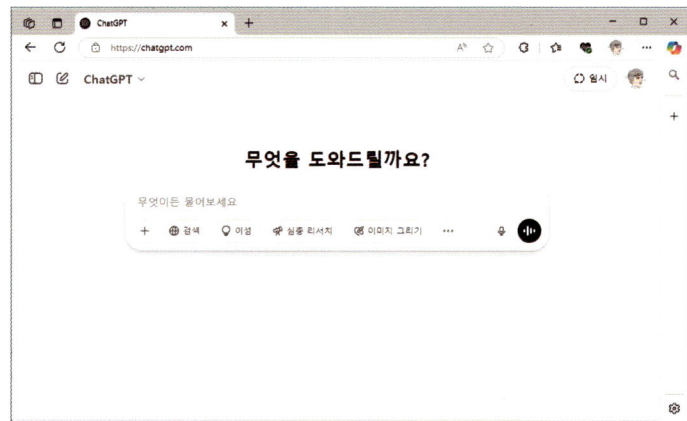

화면 아래쪽 채팅창에 텍스트를 입력한 후 오른쪽에 있는 **보내기** 버튼 또는 `Enter`를 누르면 챗GPT와 대화를 시작할 수 있습니다.

화면 오른쪽 위에 있는 **회원 가입** 버튼을 눌러 OpenAI 계정을 생성하면 더 나은 AI 모델을 이용하거나, 채팅 기록을 저장하거나, 표시 언어 전환 등 기능을 활용할 수 있습니다. 회원 가입은 이메일 주소 입력이나 구글, 마이크로소프트 등 계정과 연동하는 방법이 있습니다. 자세한 내용은 웹 사이트 등을 참고하세요.[1]

1.1.2 챗GPT 활용 사례

챗GPT의 다양한 대화 사례를 몇 가지 소개합니다.

질문과 조언하기

가장 대표적인 챗GPT 활용 방법은 질문에 답변을 받는 것입니다. 챗GPT는 방대한 지식을 바탕으로 복잡한 질문에도 유창한 답변을 제공합니다.

> 챗GPT란 무엇인가요?

> 챗GPT는 OpenAI가 개발한 자연어 처리 모델 중 하나입니다. 사용자와 텍스트 기반 대화를 할 수 있도록 설계된 시스템입니다. 이 모델은 대규모 텍스트 데이터를 학습하여 인간처럼 자연스러운 대화를 생성할 수 있는 능력이 있습니다. (이하 생략)

대화를 이어 가면서 계속 질문하면 문맥을 고려한 답변을 받을 수 있습니다. 예를 들어 앞의 답변을 좀 더 이해하기 쉽게 설명해 달라고 요청하겠습니다.

---

1 [초등학생도 이해하는] 챗지피티(ChatGPT) 가입부터 사용법까지 – 코딩 오페라
   https://codingopera.tistory.com/78

> 👤 좀 더 쉬운 말로 설명해 주세요.

> 🤖 물론입니다. 챗GPT는 컴퓨터 프로그램의 일종으로, 텍스트 메시지를 이용하여 사람과 컴퓨터의 대화를 흉내 낼 수 있습니다. 질문을 하면 답변을 주고, 정보를 제공하며, 대화를 나눌 수 있습니다. 이러한 기능은 고객 지원, 질문 응답, 대화 상대 등으로 활용됩니다. 예를 들어 스마트폰의 음성 비서나 웹 사이트의 챗봇 등으로 활용되고 있습니다. 챗GPT는 방대한 문장을 학습하여 사람처럼 자연스러운 언어로 답변할 수 있습니다. 프로그램을 작성하지 않고도 텍스트 메시지로 컴퓨터와 대화할 수 있습니다.

정보 제공뿐만 아니라 고민 상담에 조언도 받을 수 있습니다.

> 👤 건강한 식생활을 조언해 주시겠어요?

> 🤖 물론입니다. 건강한 식습관에 대한 조언을 드립니다. 건강한 식습관의 핵심은 균형 잡힌 식단입니다. 주요 포인트는 과일과 채소를 많이 섭취하고, 적절한 단백질 공급원을 선택하고, 곡물을 섭취하고, 적당한 운동을 병행하는 것입니다. 또 가공식품과 고칼로리 음식은 피하는 것이 좋습니다.

이러한 대화는 챗GPT 화면 왼쪽에 기록으로 남아 과거 채팅 내용을 확인하거나 대화를 다시 시작할 수 있습니다.

번역 및 요약하기

챗GPT는 번역과 요약 작업에서도 유용하게 활용할 수 있습니다. 예를 들어 영어판 위키피디아의 인공지능 관련 기사[2]를 복사하여 붙여 넣은 후 번역과 요약을 부탁해 봅시다.

> 👤 아래 기사를 한글 3줄로 요약해 주세요.
> ---
> Artificial intelligence (AI) is the intelligence of machines or software, as opposed to the intelligence of humans or animals. (이하 생략)

---

2 https://en.wikipedia.org/wiki/Artificial_intelligence

- 인간이나 동물의 지능과는 달리 AI는 기계나 소프트웨어의 지능을 의미하고, 컴퓨터 과학 분야에서 연구되고 있으며, 때로는 AI는 자체가 기계를 지칭한다.
- AI 기술은 광범위하게 활용되고 있으며, 고도화된 웹 검색 엔진, 추천 시스템, 음성 인식, 자율주행차, 창의적인 도구, 전략 게임에서 경쟁 등 다양한 분야에서 사용되고 있다.
- AI는 1956년에 학문으로서 설립되었으며, 딥러닝이 다른 AI 기술을 뛰어넘은 2012년 이후 투자와 관심이 급격히 증가했다. 또 AI 연구는 다양한 목표와 도구를 중심으로 진행되어 심리학, 언어학, 철학, 신경 과학 등 여러 학문 분야의 영향을 받고 있다.

이외에도 문장의 퇴고와 영문 첨삭 작업도 가능합니다.

아이디어 발상하기

아이디어를 다른 사람에게 이야기하고 언어화하는 것을 벽치기(벽을 향해 공을 치며 연습하는 것에 비유)라고 합니다. 혼자서 공을 치는 것과 달리 아이디어 벽치기는 함께할 사람이 필요하여 쉽게 실행하기가 어렵습니다. 하지만 챗GPT라면 언제든 벽치기 상대가 되어 줄 수 있습니다.

젊은 층을 겨냥한 스마트폰 게임 앱을 개발할 계획입니다. 어떤 게임을 만들면 잘 팔릴지 몇 가지 아이디어를 제시해 주세요.

물론 게임의 성공 여부를 정확히 예측하기는 어렵지만, 젊은 사용자를 위한 인기 있는 게임 아이디어 몇 가지를 소개하겠습니다. 단 시장 트렌드는 계속 변화하므로 경쟁력을 갖추려면 독창성을 추구하는 것이 중요합니다.

1. 소셜 요소가 포함된 RPG 게임:
플레이어가 동료를 모아 협력하며 전투와 퀘스트를 수행하는 RPG 게임. 플레이어 간에 소통하고 경쟁할 수 있는 요소로 도입하여 장기적인 플레이를 유도할 수 있습니다.
2. 퀴즈 게임:
(이하 생략)

좋네요! 1번의 RPG 게임을 만든다면 어떤 스토리가 좋을까요?

여러 사람이 함께 아이디어를 내는 것을 브레인스토밍(brainstorming)이라고 하는데, 챗GPT에서 가상의 참가자(페르소나)를 설정하여 유사 브레인스토밍을 진행할 수도 있습니다.

> 기술자, 마케팅 담당자, 경영자, 저 이렇게 4명이 브레인스토밍을 합니다. 저를 제외한 3명의 역할을 맡아 주세요. 우선 토론이 다양성을 가질 수 있도록 3명의 성격을 설정해 주세요. 제 다음 발언부터 토론을 시작하겠습니다.

> 물론입니다. 각 역할을 다음과 같이 설정하겠습니다.
>
> 1. 기술자(Taro): 세부적인 부분까지 신경을 쓰는 타입으로 현실적인 제약이나 문제점을 빨리 발견한다. 하지만 때때로 시야가 좁아지는 경향이 있다.
> 2. 마케팅 담당자(Yumi): 낙천적이며, 새로운 아이디어와 시장 변화에 관심이 많다. 그러나 기술적인 세부 사항은 익숙하지 않다.
> 3. 경영자(Ken): 결과 중심적으로 사고하며, ROI(투자 대비 효과)와 사업 확장 관점에서 판단한다. 하지만 장기적인 비전과 단기적인 수익 사이에서 균형을 맞추는 것이 어렵다.
>
> 이러한 성격 설정으로 토론을 진행하면 다양한 관점에서 아이디어가 나올 것입니다. 그러면 이제 토론을 시작하겠습니다.

프로그래밍

프로그래밍 언어도 하나의 언어입니다. 따라서 챗GPT는 프로그래밍도 도와줄 수 있습니다.

다음으로 챗GPT가 작성한 자바스크립트 코드 예시를 소개합니다. 챗GPT는 파이썬, 자바, C++ 등 다양한 프로그래밍 언어를 지원합니다. 챗GPT에 "어떤 프로그래밍 언어를 사용할 수 있나요? 각 언어로 Hello World[3]를 작성해 보세요."라고 물어보는 것도 재미있습니다. 또 챗GPT는 Apache(웹 서버), MySQL(데이터베이스), Linux OS 등 다양한 소프트웨어 설정 파일 지식도 보유하고 있어 사용자가 원하는 방식대로 설정하는 방법을 안내받을 수도 있습니다.

---

[3] Hello World는 가장 기본적인 프로그래밍 예제입니다. 실행하면 단순히 "Hello World!"라는 문장을 출력합니다.

단 챗GPT가 생성된 프로그램이 완벽하지 않을 수 있습니다. 실행 중 오류가 발생하여 오류 메시지를 챗GPT에 전달하면 수정안을 제시해 줍니다. 〈소프트웨어 개발에 챗GPT를 사용할 수 있을까?〉(기술평론사, 2023) 같은 책을 참고하면 더욱 유용하게 활용할 수 있습니다.

▼ 그림 1-2 챗GPT를 활용한 프로그래밍

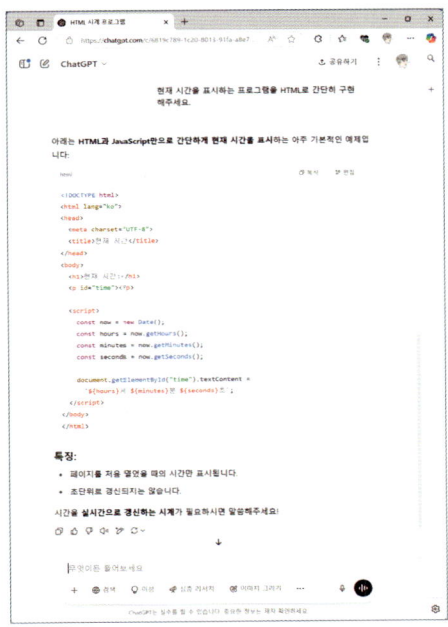

지금까지 소개한 내용은 챗GPT 활용법 중 일부에 불과합니다. 이외에도 이메일 답변을 작성하거나 데이터를 표로 정리하는 등 다양한 용도로 활용될 수 있으니, 챗GPT 활용법을 더 알고 싶다면 관련 책이나 기사를 참고해 보는 것도 좋습니다.

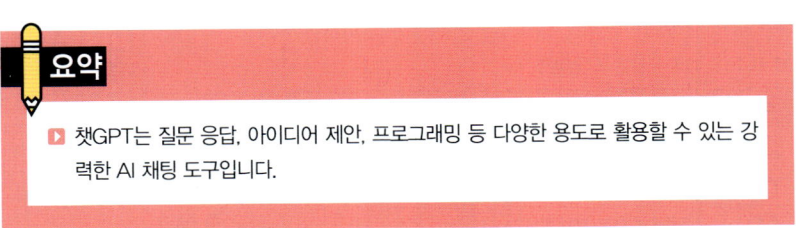

▶ 챗GPT는 질문 응답, 아이디어 제안, 프로그래밍 등 다양한 용도로 활용할 수 있는 강력한 AI 채팅 도구입니다.

1.2 편리한 챗GPT 기능

챗GPT 답변에는 편집, 재생성 등 기능을 수행할 수 있는 버튼이 제공됩니다. 이를 적절히 활용하면 더 나은 답변을 얻거나 내용의 신뢰성을 확인할 수 있습니다.

1.2.1 채팅 답변 편집 및 조작

사용자가 채팅 답변에 마우스를 올리면 표시되는 메시지 편집 버튼 ✎을 클릭하여 답변 내용을 수정할 수 있습니다. 수정한 후 **보내기** 버튼을 누르면 변경된 답변을 기준으로 챗GPT가 새로운 답변을 제공합니다. 수정한 답변 아래쪽에 '〈 2/2 〉'처럼 표시되며, '〈' 또는 '〉'를 클릭하면 이전 답변과 해당 답변을 확인할 수 있습니다.

챗GPT와 대화가 원치 않는 방향으로 흐를 때는 수정된 답변으로 이어 가기보다 이전 답변을 편집하고 다시 시작하는 것이 대화 흐름을 제어하기 쉽습니다. 이는 챗GPT가 과거 답변을 문맥으로 참조하는 특성이 있기 때문입니다. 잘못된 정보가 로그에 남아 있으면 이후 답변에서도 계속 오류가 발생할 가능성이 있습니다.

답변 재생성 및 피드백하기

챗GPT 답변 아래에는 다양한 조작 버튼이 있습니다.

▼ 표 1-1 챗GPT 답변 조작 버튼

버튼	기능	버튼	기능
🔊	답변을 음성으로 읽어 줍니다.	👍, 👎	답변에 피드백을 제공합니다.
🗐	답변을 클립보드에 복사합니다.	✨	모델을 변경하여 답변을 재생성합니다(25쪽 참고).
↻	답변을 새로 생성합니다.		

재생성 버튼(↻)을 누르면 챗GPT가 답변을 새롭게 생성합니다. 재생성된 답변은 아래쪽에 있는 '〈 2/2 〉'로 다른 버전으로 전환할 수 있습니다.

재생성 기능은 단순히 더 나은 문장을 얻는 용도뿐만 아니라, 답변 오류를 확인하는 데도 활용할 수 있습니다[환각(할루시네이션(hallucination)), 328쪽 참고]. 챗GPT가 근거 없이 작성한 답변일 때는 재생성하면 내용이 180도 바뀌는 경우도 있으므로 잘못된 답변임을 명확히 알 수 있습니다.

피드백 버튼(👍, 👎)을 누르면 AI의 학습 데이터로 활용되어 향후 챗GPT의 답변이 개선될 가능성이 있습니다. 다만 입력한 데이터가 불특정 다수에게 노출될 가능성이 있으므로 재사용해도 괜찮을 때만 피드백을 제공하는 것이 좋습니다.

1.2.2 채팅 기록 및 공유

챗GPT 화면 왼쪽에는 과거 채팅 기록이 표시됩니다. 이전 대화를 선택하면 내용을 확인하거나 삭제, 제목 변경 등 조작을 할 수 있으며, 기존 대화를 계속 이어 갈 수도 있습니다.

채팅 공유하기

채팅 기록의 오른쪽 메뉴 또는 화면 오른쪽 위에 있는 **공유하기** 버튼 ⬆을 누르면 채팅 내용을 공유하는 URL이 생성됩니다. 공유된 URL은 OpenAI 계정이 없는 사람도 접근할 수 있습니다. 공유 링크 내용은 링크 생성 시점의 대화로 고정됩니다. 이후 원래 채팅을 계속 진행하거나 수정해도 이미 생성된 공유 링크에는 반영되지 않습니다.

요약

▶ 답변 편집 기능은 대화 흐름을 조정하는 데 유용하며, 답변 재생성 기능은 환각(잘못된 정보) 여부 확인에 도움을 줍니다.

1.3 프롬프트 엔지니어링

프롬프트 엔지니어링은 챗GPT 같은 생성형 AI(generative AI)에 적절한 지시를 내리는 기술입니다. 이 절에서는 프롬프트와 컨텍스트의 개념을 설명하고, 효과적인 프롬프트를 작성하는 방법을 설명합니다.

1.3.1 프롬프트와 컨텍스트

프롬프트(prompt)란 생성형 AI(챗GPT뿐만 아니라 이미지 생성형 AI 포함)에 대한 지시나 질문을 의미합니다. "번역해 주세요", "요약해 주세요" 같은 지시는 대표적인 프롬프트 예입니다. "백두산의 높이는?" 질문도 대답해 달라는 암묵적인 지시가 포함된 프롬프트라고 할 수 있습니다.

프롬프트라는 용어는 원래 컴퓨터에서 사용자가 입력할 수 있는 상태임을 나타내는 기호('C:\'나 '$')를 의미했습니다. 하지만 AI 기술이 발전하면서 이제는 생성형 AI가 원하는 출력을 내도록 유도하는 입력 문장을 통칭하는 개념으로 씁니다.

▼ 그림 1-3 마이크로소프트 윈도우 명령 프롬프트

```
Microsoft Windows [Version 10.0.22000.2538]
(c) Microsoft Corporation. All rights reserved.

C:\>
```

예를 들어 챗GPT에 다음 문장을 입력한다고 가정해 봅시다.

> 다음 문장을 영어로 번역해 주세요.
> ---
> 세월이 쏜살같다.

첫 번째 줄 "다음 문장을 영어로 번역해 주세요."는 챗GPT 지시입니다.

두 번째 줄 "---"은 지시와 번역할 문장을 구분하는 기호입니다. 이러한 구분선을 잘 사용하면 텍스트 생성형 AI가 사람이 내린 지시에 따를 가능성이 높다고 합니다.

세 번째 줄 "세월이 쏜살같다."는 지시 일부라고 볼 수도 있지만, 그 지시에 따라 참조하는 정보이기도 합니다. 텍스트 생성형 AI가 답변을 생성할 때 참조하는 배경 정보나 문맥을 컨텍스트(context)라고 합니다. 이처럼 프롬프트는 AI에 내리는 지시, 컨텍스트는 AI가 참조하는 정보라고 볼 수 있습니다. 하지만 프롬프트와 컨텍스트의 경계는 명확하지 않으며, 사용자 의도에 따라 다르게 해석될 수 있습니다.

1.3.2 프롬프트 엔지니어링

프롬프트 엔지니어링은 생성형 AI가 원하는 출력을 더 효과적으로 생성하도록 프롬프트를 최적화하는 기술입니다.

예를 들어 앞서 사용한 '---' 기호를 활용한 구분법도 프롬프트 엔지니어링의 한 기법입니다. 인터넷에서 '알아 두면 쓸모 있는 프롬프트 구문'이나 '○○가지 패턴만 익히면 프롬프트 마스터가 될 수 있다' 같은 기사나 자료를 본 적이 있을 것입니다. 또 OpenAI나 허깅페이스(Hugging Face) 등에서도 효과적인 프롬프트 작성법(모범 사례(best practice))을 공개하고 있습니다.[4, 5]

---

4 프롬프트 엔지니어링 - OpenAI API
  https://platform.openai.com/docs/guides/prompt-engineering
5 LLM 프롬프트 가이드
  https://huggingface.co/docs/transformers/main/tasks/prompting

하지만 텍스트 생성형 AI를 가장 잘 활용할 수 있는 프롬프트는 이론적으로 정해진 것이 아닙니다. 테스트 데이터를 사용하여 평가한 프롬프트 엔지니어링 연구도 있지만, 기본적으로 시행착오를 거쳐 효과적인 패턴을 발견하고 이를 정리한 것이 대부분입니다. 따라서 해결하려는 문제나 사용하는 AI 모델에 따라 여러 가지 프롬프트 기법을 시도해 보고 비교하는 것이 중요합니다.

이론적으로 완벽한 해답은 없지만, 생성형 AI는 '사람이 쓸 법한 텍스트를 생성한다'는 특성이 있으며, 이를 활용하여 프롬프트를 개선할 수 있습니다. 여기에서는 프롬프트 최적화 기법을 몇 가지 소개합니다.

명시적으로 지시하기

챗GPT에 문장을 고쳐 달라고 할 때 단순히 "다음 문장을 고쳐 주세요."라고 해도 어느 정도 만족스러운 결과를 얻을 수 있습니다. 하지만 원하는 방향을 보다 구체적으로 명시하면 더욱 바람직한 결과를 얻을 가능성이 높습니다. 필자는 챗GPT를 교정이나 요약에 사용할 때 다음과 같은 지시 사항을 추가합니다.

▼ 표 1-2 프롬프트 추가 지시 예

교정	요약
문장의 톤을 통일해 주세요.	섹션별로 요약해 주세요.
수정 전과 후를 함께 제시해 주세요.	300자 내외로 요약해 주세요.
짧고 쉬운 표현으로 바꿔 주세요.	평가 없이 요약해 주세요.
사실과 다른 부분이 있으면 지적해 주세요.	사실과 다른 내용이 있으면 지적해 주세요.

사람과 마찬가지로 텍스트 생성형 AI도 모르는 것은 대답할 수 없으며, 모호한 지시에는 모호한 대답이 돌아올 수 있습니다. 따라서 신입 사원이나 신입생에게 업무를 가르치듯이 당연한 것도 명확하게 지시하면 좋습니다.

처음부터 완벽하게 프롬프트를 작성할 필요는 없습니다. 원하는 결과가 나오지 않으면 구체적인 지시를 추가하며 점진적으로 개선해 나가면 됩니다. 사람이었

다면 같은 작업을 반복 요청하면 불만이 생기겠지만, AI는 불평 없이 요청을 따라 줄 것입니다.[6]

예시 추가하기

원하는 출력을 효과적으로 얻고 싶다면 구체적인 예시를 프롬프트에 포함하는 것이 좋습니다.

예를 들어 음성 인식 AI(OpenAI Whisper 등)로 음성을 텍스트로 변환할 때 인식 오류나 맞춤법 문제가 발생할 수 있습니다. 이때 챗GPT에는 정리 작업을 맡길 수 있는데, '오픈AI'를 정확한 사명인 'OpenAI'로 통일하도록 요청하는 것이 일반적입니다. 이러한 표기 오류를 하나하나 지시하는 대신 원하는 스타일이나 표기법이 반영된 "다음은 예문입니다. 예문과 같은 스타일로 작성해 주세요."라고 예시문으로 지시만 해도 기대한 결과를 얻을 수 있습니다.

학습 데이터와 동일한 형식 활용하기

AI의 학습 데이터 형식과 경향을 알고 있다면 프롬프트나 예문을 그 형식에 맞추어 작성함으로써 정확도를 높일 수 있습니다. 특히 챗GPT를 포함한 많은 텍스트 생성형 AI는 마크다운(markdown) 형식의 데이터로 학습되었으므로 프롬프트에서도 마크다운 표기법을 활용하면 효과적입니다.

마크다운이란 일반 텍스트(plain text)(색상이나 크기 등 서식 없는 단순한 문자열)를 사용하여 구조적인 문서를 쉽게 작성할 수 있는 표기법입니다. 표 1-3에 마크다운 표기법 일부를 정리했습니다.

---

[6] 단 일정 시간 내 횟수 제한(rate limit)에 걸릴 수 있습니다.

▼ 표 1-3 마크다운 문법 예시표

종류	마크다운 표기법 예시
제목	## 제목1 ## 제목2
글머리 기호	- 항목 1 - 항목 2
인용문	> 인용된 문장
수평선(구분선)	---
강조	** 강조하고 싶은 구절 **

마크다운 형식을 따르면 AI가 문서의 구조와 의도를 더 잘 이해할 수 있어 보다 정확하고 일관된 결과를 얻을 수 있습니다.

생각의 경로 지정하기

인간이 문제를 풀 때는 대개 순서를 정하고 단계별로 생각합니다. 마찬가지로 텍스트 생성형 AI도 절차를 제시하면 보다 논리적인 결론에 도달할 수 있습니다.

지금까지 소개한 방법인 '명시적으로 지시하기'나 '예시 추가하기' 등은 텍스트 생성형 AI가 생각하는 순서를 고려하도록 유도하며, 이를 Chain-of-Thought(CoT)(사고의 연쇄)라고 합니다.[7]

프롬프트에 "차근차근 진행하세요.", "단계별로 생각해 보세요." 같은 문구를 추가만 해도 CoT를 쉽게 도입할 수 있습니다. AI 채팅 프롬프트 대부분은 기본적으로 단계별 지침을 포함하고 있어 별도로 입력하지 않아도 논리적인 사고 과정을 따를 가능성이 높습니다.

또 중간 단계에 대한 구체적인 지시를 추가하면 더욱 효과적입니다. 예를 들어 "개선안을 제시해 주세요."라고 요청하기보다는 "긍정적인 측면과 부정적인 측

---

[7] 예시를 제공하여 유도하는 CoT는 Few-Shot CoT, 명시적인 지시로 유도하는 CoT는 Zero-Shot CoT라고 합니다. Kojima, Takeshi, et al. "Large Language Models are Zero-Shot Reasoners." Advances in neural information processing systems 35(2022): 22199-22213.

면을 분석하여 이를 바탕으로 개선안을 제시해 주세요."라고 하면 보다 구체적이고 체계적인 답변을 얻을 수 있습니다.

AI에 프롬프트 작성 요청하기

AI를 활용하려고 프롬프트 작성법을 공부하는 것도 중요하지만, 프롬프트도 텍스트이므로 AI에 직접 생성하도록 요청할 수도 있습니다.

 '생성형 AI의 저작권을 인정해야 하는가'라는 주제에 AI가 충분히 다양한 관점을 고려할 수 있도록 프롬프트를 작성해 주세요.

 프롬프트:
'생성형 AI의 저작권을 인정해야 하는가'라는 주제에 대해 다각적인 관점에서 고찰해 주세요. 다음의 윤리적, 법적, 기술적, 사회적 측면을 포함하여 논의해 주세요.

1. 윤리적 관점:
    - AI가 자기 의식을 가질 가능성이 있는가? 자기 의식의 유무가 저작권 인정에 어떤 영향을 미치는가?
    - AI가 저작권을 가짐으로써 인간과 동일한 권리와 책임이 생기는가?
    - AI의 작품이 이익을 창출하는 경우 그 이익의 배분은 어떻게 되어야 하는가?
2. 법적 측면:
    - 현행 저작권법에서 AI가 저작자로 인정될 가능성이 있는가?
    - 저작권의 보호 범위와 기간에 대해 AI에 적용할 때 과제는 무엇인가?
    - AI가 저작권을 행사할 때 법적 절차와 책임은 어떻게 되는가?

(후략)

사실 AI에 프롬프트를 생성하도록 하는 것은 이미 널리 사용하는 기법입니다. 예를 들어 챗GPT에서 이미지 생성을 요청하면 내부적으로 프롬프트를 생성하여 DALL-E 3 같은 이미지 생성형 AI에 전달합니다.[8] 또 OpenAI의 GPTs 기능(30쪽 참고)에서도 프롬프트 생성 전용 AI가 다수 등록되어 있습니다.

---

8   챗GPT가 생성한 이미지의 프롬프트는 해당 이미지를 열고 오른쪽 위에 있는 정보 아이콘을 클릭하면 확인할 수 있습니다.

AI에 감사 인사를 하면 정확도가 높아진다?

챗GPT를 효과적으로 활용하는 방법을 다룬 기사 중에는 'AI에 감사를 표하거나 칭찬하면 더 나은 답변을 얻을 수 있다', '천천히 생각해 보라고 하면 더 정확하게 대답한다'는 등 조언이 종종 등장합니다. 다소 황당하게 들릴 수도 있지만, 텍스트 생성형 AI가 인간의 행동과 반응을 학습하여 재현한다는 점을 떠올리면 완전히 터무니없는 이야기는 아닙니다. '칭찬을 받으면 더 잘한다', '잘한 일에는 감사한다' 같은 내용을 학습하기 때문입니다.

요약

- 프롬프트는 생성형 AI에 하는 지시나 질문이고, 컨텍스트는 답변을 생성할 때 참고하는 배경 정보입니다.
- 대규모 언어 모델에 지시할 때는 신입 사원에게 업무를 설명하듯이 암묵적인 지식을 요구하지 말고 명확하게 작성하는 것이 중요합니다.
- Chain-of-Thought(CoT: 사고의 연쇄)처럼 사고 과정을 단계적으로 안내하는 방식도 효과적입니다.

1.4 챗GPT 엔진(대규모 언어 모델)

챗GPT 엔진인 대규모 언어 모델(Large Language Model, LLM)에는 GPT-5와 GPT-4가 있습니다. 이들의 특징과 GPT-4를 기반으로 한 확장 기능을 설명합니다.

1.4.1 GPT-4와 GPT-3.5

챗GPT는 여러 대규모 언어 모델(텍스트 생성 엔진) 중에서 선택할 수 있습니다. 기본적으로는 높은 정확도와 강력한 기능을 갖지만, 사용 횟수가 제한된 상위 모델과 속도가 빠르고 횟수 제한이 없는 하위 모델 두 가지로 나뉩니다.

챗GPT에서 제공하는 모델 라인업은 다음과 같습니다.

▼ 표 1-4 챗GPT 모델 라인업(2025년 5월 기준)

대규모 언어 모델	챗GPT Plus	무료 버전	비로그인	확장 기능
GPT-5(2025년 8월 출시)	○	△(제한적 이용)		이용 가능
GPT-4.5	○			이용 가능
GPT-4o	○	△(제한적 이용)		이용 가능
GPT-4o mini	○	○	○	
GPT-4o mini-high	○	○	○	
o3	○			이용 가능

GPT-4 시리즈는 OpenAI의 최고 수준 챗GPT 텍스트 생성 엔진(대규모 언어 모델)입니다. 특히 GPT-4o[9]는 GPT-4 시리즈 중 가장 높은 정확도와 속도를 자랑하며, 추가적인 확장 기능도 사용할 수 있습니다. GPT-4o의 'o'는 라틴어 'Omni(모든)'에서 유래했으며, 텍스트뿐만 아니라 이미지와 음성까지 지원한다는 의미를 담고 있습니다.[10]

상위 모델인 GPT-4o는 기본적으로 유료 플랜(챗GPT Plus, 월 20달러) 전용이지만, 2024년 5월부터 무료 사용자도 일정 횟수 내에서(시간이 지나면 제한 해제) 사용할 수 있습니다. 다만 5~10회 정도 사용하면 제한에 도달하므로 GPT-4o를 원활하게 사용하려면 챗GPT Plus를 구독하는 편이 좋습니다.

하위 모델인 GPT-4o mini는 GPT-4o의 경량 버전입니다. 무료 사용자가 GPT-4o 이용 가능 횟수를 초과하면 자동으로 GPT-4o mini로 전환됩니다.

GPT-4 시리즈는 GPT-3.5 대비 한층 자연스러운 문장과 높은 정확성을 제공합니다. 이 책 서두에서 소개했듯이 챗GPT가 미국 사법 시험에서 합격점을 획득했다는 것도 GPT-4 이야기입니다.

2025년 8월부터는 GPT-5가 챗GPT 기본 모델로 전환되어(로그인 사용자 대상) GPT-4o, GPT-o4-mini, GPT-4.1, GPT-4.5 등을 기본 채팅 환경에서 대체했습니다. GPT-5는 텍스트, 이미지, 음성을 아우르는 멀티모달 능력과 향상된 추론 성능을 하나의 통합 모델로 제공하며, 필요할 때 자동으로 고급 추론을 적용하도록 설계되었습니다. 무료와 유료 모두 기본적으로 GPT-5를 사용할 수 있으며, 세부 모델 선택이나 표시는 인터페이스 업데이트에 따라 달라질 수 있습니다.

9　GPT-4o를 소개합니다 - OpenAI
　　https://openai.com/index/hello-gpt-4o/
10　OpenAI, ChatGPT의 '고급 음성 모드' 출시 중... 가을에는 모든 플러스 사용자에게 제공, ITmedia NEWS
　　https://www.itmedia.co.jp/news/articles/2407/31/news086.html

참고로 챗GPT Plus 사용자라면 채팅을 시작하기 전에 GPT-4.5, GPT-4o, GPT-o3, GPT-o4-mini, GPT-4 중 원하는 모델을 직접 선택할 수 있으며, GPT-5 도입 이후에는 기본값이 GPT-5로 바뀌어 모델 선택 항목이 변경되거나 통합될 수 있습니다.

▼ 그림 1-4 챗GPT Plus 모델 선택

무료 버전 챗GPT에서는 답변이 생성된 후 **모델 바꾸기** 버튼을 누르면 선택한 모델로 답변이 다시 생성됩니다.

▼ 그림 1-5 챗GPT 모델 선택

1.4.2 웹 검색 연동 기능

GPT-4o는 필요에 따라 검색 엔진을 이용하여 외부 웹 페이지를 참조해서 답변을 제공합니다. 반면에 GPT-4o mini는 학습 데이터를 수집한 이후의 정보를 묻는 질문에는 '모른다'고 답하거나 부정확한 정보를 반환할 수 있습니다.

 오늘의 일본 주요 뉴스는?

[GPT-4o의 답변 예] 세 개의 웹 사이트를 검색했습니다.
오늘의 일본 주요 뉴스는 다음과 같습니다.

1. 니가타산업대 부속, 첫 우승 및 고시엔 출전 확정
제106회 전국 고교야구선수권 니가타 대회 결승전에서 니가타산업대학 부속 고등학교가 테이쿄 나가오카 고등학교를 4 대 2로 꺾고 첫 고시엔 출전을 확정지었습니다(출처: Infoseek).
(후략)

 [GPT-4o mini의 답변 예] 죄송합니다만 실시간 정보를 제공할 수 없습니다. 최신 뉴스는 신뢰할 수 있는 뉴스 사이트나 앱을 통해 확인하시기 바랍니다.

웹 페이지를 참고한 답변에는 '~개의 웹 사이트를 검색했습니다'는 문구가 표시되며, 이를 클릭하면 참고한 웹 페이지를 직접 확인할 수 있습니다. 이러한 웹 페이지를 검토함으로써 AI의 오류(환각, 328쪽 참고)가 없는지 확인할 수 있습니다.

▼ 그림 1-6 웹 페이지를 참고한 답변

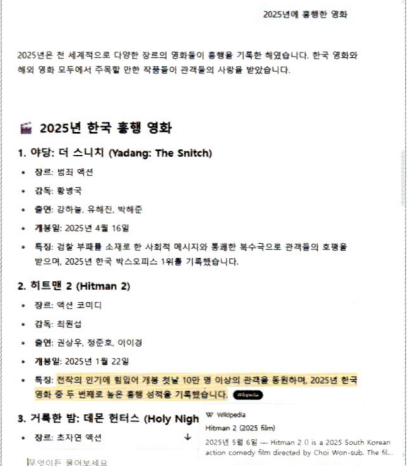

1.4.3 멀티모달 기능(이미지를 이용한 채팅)

GPT-4o에서는 텍스트뿐만 아니라 이미지를 활용한 채팅도 지원합니다. 사용자는 챗GPT의 입력란에 이미지를 드래그 앤 드롭하여 업로드할 수 있으며, AI는 해당 이미지를 해석하여 답변을 제공합니다.

▼ 그림 1-7 이미지를 활용한 채팅

이전에는 AI로 텍스트, 이미지 등 다양한 데이터 형식을 동시에 처리하기 어려웠지만, 최신 AI 채팅 서비스에서는 이미지도 해석할 수 있게 되었습니다. 이렇게 텍스트뿐만 아니라 이미지, 음성, 영상 등 여러 데이터 형식을 처리할 수 있는 능력을 멀티모달(multimodal)이라고 합니다.

또 챗GPT Plus에서는 이미지 생성형 AI로 유명한 DALL-E 시리즈의 최신 버전인 DALL-E 3를 채팅 중에 호출하여 원하는 이미지를 생성할 수도 있습니다.

▼ 그림 1-8 챗GPT를 활용한 이미지 생성

1.4.4 Code Interpreter(프로그램 자동 실행)

챗GPT는 프로그램 코드를 생성할 수 있습니다. 보통은 사용자가 해당 코드를 자신의 환경에 복사하여 실행해야 하지만, Code Interpreter(또는 Advanced Data Analysis) 기능을 사용하면 챗GPT 내에서 생성된 파이썬 코드를 자동으로 실행하고 결과를 바로 확인할 수 있습니다.[11]

Code Interpreter는 독립된 환경(샌드박스(sandbox))에서 실행되므로 외부 웹 사이트에 접속하거나 해당 환경에 없는 파이썬 패키지는 사용할 수 없습니다.[12] 또 실행 시간이 너무 길면 강제 종료되므로 실행 가능한 코드는 비교적 간단한 수준으로 제한됩니다. 하지만 그 범위 내에서도 CSV 파일을 업로드하여 데이터 분석 및 시각화 작업을 수행하거나 QR 코드를 생성하는 등 다양하게 작업할 수 있습니다.

---

[11] 현재는 파이썬만 지원하지만, 향후 다른 프로그래밍 언어도 추가 지원할 가능성이 있습니다.
[12] 패키지 아카이브 파일을 업로드한 후 `pip install`을 실행하면 일부 패키지를 사용할 수 있기도 합니다.

물론 챗GPT가 생성한 코드에서 종종 오류가 발생하기도 합니다. 그러나 Code Interpreter는 오류 메시지를 자동으로 분석하고 원인을 추정한 후 수정하여 실행을 반복합니다. 예를 들어 망델브로 집합(Mandelbrot set)이라는 프랙탈(fractal) 도형을 그리는 프로그램을 작성하고 실행하도록 지시하면 코드 생성 → 실행 → 오류 발생 → 수정을 반복한 후 최종적으로 올바르게 작동하는 코드에 도달할 수 있습니다.

▼ 그림 1-9 코드 생성 및 실행

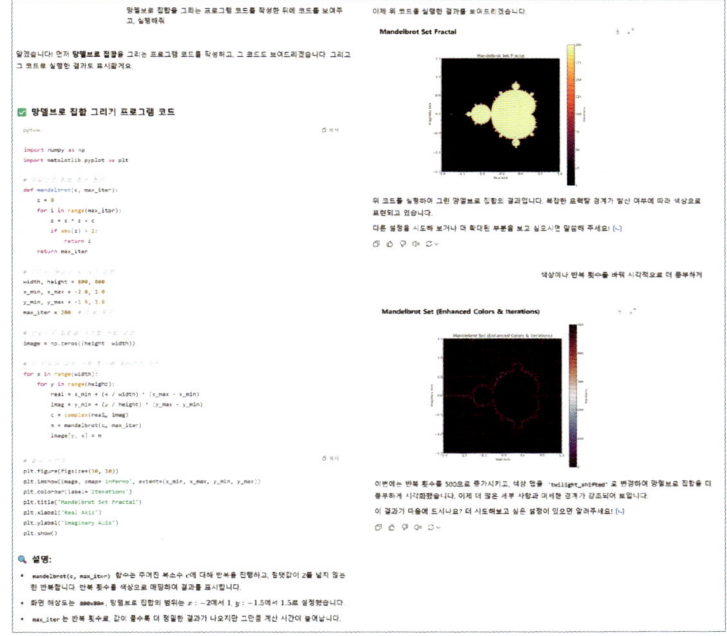

요약

- 주요 챗GPT 대규모 모델(텍스트 생성 엔진)은 고정밀, 고기능의 상위 모델과 고속 실행이 가능한 하위 모델로 구성됩니다.
- 상위 모델인 GPT-4o는 높은 정확도를 제공하며 웹 검색 연동, 이미지 생성, 코드 자동 실행 등 확장 기능을 지원합니다.

1.5 GPTs(AI의 커스터마이징 기능)

챗GPT Plus에서는 AI를 커스터마이징하고 공유할 수 있는 GPTs 기능을 제공합니다. 이것으로 복잡한 프롬프트를 내장한 AI를 원클릭으로 간편하게 활용할 수 있으며, 데이터베이스 참조나 외부 서비스와 연동하여 보다 정교한 커스텀 AI를 구축할 수 있습니다.

1.5.1 GPTs

챗GPT를 효과적으로 활용하려면 프롬프트 엔지니어링(29쪽 참고) 같은 기술적 노하우가 중요합니다. 원하는 답변 형식이나 특정 스타일의 이미지를 얻는 데 적절한 질문과 지시가 필요하기 때문입니다. GPTs는 이 노하우를 바탕으로 프롬프트와 지식 데이터베이스를 사전에 등록하여 용도별 맞춤형 AI를 제작하고 공유할 수 있는 기능입니다.[13]

챗GPT 사이드바에서 'GPT 찾기'를 선택하면 GPTs 화면으로 이동할 수 있습니다. 여기에서 다른 사용자가 제작한 다양한 맞춤형 AI를 활용할 수 있습니다. OpenAI는 이를 'GPT 스토어'라고 하는데 현재까지 별도의 과금 구조는 없습니다.[14] 먼저 간단한 이미지 생성용 커스텀 AI 등을 사용해 보는 것이 좋습니다. 또 논문 검색이나 프로그래밍에 특화된 커스텀 AI도 제공됩니다. 자주 사용하는 커스텀 AI는 사이드바에 등록하여 빠르게 접근할 수 있습니다.

---

[13] GPTs 소개
https://openai.com/blog/introducing-gpts
[14] GPT 스토어 소개
https://openai.com/blog/introducing-the-gpt-store

▼ 그림 1-10 챗GPT의 GPTs 화면

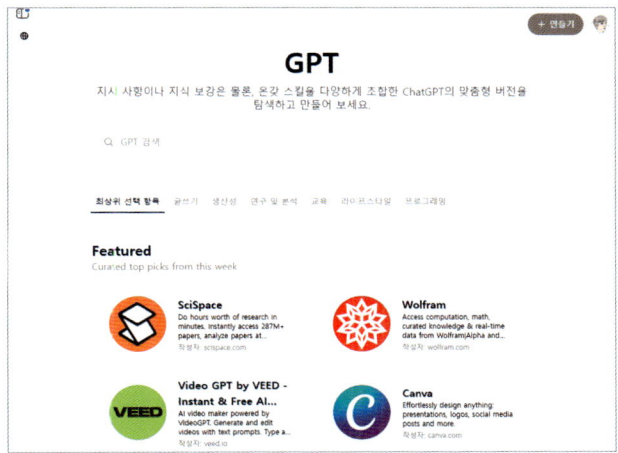

다만 커스텀 프롬프트로 예상하지 못한(악의적인) 출력이 발생할 수 있으며, 외부 연계 기능(작업)을 사용하면 입력한 데이터가 외부 서버로 전송될 가능성이 있으니 주의가 필요합니다(53쪽 참고).

1.5.2 GPT 빌더

챗GPT Plus 사용자는 GPT 빌더를 활용하여 대화형 방식으로 커스텀 AI를 제작할 수 있습니다. GPTs 화면 오른쪽 위에 있는 **만들기** 버튼을 누르면 GPT 빌더 화면으로 이동합니다.

GPT 빌더의 구성 탭에서는 각 항목을 개별적으로 커스터마이즈할 수 있습니다. 주요 커스텀 항목에는 지침(프롬프트), 지식(지식 데이터베이스), 액션(외부 기능 호출)이 있습니다.

예를 들어 책이나 제품 정보가 포함된 파일을 '지식' 항목에 등록하면 제품 지원 AI 채팅을 구축할 수 있습니다. '액션' 항목에는 날씨 예보 API를 연동하면 특정 캐릭터가 쓰는 말투로 날씨 정보를 제공하는 AI 봇을 개발할 수 있습니다.

이러한 정교한 커스텀 AI를 개발할 수도 있지만, 단순한 활용에서도 GPTs는 매우 유용합니다. 예를 들어 자주 사용하는 문서 교정 프롬프트나 프로그래밍 지원 기능을 GPTs에 등록하면 클릭 한 번으로 실행할 수 있어 더욱 편리합니다.

요약

- GPTs는 노코드 방식으로 커스텀 AI를 제작할 수 있는 기능으로, 자주 사용하는 프롬프트를 저장해 두기만 해도 편리하게 활용할 수 있습니다.
- 다른 사용자가 만든 이미지 생성 보조, 논문 검색 등 다양한 맞춤형 AI도 자유롭게 이용할 수 있습니다.

1.6 챗GPT 이외의 AI 채팅 서비스

챗GPT 외에도 대규모 언어 모델을 활용한 다양한 AI 채팅 서비스가 있습니다. 대표적으로 구글 제미나이(Google Gemini), 마이크로소프트 코파일럿(Microsoft Copilot), 앤트로픽 클로드(Anthropic Claude) 등이 있는데 간략히 소개하겠습니다.

1.6.1 구글 제미나이

구글 제미나이(제미니 또는 제미나이)는 2023년 3월에 처음 출시된 구글의 AI 챗봇으로, 초기에는 구글 바드(Google Bard)라는 이름으로 시작되었습니다. 서비스를 이용하려면 구글 계정이 필요합니다.

URL https://gemini.google.com/

▼ 그림 1-11 구글 제미나이 스크린샷

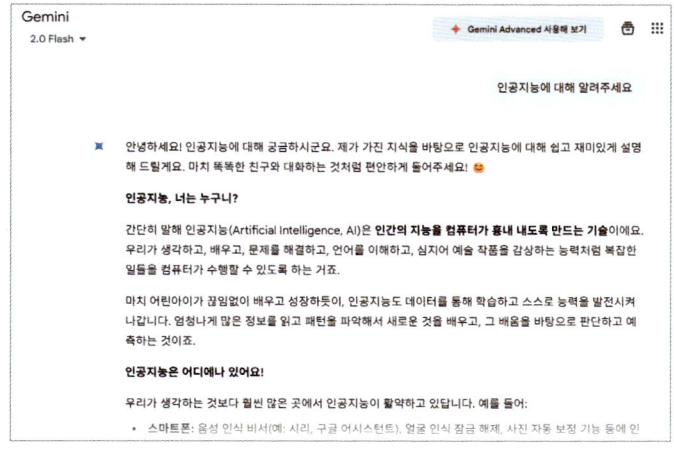

구글 제미나이의 가장 큰 특징은 응답 속도입니다. 일반적인 AI 채팅 서비스는 문장을 생성할 때 점진적으로 출력하지만, 제미나이는 한 번에 전체 문장을 빠르게 출력하는 것이 강점입니다.

또 다양한 구글 서비스와 강력하게 연동할 수 있습니다. 예를 들어 구글 지도(Google Maps)로 매장 및 경로 검색, 유튜브(YouTube)에서 동영상 검색, 구글 호텔(Google Hotel)을 활용한 호텔 및 항공편 검색 등을 제미나이 내에서 원활하게 실행할 수 있습니다. 그뿐만 아니라 지메일 및 구글 드라이브와도 연동 가능합니다.[15] 입력창에 @ 기호를 입력하면 연동 가능한 서비스 목록이 표시되며, 원하는 서비스를 직접 선택하여 활용할 수 있습니다.

▼ 그림 1-12 구글 제미나이의 확장 기능

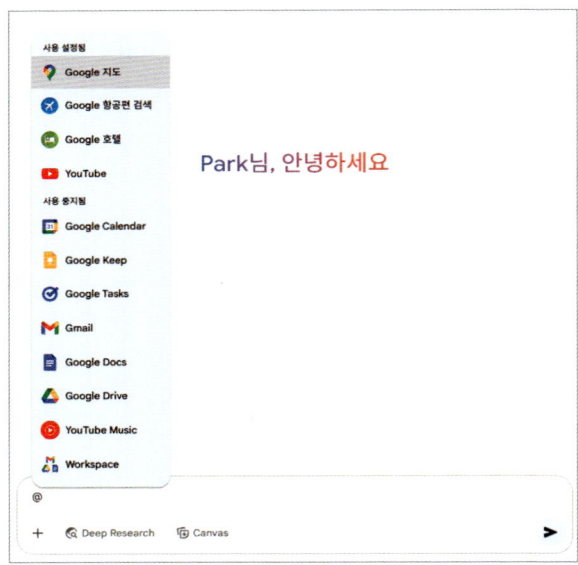

---

15 지메일 및 구글 워크스페이스(Google Workspace) 설정을 변경해야 합니다.

1.6.2 마이크로소프트 코파일럿

마이크로소프트는 OpenAI와 협력하여 GPT 시리즈의 독점 라이선스를 확보했습니다.[16] 이를 기반으로 GPT-4를 핵심 엔진으로 활용하며, 마이크로소프트가 제공하는 AI 서비스 브랜드로 코파일럿(Copilot)(부조종사라는 의미)을 운영하고 있습니다.

URL https://copilot.microsoft.com/

코파일럿은 마이크로소프트의 다양한 제품과 결합된 AI 서비스로도 제공됩니다. 예를 들어 깃허브 코파일럿(GitHub Copilot)[17]은 소프트웨어 개발 플랫폼인 깃허브(GitHub)와 연동되어 AI가 프로그래밍을 지원합니다. 또 Copilot for Microsoft 365는 워드, 파워포인트 등 오피스 제품군과 연계되어 문서 작성 및 편집을 도와줍니다. 더 나아가 Microsoft OneDrive에 저장된 파일을 AI가 분석하여 보다 효율적으로 업무를 처리할 수 있게 지원합니다.[18]

▼ 그림 1-13 마이크로소프트 코파일럿 스크린샷

---

16 https://blogs.microsoft.com/blog/2020/09/22/microsoft-teams-up-with-openai-to-exclusively-license-gpt-3-language-model/

17 https://docs.github.com/ko/copilot/using-github-copilot/getting-code-suggestions-in-your-ide-with-github-copilot

18 생성형 답변에 SharePoint 콘텐츠 사용 - Microsoft Copilot Studio
https://learn.microsoft.com/ko-kr/microsoft-copilot-studio/nlu-generative-answers-sharepoint-onedrive

1.6.3 앤트로픽 클로드

앤트로픽(Anthropic)은 전직 OpenAI 기술자들이 설립한 AI 스타트업으로, 자체 개발한 대규모 언어 모델 클로드(Claude)를 기반으로 한 AI 채팅 서비스를 제공합니다.

URL https://claude.ai/

앤트로픽은 국내에서는 다소 생소할 수 있지만, 초기부터 GPT-4에 필적하는 고정밀 대규모 언어 모델을 개발해 왔습니다. 특히 20만 토큰 이상의 긴 문서를 처리할 수 있다는 점은 큰 강점입니다. 이는 약 350쪽 분량의 텍스트에 해당하며, 책이나 업무 관련 문서를 통째로 분석하고 처리할 수 있음을 의미합니다.[19]

▼ 그림 1-14 앤트로픽 클로드 스크린샷

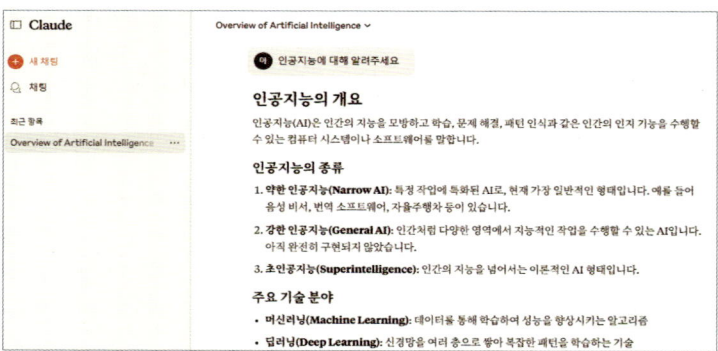

이외에도 바이두(Baidu)의 문심일언(文心一言)[20], 퍼플렉시티(Perplexity)의 AI 챗봇[21] 등 다양한 AI 서비스가 있으며, 앞으로도 AI 시장은 지속적으로 확대될 전망입니다.

---

19 최대 프롬프트 길이는 얼마인가요? – 앤트로픽 지원 센터
    https://support.anthropic.com/ko/articles/7996856-최대-프롬프트-길이는-얼마인가요
20 https://yiyan.baidu.com/
21 https://www.perplexity.ai/

▼ 표 1-5 주요 AI 채팅 서비스 목록

서비스 제공 업체	서비스 이름	유료 서비스	대규모 언어 모델
OpenAI	챗GPT	챗GPT Plus	GPT-5
구글	제미나이	Gemini Advance	Gemini Pro · Ultra
마이크로소프트	코파일럿	Copilot for Microsoft 365	GPT-4o
앤트로픽	클로드	Claude Pro	Claude 3.5 Sonnet, Claude 3 Opus

요약

▷ 현재 AI 채팅 서비스는 챗GPT뿐만 아니라 제미나이, 코파일럿, 클로드 등 다양한 플랫폼이 있으며, 각 서비스마다 고유한 특징과 강점이 있습니다.

1.7 AI 채팅을 이용할 때 주의할 점

챗GPT, 제미나이 등 AI 채팅 서비스는 매우 편리하지만, 이용할 때 주의해야 할 몇 가지 사항이 있습니다.

1.7.1 무작위성이 존재한다

챗GPT에는 무작위성(randomness)이 있어 동일한 입력을 하더라도 매번 다른 답변이 생성될 수 있습니다. 재생성 버튼을 누를 때마다 뉘앙스나 세부 표현이 달라질 때가 많지만, 때로는 전혀 다른 답변이 나오거나 서로 모순되는 내용이 포함될 수도 있습니다. 이러한 무작위성은 새로운 관점을 제시할 수 있다는 장점이 있지만, 중요한 정보를 얻을 때는 반드시 확인 과정이 필요합니다.

▼ 그림 1-15 재생성하면 다른 답변이 나오는 경우

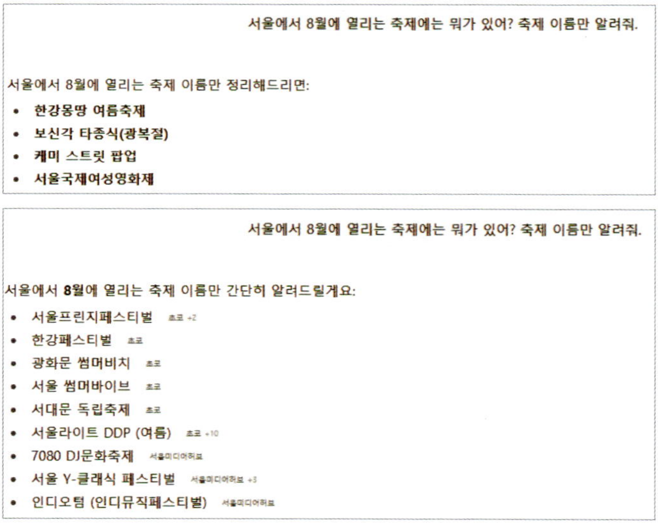

> 서울에서 8월에 열리는 축제에는 뭐가 있어? 축제 이름만 알려줘.
>
> 서울에서 8월에 열리는 축제 이름만 정리해드리면:
> - 한강몽땅 여름축제
> - 보신각 타종식(광복절)
> - 케미 스트릿 팝업
> - 서울국제여성영화제

> 서울에서 8월에 열리는 축제에는 뭐가 있어? 축제 이름만 알려줘.
>
> 서울에서 **8월**에 열리는 축제 이름만 간단히 알려드릴게요:
> - 서울프린지페스티벌
> - 한강페스티벌
> - 광화문 썸머비치
> - 서울 썸머바이브
> - 서대문 독립축제
> - 서울라이트 DDP (여름)
> - 7080 DJ문화축제
> - 서울 Y-클래식 페스티벌
> - 인디오팀 (인디뮤직페스티벌)

1.7.2 오류 가능성

챗GPT 답변에는 사실과 다른 내용[환각(할루시네이션)]이 포함될 가능성이 있습니다. 예를 들어 "8월에 서울에서 열리는 축제는 무엇이 있나요?"라는 질문에 첫 번째 답변은 정확히 정보를 전달했지만, 두 번째 답변에서는 '인디 뮤직 페스티벌'처럼 타 지역에서 9월에 열리는 축제를 잘못 전달했습니다.

이처럼 명백한 오류라면 쉽게 인지할 수 있지만, 챗GPT는 자신감 넘치는 유창한 문장으로 잘못된 정보를 전달하는 경우가 많아 단순히 읽기만 하면 오류를 발견하기 어려울 수 있습니다. 따라서 챗GPT 답변을 자료로 활용할 경우 반드시 키워드 검색 등으로 출처를 확인하고 정확성을 검증하는 과정이 필요합니다. AI가 이러한 오류를 어떻게 발생시키는지는 328쪽 환각에서 설명합니다.

챗GPT는 학습 데이터가 수집된 시점까지 학습한 지식을 바탕으로 답변을 생성하므로 최신 정보가 필요한 질문에서는 다음 예시처럼 답변을 거부할 수도 있습니다.

> 오늘의 주요 뉴스는?

> 죄송합니다만 실시간 정보를 제공할 수 없습니다. 최신 뉴스는 신뢰할 수 있는 뉴스 사이트나 앱을 통해 확인하시기 바랍니다.

한편 GPT-4o, GPT-5를 사용하는 경우 필요에 따라 웹 검색을 수행하고 그 결과를 바탕으로 답변을 생성하는 기능이 제공될 수 있습니다(38쪽 참고). 이때는 AI가 참조한 정보의 출처 링크를 직접 확인함으로써 내용의 신뢰성을 판단할 수 있습니다.

1.7.3 금지된 행위

챗GPT는 이용 약관에 따라 몇 가지 행위를 금지합니다.[22]

- **불법 행위**: 사기, 부정 액세스, 악성 코드 생성, 프라이버시 침해, 저작권 침해 등
- **혐오 발언, 괴롭힘, 폭력적인 콘텐츠 생성**: 괴롭힘, 협박, 폭력 찬양, 자해 조장, 허위 정보 유포 등
- **기타 부적절한 콘텐츠 생성**: 성인 콘텐츠, 위험성이 높은 의료 행위 및 금융 정보, 정치적 선동 등

이러한 행위에 해당하는 내용을 입력하면 챗GPT는 필터링된 일반적인 응답을 제공할 수 있고(325쪽 참고), 반복적으로 금지된 요청을 하면 계정이 정지될 수도 있습니다.

챗GPT가 생성하는 텍스트나 이미지가 타인의 저작물과 유사할 가능성이 있으므로 AI가 생성한 콘텐츠를 사용할 때는 저작권 문제가 없는지 신중히 확인하는 것이 중요합니다.

1.7.4 입력 데이터 취급

챗GPT의 데이터 관리 정책은 OpenAI의 Data Controls FAQ에서 확인할 수 있습니다.[23]

- 챗GPT에서 나누는 대화는 기본적으로 AI 모델 학습에 사용될 가능성이 있습니다.

---

[22] OpenAI 이용정책(usage policies) – OpenAI
　　https://openai.com/policies/usage-policies
[23] Data Controls FAQ – OpenAI Help Center
　　https://help.openai.com/en/articles/7730893-data-controls-faq

- 대화 데이터를 모델 학습에 사용하지 않으려면 임시 채팅(그림 1-5 참고)을 사용하거나, 챗GPT 설정의 데이터 제어에서 '모든 사람을 위한 모델 개선' 옵션을 비활성화합니다.
- 임시 채팅을 사용하거나 모델 학습을 비활성화하더라도 대화 데이터는 부정 행위를 감시하려고 최대 30일간 저장될 수 있습니다.

부정 감시 방법은 공개되지 않았지만, AI의 자동 모니터링을 거쳐 필요할 때 OpenAI 직원이 직접 검토할 가능성이 있다 추정됩니다. 즉, 모델 학습을 해제하더라도 챗GPT에 입력한 정보가 완전히 보호된다는 보장은 없습니다. 따라서 개인 정보나 기밀 정보처럼 외부에 노출될 경우 문제가 될 수 있는 내용은 원칙적으로 입력하지 않는 것이 가장 안전합니다.

▼ 그림 1-16 챗GPT의 데이터 제어 설정 화면

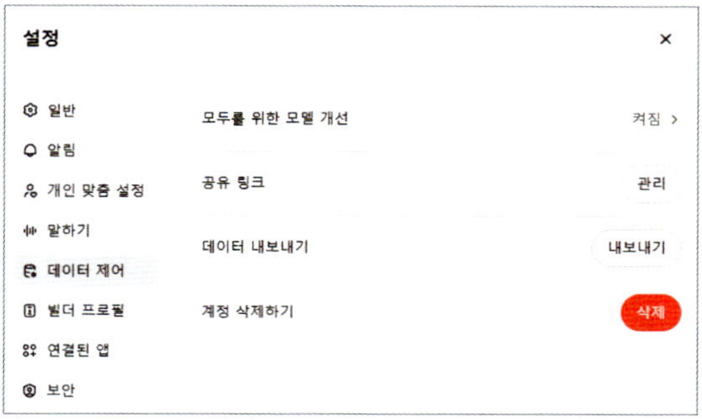

1.7.5 GPTs 이용할 때 주의 사항

GPTs의 커스텀 AI는 편리하지만, 사용자가 직접 설정을 변경하거나 다른 사용자가 만든 AI를 이용할 수 있기에 주의가 필요합니다. 특히 다른 사용자가 만든 커스텀 AI를 이용할 때는 액션 기능으로 외부 서비스와 통신할 수 있어 메시지에 포함된 개인 정보 등 민감한 정보가 의도치 않게 외부로 전송될 위험이 있습니다. 액션을 통한 통신이 발생할 때는 다음과 같은 확인 과정을 거치므로 조금이라도 불안하다면 **거절하기** 버튼을 누르고, 신뢰할 수 있는 개발자가 만든 경우에만 허용하는 것이 안전합니다. 메시지 오른쪽에 있는 ⌄ 기호를 클릭하면 실제로 전송되는 내용을 확인할 수 있으므로 이를 참고하여 허용 여부를 결정하면 좋습니다.

▼ 그림 1-17 커스텀 액션 실행 확인

또 커스텀 AI에 악성 프롬프트나 특정한 지식이 내장되었을 때는 사용자가 인지하지 못한 채 잘못된 정보나 유해한 콘텐츠가 생성될 위험이 있습니다. 예를 들어 취약한 소프트웨어 설치를 권유하거나 백도어(backdoor)가 포함된 악성 코드를 생성하는 등 위험성을 지적하는 연구자들도 있습니다.[24]

이러한 AI를 악용한 공격 가능성은 항상 경계해야 합니다. 특히 챗GPT 웹 사이트에서 제공하는 GPTs라고 해서 반드시 안전하지는 않으며, 사용자가 이를 무의식적으로 신뢰할 가능성도 있습니다. 따라서 신뢰할 수 없는 개발자가 만든 커스텀 AI는 '무검증 AI'와 마찬가지로 신중하게 다루어야 합니다.

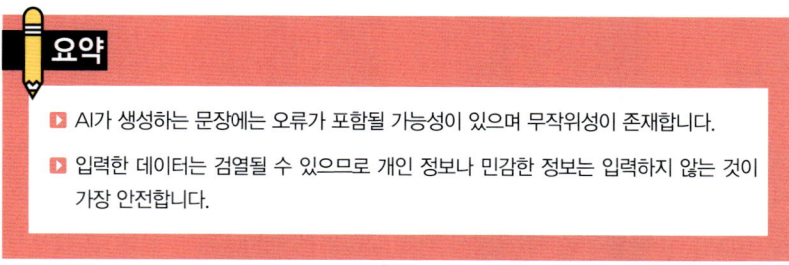

요약

▶ AI가 생성하는 문장에는 오류가 포함될 가능성이 있으며 무작위성이 존재합니다.

▶ 입력한 데이터는 검열될 수 있으므로 개인 정보나 민감한 정보는 입력하지 않는 것이 가장 안전합니다.

---

24 Antebi, Sagiv, et al. "GPT in Sheep's Clothing: The Risk of Customized GPTs." arXiv preprint arXiv:2401.09075(2024).

# 2장

인공지능

인공지능(AI)은 생성형 AI 열풍이 불기 전부터 이미 우리 삶과 사회에 큰 영향을 미쳐 왔습니다. 이 장에서는 AI의 기본 개념과 역사, 규칙 기반 AI와 딥러닝 모델 등 다양한 AI 유형을 소개하고, 현재 주목받고 있는 생성형 AI와 범용 AI가 어떤 위치에 있는지 살펴봅니다.

2.1 AI(인공지능)

오늘날 AI(인공지능)는 가전제품, 스마트폰, 자동차 등 다양한 분야에 적용되어 있으며, 'AI의 분석에 따르면~' 같은 표현도 흔히 들을 수 있습니다. 하지만 정작 'AI란 무엇인가?'라는 근본적인 질문은 깊이 생각할 기회가 많지 않습니다.

2.1.1 인공지능이란

AI(Artificial Intelligence)(인공지능) 기본 정의는 '인간 지능 일부를 컴퓨터로 구현하려는 모든 시도'입니다. 얼핏 단순한 개념처럼 보이지만, 실상은 그렇지 않습니다. 핵심은 '지능의 일부'라는 표현에 있습니다. 인간의 지능 중 어떤 요소를 어떤 방식으로 모방하는가에 따라 AI 유형이 달라질 수 있기 때문입니다.

AI 개념을 더 명확히 이해하고자 몇 가지 사례를 살펴보겠습니다. 예를 들어 장기를 두는 프로그램은 인간이 장기 규칙을 이해하고 수를 두는 능력을 대신 수행하므로 AI라고 할 수 있습니다. 또 챗GPT나 최신 이미지 생성 프로그램도 자연스럽게 대화를 하거나 아름다운 그림을 그리는 등 지능적인 작업을 수행하므로 AI의 한 유형이라고 볼 수 있습니다.

더 단순한 예로 스팸 메일을 자동으로 분류하는 메일 필터를 생각해 보겠습니다. 사람은 이메일을 읽고 스팸 여부를 판단할 때 지능을 사용하므로 이러한 자동 분류 기능도 AI의 한 형태라고 볼 수 있습니다. 그러나 해당 필터가 '무료', '당첨', '서둘러 주세요' 같은 특정 키워드가 포함된 이메일을 무조건 스팸으로 분류하는 단순한 규칙 기반 프로그램이라면 이를 AI라고 하는 것이 적절할까요?

기계적인 방식으로 작동한다고 해서 AI가 아니라고 단정할 수는 없습니다. 본질적으로 AI는 기계가 지능을 흉내 내는 것이기에 기계적인 방식으로 동작하는 것은 당연합니다. 실제로 장기 AI나 챗GPT도 결국은 컴퓨터에서 실행되는 하나의 기계적 프로그램에 불과합니다.

▼ 그림 2-1 규칙 기반 스팸 메일 필터는 AI가 아닐까?

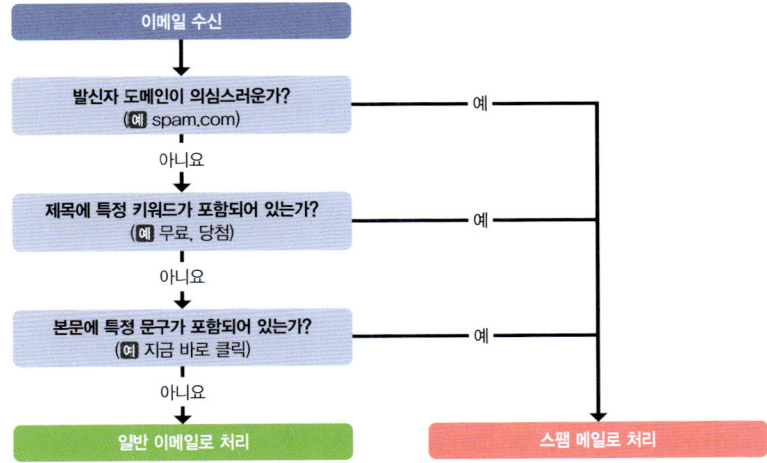

즉, 특정 기술이 AI인지 아닌지는 실현 방식과 무관하게 '인간 지능을 대신할 의도가 있느냐'에 따라 판단된다는 의미입니다. 따라서 "'무료'라는 단어가 포함된 이메일을 자동으로 휴지통으로 보내는 프로그램"도 개발자가 "이것은 AI입니다."라고 주장하면 AI로 간주할 수 있습니다. 그만큼 AI라는 개념은 넓은 의미를 지닌 단어입니다.

하지만 '단순한 규칙 기반 AI'와 '인간과 구별하기 어려울 정도로 정교한 AI'는 확실히 구분하고 싶을 것입니다. 이를 위해 등장한 개념이 최근 자주 언급되는 '생성형 AI'와 '범용 인공지능(AGI)'입니다. 자세한 내용은 다음 절에서 살펴보겠습니다.

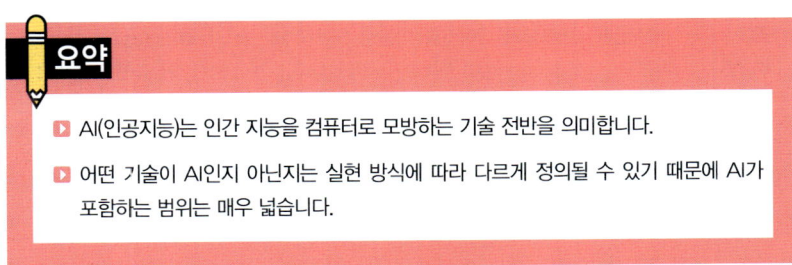

요약
- AI(인공지능)는 인간 지능을 컴퓨터로 모방하는 기술 전반을 의미합니다.
- 어떤 기술이 AI인지 아닌지는 실현 방식에 따라 다르게 정의될 수 있기 때문에 AI가 포함하는 범위는 매우 넓습니다.

2.2 AI 역사

AI의 현재와 미래를 이해하려면 먼저 그 발전 과정을 살펴보는 것이 중요합니다. AI는 어떻게 탄생했으며, 어떤 과정을 거쳐 현재 AI 붐에 이르게 되었을까요?

2.2.1 AI 연구의 역사

AI 연구는 컴퓨터 발명과 비슷한 시기인 1950년대에 시작되었습니다. 이후 인간 지능을 기계로 재현하려는 연구는 정체기를 여러 번 거치면서 지속적으로 발전해 왔으며, 현재는 '3차 AI 붐'이라고 할 정도로 활기를 띠고 있습니다. 다음 연표에서 AI의 주요 발전 단계를 정리해 보겠습니다.

▼ 표 2-1 AI 연표

연대	명칭	설명
1956~1974년	1차 AI 붐	1956년 다트머스 회의에서 인공지능(AI)이라는 용어가 처음 등장했습니다. 10년 내 AI가 실현되리라는 낙관적인 전망이 나왔습니다.
1974~1980년	AI의 겨울	기대했던 성과가 나오지 않아 연구 자금이 줄어들고 AI의 한계가 논의되며 연구가 침체되었습니다.
1980~1987년	2차 AI 붐	전문가 지식을 적용한 전문가 시스템이 등장하면서 AI 연구가 다시 활기를 띠기 시작했습니다.
1987~1993년	AI의 겨울 (다시)	전문가 시스템의 한계가 드러나면서 AI 연구 자금 지원이 또다시 감소합니다.
1993~2012년	머신러닝 발전	대량의 데이터를 이용한 통계적 머신러닝(statistical machine learning)이 주목받기 시작했습니다. 계산 능력 향상과 인터넷 보급으로 AI 연구가 다시 한 번 진전되었습니다.
2012년~현재	3차 AI 붐	딥러닝(deep learning)의 발전으로 기존에 해결하지 못했던 현실 문제를 풀 수 있게 되었습니다. AI 기술이 급속도로 발전하며 다양한 분야에서 실용화되었습니다.

이 연표에서 주목해야 할 점은 AI 연구가 항상 주목받지는 않았다는 점입니다. AI 연구는 두 차례 'AI의 겨울'을 겪었으며, 이는 AI에 건 과도한 기대와 그에 따른 실망이 초래한 결과였습니다.

1차 AI 붐을 주도한 핵심 기술 중 하나는 퍼셉트론(perceptron)이었습니다. 퍼셉트론은 신경망의 초기 형태로 주목받았지만, 해결할 수 있는 문제가 선형 분리가 가능한 단순한 문제에 한정된다는 한계가 드러났습니다. 이 때문에 AI 기대감은 급격히 식었으며, 연구 지원이 감소하면서 첫 번째 AI의 겨울이 시작되었습니다.

이후 전문가 시스템(expert system)이 등장하면서 AI는 다시 주목받았습니다. 전문가 시스템은 전문가 지식을 규칙 기반으로 프로그래밍하여 특정 문제를 해결하는 기술이었지만, 정해진 규칙을 벗어난 문제에는 대응할 수 없다는 한계가 있었습니다. 적용 가능한 범위가 지나치게 좁고 유연성이 부족했던 탓에 결국 실망감이 커지면서 두 번째 AI의 겨울이 찾아옵니다.

또 전문가 시스템은 특정 문제 해결에는 유용했지만, 인간과 같은 범용 지능(general intelligence)과는 거리가 있었습니다. 이에 따라 특정 문제를 해결할 수 있는 AI를 약한(weak) AI, 인간 지능과 의식을 기계로 구현하는 이상적인 AI를 강한(strong) AI로 구분했습니다.[1] 강한 AI는 '진정한 AI' 또는 '범용 인공지능(Artificial General Intelligence, AGI)'이라고도 합니다.

이러한 AI의 혹한기에는 연구 예산과 인력이 크게 제한되었으며, 연구 자체도 정체 상태에 빠졌습니다. 그러나 이러한 어려움 속에서도 연구를 포기하지 않은 학자들이 있었기에 이후 AI 발전의 초석이 마련될 수 있었습니다. 예를 들어 퍼셉트론은 다층 퍼셉트론(MultiLayer Perceptron, MLP)(82쪽 참고)으로 발전하면서 현재도 신경망의 기본 아키텍처 중 하나로 사용되고 있습니다. 또 딥러닝의 핵심 기술 중 하나인 오차 역전파법(86쪽 참고)도 두 번째 AI 혹한기가 진행 중이던 1986년에 현재 형태로 정립되었습니다.

---

1 Searle, John R. "Minds, brains, and programs." Behavioral and brain sciences 3.3 (1980): 417–424.

1990년대부터 머신러닝(machine learning)(70쪽 참고)을 기반으로 한 통계적 기법이 주목받기 시작했습니다. 머신러닝은 인간의 '학습' 과정을 수학적으로 모델링하여 데이터에서 패턴을 찾아내어 예측과 분류를 수행하는 기술입니다. AI 연구 못지않게 역사가 오래된 머신러닝은 특히 SVM(Support Vector Machine) 같은 강력하고 범용적인 알고리즘 개발 및 컴퓨터 성능 향상에 힘입어 큰 발전을 이루었습니다. 또 1990년대 후반 인터넷이 보급되면서 방대한 데이터를 저비용으로 수집할 수 있게 되어 머신러닝 발전은 더욱 가속화되었습니다.

2010년대 들어서면서 딥러닝(83쪽 참고)은 획기적으로 발전하여 AI 연구의 중심이 되었습니다. 특히 2012년 AlexNet이 이미지 분류 경연 대회에서 우승하고, 구글의 비지도 학습 기반 딥러닝 모델이 고양이를 인식했다는 연구 결과가 발표되면서 딥러닝 시대가 본격적으로 열렸습니다. 이후 AI는 기계가 극복하기 어려웠던 분야에서도 인간을 능가하는 성과를 지속적으로 달성하며 현재의 AI 붐을 형성했습니다. AI의 적용 범위도 점점 넓어져 스마트폰의 지문 인식, 얼굴 인식, 음성 인식, 기계 번역 등 일상적으로 사용하는 기술에도 딥러닝을 깊이 활용합니다.

이렇게 2012년부터 시작된 3차 AI 붐(딥러닝 붐)은 시간이 지나도 쇠퇴하지 않고, 이미지 생성형 AI와 챗GPT의 등장으로 더욱 가속화되고 있습니다. 이번 AI 붐은 이전과는 성격이 달라 일부 전문가는 '4차 AI 붐'이라고도 부릅니다.[2] 대규모 언어 모델(Large Language Model, LLM)의 발전 가능성은 여전히 무궁무진하며, 당분간 AI 붐이 끝날 기미는 보이지 않습니다.

강한 AI에 관한 논의가 새로운 국면을 맞이했습니다. 기존 통념에 따르면, 머신러닝과 딥러닝은 특정 작업에 특화된 약한 AI에 불과합니다. 이러한 기술 연장선에서 강한 AI를 실현하는 것은 불가능하다고 여겼습니다. 그러나 챗GPT를 비롯한 대규모 언어 모델이 등장하면서 이 상식을 뒤흔들고 있습니다. 이들 모델은 머신러닝 기술에 기반을 두고 있음에도 명백히 약한 AI의 틀을 넘어 보다 범용적인 작업에 적용할 수 있기 때문입니다. 물론 강한 AI(이상적인 범용

---

2 인공지능 연구의 권위자 마츠오 유타카가 말하는 '4차 AI 붐', NHK 〈과학 ZERO〉
https://www.nhk.jp/p/zero/ts/XK5VKV7V98/blog/bl/pMLm0K1wPz/bp/pj27knKK8B/

인공지능)가 인간 지능이 수행하는 모든 역할을 완전히 대체하기까지는 여전히 해결해야 할 과제가 많습니다. 그럼에도 챗GPT가 범용 인공지능의 초석이 될 수 있다는 주장도 적지 않습니다.[3]

AI의 길고도 짧은 역사 속에서 연구자가 상상했던 것보다 더욱 놀라운 발전이 일어났습니다. 그에 비하면 챗GPT의 범용 인공지능으로 이어질지 여부는 오히려 부차적인 문제일지도 모릅니다.

▼ 그림 2-2 AI 역사(타임라인)

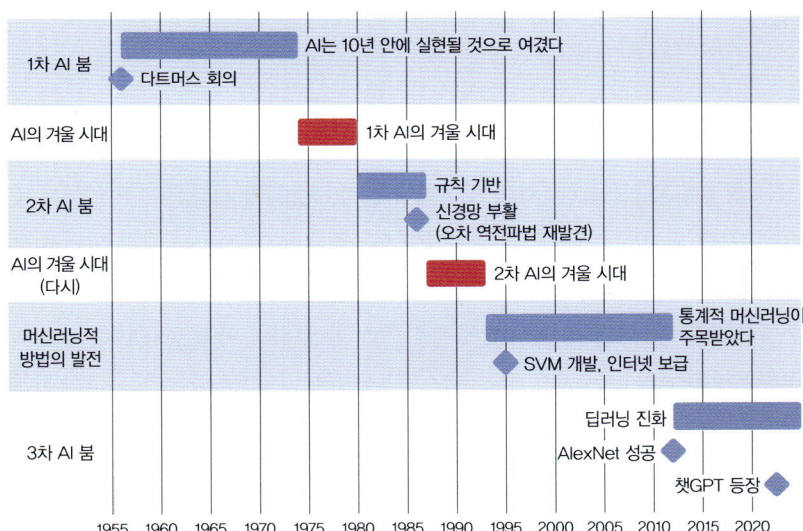

요약

- AI 기술에 건 과도한 기대는 강한 비판을 낳아 두 차례 정체기를 불러왔지만, 꾸준한 기술 발전이 이어진 끝에 현재처럼 획기적인 진전을 이루었습니다.
- 머신러닝은 오랫동안 약한 AI만 구현할 수 있는 기술로 여겨졌지만, 오늘날의 생성형 AI 역시 머신러닝 기술을 기반으로 실현되고 있습니다.

---

3 Bubeck, Sébastien, et al. "Sparks of Artificial General Intelligence: Early Experiments with GPT-4." arXiv preprint arXiv:2303.12712(2023).

2.3 생성형 AI와 범용 인공지능

최근 AI 기술의 최전선에서는 '생성형 AI'라는 개념이 주목받고 있는데 기존 AI와는 차원이 다른 수준의 결과를 보여 줍니다. 이 절에서는 생성형 AI와 더불어 같은 맥락에서 자주 언급하는 '범용 인공지능(AGI)'도 함께 설명합니다.

2.3.1 생성형 AI

최근 생성형 AI(generative AI)라는 용어가 널리 사용되기 시작했습니다. 이는 챗GPT 같은 대규모 언어 모델, 스테이블 디퓨전(stable diffusion) 같은 이미지 생성 기술을 비롯하여 복잡한 데이터를 생성하는 최첨단 AI 기술 전반을 포괄하는 개념입니다. 다만 생성형 AI에 대한 엄밀한 정의는 아직 없습니다. 일반적으로 생성형 AI는 사람이 만드는 텍스트, 이미지, 음악, 동영상, 프로그램 코드 등 데이터를 생성하는 AI 기술을 의미합니다.

과거에는 딥마인드(DeepMind)의 알파고(AlphaGo)가 바둑 프로 기사를 이기거나 장기 AI가 프로에게 승리하는 사례가 있었지만, 이러한 기술들은 단순히 'AI' 또는 '바둑 AI' 등으로 불렀을 뿐 별도의 명칭으로 구별하지 않았습니다.

최근 이미지 생성형 AI(스테이블 디퓨전 등)나 텍스트 생성형 AI(챗GPT 등) 등 기존 AI와 차원이 다른 '미래의 AI'가 등장하면서 기존 AI와 구별하려는 필요성이 커졌습니다. 이에 따라 공통 개념으로 '생성형 AI'라는 용어가 자연스럽게 정착된 것으로 보입니다.

생성형 AI의 가장 큰 특징은 사람이 만드는 수준의 데이터(이미지, 텍스트 등)

를 생성할 수 있다는 점입니다. 하지만 단순히 데이터를 생성하는 자체는 AI 연구 초기부터 있었으며, 2018년경에는 이미 사람이 쓴 수준의 문장이나 실사에 가까운 이미지를 생성할 수 있는 기술이 개발되었습니다.[4]

'생성형 AI'의 획기적인 변화는 자연어로 생성할 내용을 직접 지시할 수 있다는 점입니다. 기술적으로 가능해지기 시작한 것은 2020년 GPT-3이 등장할 즈음이지만, 더 큰 전환점은 2022년 이미지 생성형 AI인 미드저니(Midjourney)의 오픈 베타 서비스였습니다. 이전까지 AI 기술은 전문가 전유물처럼 여겨졌지만, '일반적인 문장으로 AI에 지시하면 고품질 이미지를 생성할 수 있다'는 경험이 대중에게 열리면서 AI 기술은 새로운 차원으로 도약했습니다. 이는 AI 전문가가 아닌 일반 사람에게 강한 충격을 주었으며, 기존 'AI'와는 다른 새로운 개념이 필요하다는 인식을 확산시키는 계기가 되었습니다.

생성형 AI가 AI 기술 내에서 어떤 위치를 차지하는지 보다 명확하게 이해할 수 있도록 머신러닝, 딥러닝 등 개념과 함께 AI 관련 주요 용어들의 관계를 도표로 정리해 보았습니다.

▼ 그림 2-3 AI 관련 기술의 벤 다이어그램

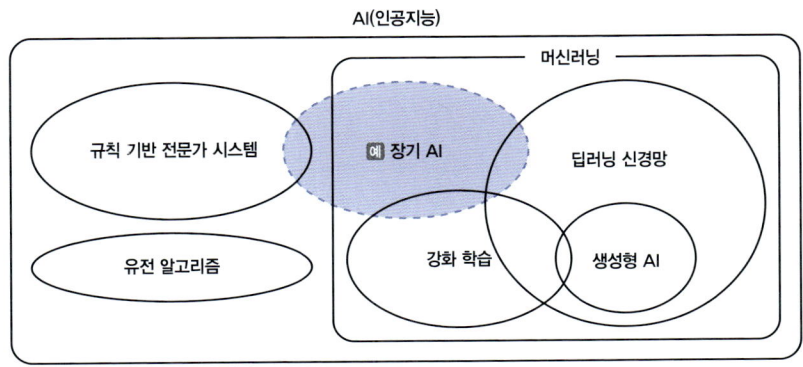

---

4 GAN 2.0: NVIDIA's Hyperrealistic Face Generator – Synced
   https://syncedreview.com/2018/12/14/gan-2-0-nvidias-hyperrealistic-face-generator/

그림 2-3은 AI 관련 용어들의 포함 관계를 나타냅니다. 예를 들어 딥러닝과 강화 학습은 머신러닝에 포함되며, 머신러닝의 하위 기술임을 의미합니다. 하지만 AI는 머신러닝뿐만 아니라 규칙 기반 AI, 전문가 시스템처럼 판단 규칙을 프로그래밍 코드에 반영한 방식이나 유전 알고리즘[5] 같은 다양한 기술도 포함하는 광범위한 개념입니다.

실제 AI 응용 프로그램은 여러 기술을 결합하여 구현됩니다. 예를 들어 장기 AI는 딥러닝부터 규칙 기반을 포함한 다양한 AI 요소 기술을 활용하며, 이러한 특징을 반영하려고 그림 2-3에서도 여러 기술을 가로지르는 형태로 표현했습니다.

앞서 언급했듯이 생성형 AI는 아직 명확하게 정의 내리지 않았으며, 다양한 기술적 요소를 포함할 수 있습니다. 그러나 현재 기술 수준에서 '자연어로 지시하고 인간 수준의 데이터를 생성하는 AI'라는 특징을 실현할 수 있는 것은 주로 딥러닝에 한정됩니다. 따라서 그림 2-3에서는 생성형 AI를 딥러닝 일부로 위치시켰습니다.[6]

2.3.2 범용 인공지능(AGI)

최근 들어 범용 인공지능(AGI)이라는 용어가 일반 뉴스에서도 자주 등장합니다. OpenAI, 딥마인드(구글), 메타(페이스북) 등 선도적인 AI 기업은 모두 AGI 실현을 목표로 합니다.[7]

범용 인공지능이라는 개념을 단순히 '여러 용도로 활용할 수 있는 AI'라고 생각

---

5 유전 알고리즘은 탐색 알고리즘의 일종으로, AI와 별도로 구분하기도 합니다.
6 생성형 AI의 학습 과정에서는 강화 학습 기법을 사용할 수도 있습니다.
7 Google DeepMind(https://deepmind.google/about/), 저커버그 "AGI 개발에 도전... 대규모 인프라 구축 중", 〈AI TIMES〉
   https://www.aitimes.com/news/articleView.html?idxno=156628)

할 수도 있지만 이는 오해입니다. 그렇게 정의한다면 챗GPT 역시 다양한 작업을 수행할 수 있으므로 이미 AGI가 실현된 것이어야 합니다. 그러나 AGI는 단순히 다용도로 활용 가능한 AI가 아니라, 인간과 동등하거나 그 이상의 지능을 갖추고 인간이 수행하는 다양한 작업을 실행할 수 있는 '이상적인 AI'를 의미합니다. 이 용어는 2007년 책 제목[8]에서 처음 등장했으며, 어감이 좋아 널리 사용되었지만 사실 새로운 개념은 아닙니다. 철학자 존 설(John Searle)이 1980년에 제안한 '강한 AI(59쪽 참고)'와 본질적으로 개념이 같습니다. AGI는 AI 연구의 궁극적인 목표를 가리키는 용어이며, 특정한 기술적 방법론이나 모델을 의미하지는 않습니다. 따라서 앞의 벤 다이어그램에서도 '범용 인공지능'은 포함하지 않았습니다.

'인간과 동등하거나 그 이상의 지능을 가진 AI'라는 개념은 매우 어려운 문제입니다. 단순히 실현하기 어려운 것을 넘어 '인간 이상의 지능을 가진다는 것이 정확히 어떤 상태를 의미하는가?'라는 정의 자체가 명확하지 않기 때문입니다. 기계가 인간적인지 확인하는 대표적 방법인 튜링 테스트(turing test)는 기계가 인간과 구별되지 않는 수준으로 대화할 수 있다면 인간과 동등한 지능을 가졌다고 판단하는 방식입니다. 기계가 인간과 동등한 지능을 가졌는지 판단하는 문제를 공식적으로 제기했다는 점에서 튜링 테스트는 중요한 첫걸음이었습니다. 그러나 이 접근법은 오늘날 고전적인 방법으로 간주되며 많은 비판을 받고 있습니다. 중국어의 방(348쪽 참고) 역시 AI와 튜링 테스트를 비판하는 대표적인 사례 중 하나입니다.

---

8 Goertzel, Ben. "Artificial general intelligence: concept, state of the art, and future prospects." Journal of Artificial General Intelligence 5.1. (2014): 1.

▼ 그림 2-4 튜링 테스트

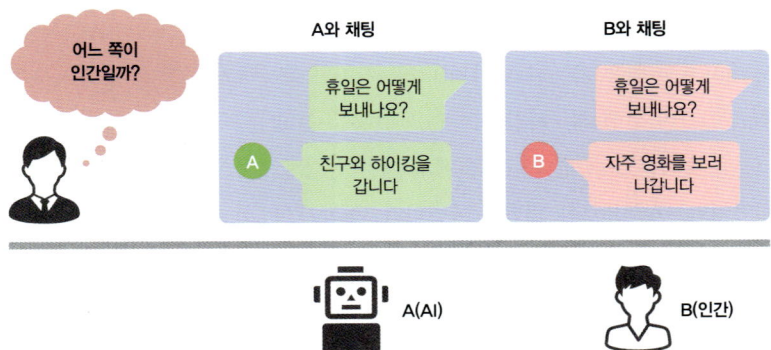

이러한 이유로 범용 인공지능 정의와 판별 방법 연구를 활발히 진행하고 있습니다. 예를 들어 딥마인드는 AGI의 발전 수준을 다섯 단계로 분류하여 정의하라고 제안합니다.[9] 또 마이크로소프트는 GPT-4(35쪽 참고)가 이미 AGI의 초기 단계에 해당한다고 주장하고 있습니다.[10]

한편 명확하게 AGI를 정의하는 대신 'AGI가 있다면 적어도 이러한 특성을 갖추고 이러한 작업을 수행할 것이다'는 필요 조건을 충족하는 AI를 개발하는 방식으로 접근하기도 합니다. 예를 들어 인간과 지능이 동등한 AI라면 인간과 유사한 수준의 언어 표현력과 그림 생성 능력을 갖출 것이라는 가정이 있습니다. 이러한 관점에서 생성형 AI가 범용 인공지능의 실현으로 이어질 가능성이 있다고 기대하는 사람도 있습니다.

오랫동안 이론적인 개념에 불과했던 범용 인공지능(강한 AI)은 생성형 AI 발전으로 점차 현실적인 가능성을 띠기 시작했습니다. 이에 따라 AGI가 실현될 때 초래될 위험에 관한 논의도 본격화되고 있습니다.[11] 단순히 현실적인 위험을 넘어 일부 AI 전문가는 AGI가 인류 멸망을 초래할 가능성을 진지하게 주

9　Morris, Meredith Ringel, et al. "Levels of AGI: Operationalizing Progress on the Path to AGI." arXiv preprint arXiv:2311.02462(2023).

10　Bubeck, Sébastien, et al. "Sparks of Artificial General Intelligence: Early Experiments with GPT-4." arXiv preprint arXiv:2303.12712(2023).

11　Bostrom, N. "Superintelligence: Paths, Dangers, Strategies." Oxford University Press(2014).

장하기도 합니다.[12] 이는 영화 〈터미네이터〉의 AI 반란 같은 극단적인 시나리오뿐만 아니라, AI에 과도하게 의존하여 인간이 창의성을 잃게 될 위험도 포함합니다.

요약

- 생성형 AI는 자연어로 지시를 받아 인간과 동등한 수준의 데이터를 생성할 수 있는 AI입니다. 반면에 범용 인공지능(AGI)은 인간과 동등하거나 그 이상의 지능을 갖춘 이상적인 AI를 의미합니다.

- 범용 인공지능(진정한 인공지능, 강한 AI) 정의는 명확히 규정하기 어렵고, 실현될 경우 초래할 위험성에 우려도 커지고 있습니다.

---

12 "AI로 인류 멸종할 수도" 성명… 샘 알트만·제프 힌튼 서명 배경은?, 〈TheMiilk〉
https://www.themiilk.com/articles/ab205a17a

3장

머신러닝과 딥러닝

AI를 구현하는 핵심 기술인 머신러닝과 딥러닝의 기본 개념을 설명합니다. 머신러닝은 데이터에서 패턴을 학습하여 새로운 데이터에 대한 적절한 예측이나 판단을 수행하는 기술입니다. 그중에서도 딥러닝은 다층 신경망을 활용하여 보다 정교한 인식과 예측을 가능하게 합니다. 이 장에서는 머신러닝의 기본적인 원리, 신경망 구조, 학습 방법(경사 하강법 및 오차 역전파법) 등을 다룹니다.

3.1 머신러닝

머신러닝은 AI를 구현하는 가장 대표적인 기술입니다. 머신러닝을 활용하면 컴퓨터가 주어진 데이터에서 패턴이나 규칙을 찾아내고, 이를 바탕으로 새로운 데이터를 예측하거나 판단할 수 있습니다.

3.1.1 머신러닝 ≠ 기계가 스스로 학습하는 것

머신러닝이나 AI에 대해 흔히 "사용할수록 점점 더 똑똑해지나요?"라는 질문을 받습니다. 하지만 '머신러닝'이라는 용어가 오해를 불러일으킬 수 있습니다. 현재 AI는 스스로 학습하거나 지능이 향상되는 것이 아닙니다.[1] 머신러닝에서 말하는 '학습'이란 주어진 데이터를 분석하여 특정 패턴을 찾아내는 과정일 뿐이며, 인간처럼 새로운 지식을 습득하거나 기존에 할 수 없었던 일을 스스로 익히는 것이 아닙니다.

머신러닝에서는 먼저 데이터를 효과적으로 설명할 수 있는 모델을 선택합니다. 이후 그 모델을 데이터에 맞게 조정하는 과정을 학습(learning)이라고 합니다. 특히 현재 머신러닝에서는 '대량의 데이터에 맞추어 확률 모델의 파라미터를 조정하는 방식'이 주류를 이룹니다.[2]

머신러닝에서는 모델을 선택하는 순간 그 모델이 조정할 수 있는 범위가 결정

---

[1] 대규모 언어 모델에 기억 기능을 추가하여 스스로 학습하고 점점 더 지능적으로 발전하는 상태를 구현하려는 시도가 있습니다.
ChatGPT를 위한 메모리와 새로운 제어 기능 – OpenAI
  https://openai.com/index/memory-and-new-controls-for-chatgpt/
[2] 이러한 모델의 구조나 방식에 따라 통계적 머신러닝(statistical machine learning), 확률적 파라메트릭 모델(probabilistic parametric model) 등 용어로도 부릅니다.

되며, 이론적으로 도달할 수 있는 최고 정확도도 함께 정합니다. 학습 목표는 이론적으로 가능한 최고 성능에 최대한 근접하는 것입니다. 그러나 아무리 잠재력이 뛰어난 모델이라도 학습 과정이 비효율적이거나 현실적인 시간 내에 최적의 해답을 도출할 수 없다면 실용성은 떨어집니다.

이 때문에 머신러닝에서는 모델 선택과 학습 알고리즘의 효율성이 매우 중요합니다. 이러한 점에서 머신러닝 학습 과정은 인간 학습과는 확연히 다릅니다. 머신러닝에서 학습은 흔히 훈련(training)이라고도 합니다. 인간이 반복적으로 연습하여 특정 동작을 점차 더 잘 수행하는 과정은 머신러닝 학습 과정과 유사한 점이 있습니다.

머신러닝에서 또 하나 중요한 요소는 학습에 사용하는 데이터입니다. 머신러닝 모델은 이전에 본 적이 없는 데이터에 취약하기 때문에 높은 성능을 유지하려면 포괄적이고 편향이 적으며 품질이 높은 데이터가 필요합니다. 오늘날 인터넷에서 대량의 데이터를 쉽게 수집할 수 있지만, '포괄적이고', '편향성이 적고', '질이 높은' 것을 동시에 만족시키기는 여전히 어려운 과제입니다. 이러한 데이터 정제 과정에는 여전히 인간 개입이 필수이며, 이는 머신러닝과 AI가 스스로 학습하여 지능적으로 성장하지 못하는 주요 이유입니다.

▼ 그림 3-1 머신러닝을 구성하는 세 가지 요소

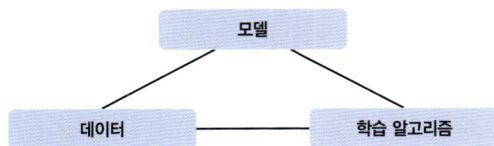

3.1.2 머신러닝 종류

머신러닝은 크게 지도 학습(supervised learning), 비지도 학습(unsupervised learning), 강화 학습(reinforcement learning) 세 가지 유형으로 나눌 수 있습니다. 이들의 주요 차이점은 데이터 제공 방식(학습 방법)에 있으며, 서로 독립적인 개념이 아니라 특정 문제에 따라 결합하여 활용할 수도 있습니다.

▼ 표 3-1 머신러닝의 세 가지 주요 유형

유형	학습 방식	주요 응용 분야
지도 학습	정답이 있는 데이터를 활용하여 정답을 예측하도록 학습	분류, 번역 등
비지도 학습	주어진 데이터에서 구조나 패턴을 스스로 학습	클러스터링(군집 분석) 등
강화 학습	모델이 행동을 수행한 후 그 결과를 바탕으로 최적의 전략 학습	로봇 제어, 대전 게임 등

지도 학습은 높은 정확도를 보장하며, 다양한 분야에 적용할 수 있기 때문에 머신러닝 주류로 자리 잡고 있습니다. 하지만 데이터 준비에 많은 비용과 시간이 소요되는 것이 단점입니다. 반면에 비지도 학습은 데이터 정답(레이블) 없이 데이터를 학습하기 때문에 지도 학습보다 데이터 준비 비용이 낮습니다. 그러나 정확도를 제어하기 어렵고, 응용 범위가 제한적인 한계가 있습니다.

머신러닝이 발전하면서 모델과 데이터 세트 규모가 커져 이에 따라 지도 학습을 위한 데이터 준비 비용도 증가하고 있습니다. 이를 해결하고자 지도 학습과 비지도 학습의 장점을 결합하여 반지도 학습(semi-supervised learning)이나 비지도 데이터에서 문제와 정답을 자동으로 생성하여 지도 학습을 수행하는 자기 지도 학습(self-supervised learning) 등이 개발되었습니다. 대규모 언어 모델(LLM)도 자기 주도 학습으로 학습됩니다(213쪽 참고).

강화 학습은 모델이 추론한 결과를 바탕으로 반복적으로 탐색하며 스스로 데이터를 수집하여 학습하는 방식입니다. 학습 과정이 복잡하고 비용이 높지만 로봇 제어, 게임 AI 등 피드백과 자율성이 중요한 작업에서 뛰어난 성능을 발휘합니다. 또 대규모 언어 모델에서도 강화 학습을 활용합니다. 특히 인간 선호도를 반영하거나 지시에 따르는 능력을 학습하는 과정에 적용됩니다(223쪽 참고).

3.1.3 추론과 학습

학습된 모델을 사용하여 새로운 데이터에서 예측 결과를 출력하는 것을 <u>추론</u> (inference)이라고 합니다. 머신러닝에서 학습과 추론의 관계는 주어진 정보를 바탕으로 숨은 법칙을 유추하는 퀴즈를 푸는 과정과 유사하다고 이해하면 됩니다.

▼ 표 3-2 추론과 학습

	입력	출력
(1) 학습	쌀	비빔밥
(2) 학습	배추	김치
(3) 학습	소고기	불고기
(4) 추론	떡	?(예측)

이 퀴즈에서 특정 식재료 (1)~(3)을 바탕으로 패턴을 분석하고 규칙을 찾아가는 과정이 '학습'입니다. 이 학습된 패턴을 바탕으로 새로운 단어 (4)를 제시하면 이전에 익힌 규칙을 적용하여 정답을 도출하는 과정이 '추론'입니다.

이 퀴즈 법칙은 입력된 단어를 한국의 대표적인 음식으로 변환하는 것입니다. 따라서 '떡'이 입력되었을 때 학습된 패턴을 활용하여 '떡볶이', '떡국', '떡라면' 등을 정답으로 예측할 수 있습니다.

그러나 컴퓨터는 인간처럼 직관적으로 법칙을 유추하지 못하며, 오히려 법칙이 더 복잡한 형태로 존재할 때가 많습니다. 따라서 복잡한 패턴을 효과적으로 표현할 수 있는 모델과 직관 없이도 데이터로 법칙을 찾아낼 수 있는 학습 알고리즘(모델을 조정하는 방법)이 필요합니다. 현재 머신러닝의 주류 방법론은 모델과 데이터 간 적합도를 수치화한 후 해당 값을 최적화하도록 모델 파라미터를 조정하는 방식을 사용합니다. 이때 '적합도'를 평가하는 지표를 <u>손실</u>(loss)이라고 하며, 손실 값이 작을수록 모델의 예측 성능은 더 우수합니다. 일반적으로 정답과 예측 간 값의 차이를 평균적으로 계산한 값을 손실로 활용합니다.

이제 데이터를 고정한 상태로 생각해 보겠습니다. 모델의 파라미터를 변경하면 손실 값이 달라지므로 이를 파라미터의 함수로 간주한 것이 손실 함수(loss function)입니다. 즉, 머신러닝의 학습 과정은 손실 함수가 최소화하는 최적의 파라미터를 찾는 과정이라고 정의할 수 있습니다.

학습과 추론의 차이를 살펴보겠습니다. 학습(training)은 데이터 세트를 고정한 상태에서 모델의 파라미터를 조정하여 손실 값이 최소화되는 파라미터를 찾는 과정입니다. 추론은 학습으로 결정된 최적의 파라미터를 고정한 상태에서 새로운 입력 데이터를 받아 예측 값을 출력하는 과정입니다.

▼ 그림 3-2 머신러닝의 학습과 추론(예측)의 차이

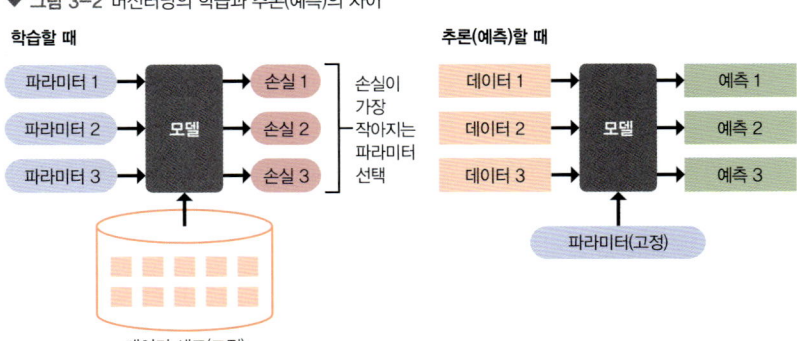

3.1.4 최적화

함수의 최소해(함수가 최소가 되는 인수 값[3])를 찾는 것은 매우 어려운 문제입니다.[4] 일반적으로 어려운 문제에는 적절한 명칭이 부여되며, 이 과정을 최적화 문제(optimization)라고 합니다. 이는 하나의 독립된 학문 분야로 발전해 왔습니다. 최적화 문제에서 최적화해야 할 대상을 목적 함수(object function)라고 합

---

3 최솟값과 최소 해의 차이는 함수 $y = f(x)$가 $x = x_0$에서 최소가 될 때 '최솟값'은 $f(x_0)$고, '최소 해'는 $x = x_0$를 의미합니다.
4 고등학교 수학에서 함수의 최솟값을 찾는 문제를 자주 접했을 수도 있는데 고등학교 수준에서 해결할 수 있도록 조정된 비교적 쉬운 문제들이었습니다.

니다. 즉, 머신러닝의 학습 알고리즘은 손실 함수를 목적 함수로 설정한 최적화 문제를 해결하는 방식으로 구현됩니다.

최적화 방법에는 여러 가지가 있지만, 머신러닝에서 자주 사용하는 기법은 경사 하강법(gradient descent) 같은 반복적인 방법입니다. 자세한 설명은 신경망 절에서 다룹니다(85쪽 참고).

이론적으로 컴퓨터 속도가 무한하다면 가능한 모든 파라미터 조합(우주의 원자 수보다 많을 수도 있지만 유한함)에 대해 손실 값을 계산하고, 손실이 최소가 되는 파라미터를 단숨에(0초) 찾을 수 있을 것입니다. 이렇게 된다면 최적화 기술은 불필요할 것입니다.[5] 그러나 현실적으로는 불가능하므로 대규모 모델과 방대한 데이터를 다룰 때 제한된 시간 내 최소 해(근사치)를 찾는 최적화 기법은 필수입니다.

3.1.5 일반화와 과적합

앞서 언급했듯이 머신러닝 목표는 손실(모델이 데이터에 얼마나 잘 맞는지 나타내는 값)을 최소화하는 파라미터를 찾는 것입니다. 그러나 학습에 사용된 데이터에 모델을 과도하게 맞추는 경우가 발생할 수 있는데 이를 과학습 또는 과적합(overfitting)이라고 합니다.

그런데 '과도하게 맞추어진다'는 것은 정확히 무엇을 의미할까요? 머신러닝 목적이 모델이 데이터에 잘 맞도록 학습하는 것이라면, 단순히 데이터를 잘 맞추는 것이 왜 문제가 될까요? 사실 '학습에 사용된 데이터가 실제 데이터 전체에 비해 너무 적을 때' 이 문제가 발생합니다.

예를 들어 머신러닝의 가장 기초적인 문제 중 하나로 그림 3-3 왼쪽에 있는 점

---

5 머신러닝의 문맥에서 때때로 양자 컴퓨터를 언급하는 이유는 조합 최적화 문제에서 이상적인 양자 컴퓨터가 '모든 경우를 계산하여 최적의 해를 선택하는 방식'을 원리적으로 수행할 수 있기 때문입니다. 그러나 현재 양자 컴퓨터가 풀 수 있는 문제 크기는 인간이 암산으로 풀 수 있는 수준에 불과하므로 머신러닝에서 실질적인 활용은 아직 요원합니다.

네 개를 통과하는 함수(그래프)를 추정하는 문제를 살펴봅시다. 사람이라면 일반적으로 오른쪽 그림의 빨간 선처럼 부드러운 그래프를 그릴 것입니다. 녹색 선이나 파란 선도 점 네 개를 정확히 통과하지만, 이러한 '복잡한 곡선(이상한 함수)'은 정답이라고 보기 어렵습니다.

▼ 그림 3-3 함수 추정과 과적합

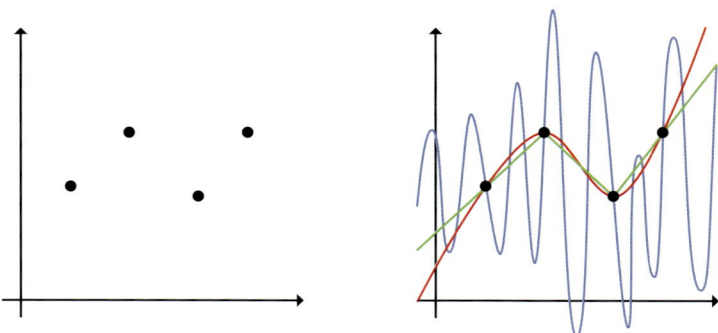

정말 그럴까요? 파란색의 구불구불한 그래프가 부자연스러운 것은 분명합니다. 하지만 그 이유가 단순히 '구불구불하기 때문'이라는 설명은 다소 모호합니다.

또 녹색 그래프가 이상한지 여부는 사람마다 다르게 판단할 수 있습니다. 데이터를 더 많이 수집했을 때 전체 데이터 분포가 다음 그림의 왼쪽과 같이 될지, 오른쪽과 같이 될지는 현재 주어진 데이터 네 개만으로는 예측할 수 없습니다.

▼ 그림 3-4 제한된 데이터만으로는 전체 패턴을 예측하기 어렵다

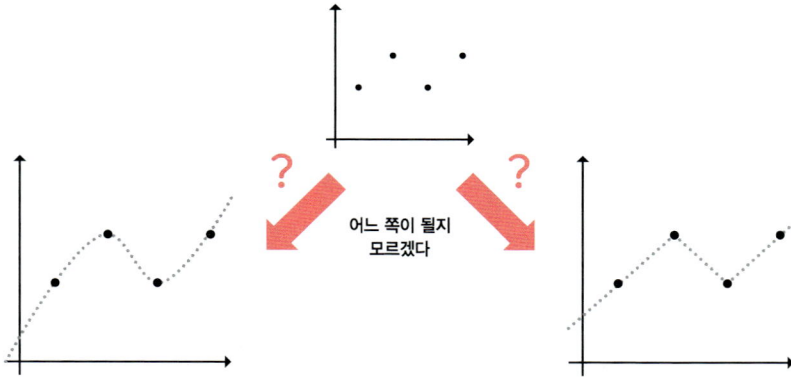

머신러닝은 이러한 문제를 어떻게 다룰까요?

먼저 파란색의 구불구불한 그래프를 살펴보겠습니다. 이 그래프는 입력 데이터가 조금만 변해도 출력(예측) 값이 급격하게 달라지는 특징이 있습니다. 실제 세계에서는 작은 입력 변화가 항상 큰 의미 변화를 초래하지는 않습니다. 예를 들어 고양이 이미지에서 한 픽셀의 색상이 변해도 고양이라는 사실은 변하지 않습니다. 문장에서는 ','(쉼표) 하나가 빠진다고 문장 의미가 변하지도 않습니다. 즉, 입력 데이터의 변화가 작다면 출력 변화도 작아야 합니다. 그러나 파란색 그래프는 이 원칙을 따르지 않으며 이러한 상태를 과적합이라고 합니다. 과적합된 모델은 작은 입력 변화에도 지나치게 민감하게 반응하여 출력 값이 크게 변합니다.

어떤 그래프가 정답인지 확신할 수 없는 문제라면 학습 데이터뿐만 아니라 별도의 데이터를 활용하여 모델이 미지의 데이터에도 올바르게 작동하는지 검증하는 것이 일반적입니다. 예를 들어 73쪽 퀴즈를 봅시다. 숨겨 둔 문제 '떡→떡볶이'를 후반에 제시하여 '입력된 단어를 한국의 대표적인 음식으로 변환한다'는 법칙이 맞는지 검증하는 과정과 유사합니다. 학습 데이터 외에도 모델 선택을 위한 검증 데이터(validation data)와 모델의 정밀도(성능)를 평가하는 테스트 데이터(test data)가 있습니다. 일반적으로 머신러닝에서는 학습 데이터가 많을수록 모델 성능이 향상되지만, 검증 데이터가 충분하지 않으면 적절한 모델 선택이나 성능 평가가 어렵습니다. 따라서 학습 데이터와 검증 데이터를 어떻게 균형 있게 분배할지가 중요한 문제입니다.

테스트 데이터에서 측정한 모델 정확도는 미지의 데이터에서도 얼마나 잘 작동할지 예측하는 지표로 사용되며, 이를 일반화 성능(generalization performance)이라고 합니다. 머신러닝 목표는 제한된 훈련 데이터에서 일반화 성능이 높은 모델을 학습하는 것입니다. 이 개념은 '네 점을 통과하는 함수 찾기 문제' 같은 기본적인 예제에서도, 대규모 언어 모델 같은 복잡한 시스템에서도 동일하게 중요한 요소입니다. 즉, 과적합을 방지하고 일반화 성능을 높이는 것은 머신러닝에서 필수 과제입니다.

COLUMN AI는 단순히 학습 데이터를 조합할 뿐일까요?

AI가 생성하는 이미지나 텍스트가 학습 데이터를 단순히 조합한 것에 불과하지 않느냐는 의문을 종종 듣습니다. 학습 과정이 데이터를 기반으로 패턴을 찾아내는 것이므로, 과적합된 모델에서는 기존 데이터를 조합한 듯 보이는 출력이 나타날 가능성이 있습니다. 이러한 모델은 일반화 성능이 낮으며, 생성형 AI 등 경쟁이 치열한 분야에서는 결국 도태될 수밖에 없습니다.

다른 관점에서도 생각해 보겠습니다. 생성형 AI는 환각(할루시네이션, 328쪽 참고)이라는 오류를 만들어 내는 특징이 있습니다. 하지만 오류를 창조한다는 사실 자체가 AI가 단순한 조합 이상의 작업을 수행할 수 있음을 보여 주는 명백한 증거입니다.

예를 들어 마이크로소프트의 깃허브 코파일럿은 프로그래밍을 지원하는 생성형 AI입니다. 코파일럿이 생성한 코드 조각은 약 150자마다 깃허브의 공개 코드와 비교되며, 동일한 부분이 있으면 출력되지 않도록 필터링됩니다.[6] 생성형 AI가 단순히 기존 데이터를 조합하는 데 그친다면 코파일럿은 사실상 아무것도 생성할 수 없을 것입니다.

결론적으로 생성형 AI 출력이 학습 데이터의 단순한 조합에 불과하다는 주장은 근거가 부족합니다. 특정 경우에 기존 데이터와 유사한 결과가 나타날 수는 있지만, 시간이 지나면서 모델이 개선되어 이 문제는 점차 해결됩니다. 따라서 '생성형 AI는 단순 조합에 머무르지 않는다'고 자신 있게 답할 수 있습니다.

요약

- 머신러닝의 접근 방식은 학습 데이터에 대한 모델의 적합도를 최적화하는 것입니다.
- 머신러닝 목적은 일반화 성능(알려지지 않은 데이터에 대한 예측 성능)을 높이는 것입니다.

---

[6] 조직에서 Copilot의 정책과 기능 관리 – GitHub Docs
https://docs.github.com/ja/copilot/managing-github-copilot-in-your-organization/managing-policies-and-features-for-copilot-in-your-organization

3.2 신경망

신경망은 인간 뇌의 신경 회로망에서 영감을 얻은 머신러닝 모델입니다. AI 채팅부터 이미지 생성형 AI까지 모두 신경망을 기반으로 구현됩니다.

3.2.1 신경망이란

신경망(neural network)은 인간 뇌의 신경 세포(뉴런)와 그 연결 구조를 컴퓨터상에서 모방한 모델입니다. 인간 뇌는 뉴런 약 1000억 개가 서로 연결되어 전기 신호를 주고받으면서 시각, 언어 등 인지 기능을 포함한 복잡한 정보 처리를 수행합니다. 이러한 신경 회로망을 컴퓨터로 시뮬레이션하면 AI(인공지능)를 구현할 수 있다는 발상은 자연스럽습니다.

그러나 신경망 목표는 인간 뇌를 그대로 재현하는 것이 아니라 AI를 구현하는 것입니다. 신경망에서 사용되는 모델 구조와 학습 방식은 인간 뇌의 작동 원리와 다소 차이가 있으며, 인간 뇌에는 신경 회로망 외에도 다양한 영역이 있습니다. 인간 뇌 전체를 모방하여 범용 인공지능 실현을 목표로 하는 전뇌 아키텍처(whole brain architecture) 연구도 진행하고 있습니다.[7] 전뇌 아키텍처는 신경망과 일부 공통점이 있지만 본질적으로는 다른 접근 방식입니다.

---

[7] 전뇌 아키텍처란 - 전뇌 아키텍처 이니셔티브
    https://wba-initiative.org/wba/

3.2.2 신경망 구조

신경망은 신경 세포를 본뜬 뉴런으로 구성됩니다. 인간의 신경 세포는 시냅스로 서로 연결되며 전기 신호를 주고받습니다. 신경망에서도 뉴런이 서로 연결되어 있으며, 전기 신호 대신 수치를 전달합니다. 이 연결 구조는 다음 그림과 같이 표현할 수 있습니다.

▼ 그림 3-5 신경망을 구성하는 뉴런

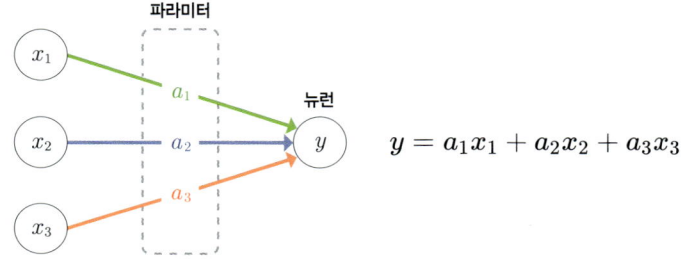

그림 3-5에서 원형으로 표현된 신경망의 뉴런은 숫자(x_1, y 등)를 저장하며, 화살표는 뉴런 간 연결과 값 전달을 나타냅니다. 왼쪽 뉴런에서 오른쪽 뉴런으로 값이 전달될 때 화살표에 표시된 가중치(a_1 등)가 적용됩니다. 각 뉴런으로 들어오는 값의 총합이 새로운 뉴런 값이 됩니다. 다음과 같이 수식으로 간단히 표현할 수 있습니다.

$$y = a_1x_1 + a_2x_2 + a_3x_3$$

이때 화살표에 붙어 있는 a_1, a_2, a_3 같은 가중치를 신경망의 파라미터라고 하며, 신경망 모델 크기는 이 파라미터 수를 의미합니다. 이러한 관계를 표현하는 함수는 선형 함수라고 합니다.

신경망을 구성하는 수식은 크게 두 가지로 나눌 수 있습니다. 하나는 선형 함수로, 신경망에서 대부분 수식이 이에 해당합니다. 그러나 선형 함수만으로는 신경망이 제대로 작동하지 않습니다. 실제로 AI 역사에서 초기 신경망은 한정된 쉬운 문제(선형적으로 구분 가능한 문제)만 해결할 수 있어 발전이 정체했으며, 이는 AI 정체기로 이어졌습니다(59쪽 참고). 이러한 한계는 신경망이 오직 선형 함수만으로 구성되었기 때문입니다.

이 문제를 해결하려고 등장한 것이 바로 활성화 함수입니다. 활성화 함수는 비선형 함수(선형 함수로 표현할 수 없는 함수)로, 선형 함수의 출력을 변환하는 역할을 합니다. 활성화 함수 도입은 단순한 문제만 해결할 수 있었던 신경망 한계를 극복했을 뿐만 아니라, 신경망이 복잡한 현상을 표현할 수 있도록 만들어[8] 신경망 발전의 첫 번째 큰 돌파구가 되었습니다.

다음 그림은 대표적인 활성화 함수 중 하나인 시그모이드 함수(sigmoid function)의 수식과 그래프입니다. 여기에서 비선형이란 이 그림과 같이 직선이 아닌 곡선을 띠는 특성을 의미합니다.

▼ 그림 3-6 시그모이드 함수의 그래프와 수식

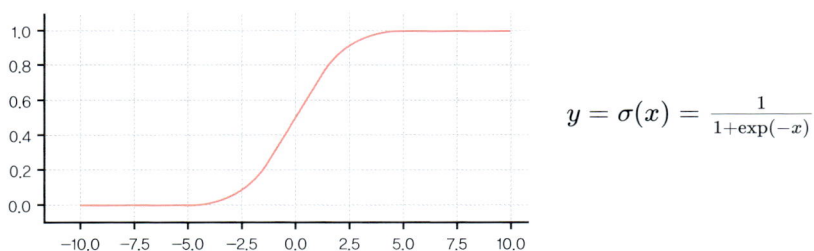

$$y = \sigma(x) = \frac{1}{1+\exp(-x)}$$

참고로 '시그모이드'라는 이름은 알파벳 s에 해당하는 그리스 문자 시그마(σ)에서 유래되었습니다. 그래프 형태가 늘어진 s자 모양을 하고 있어 's와 같은 모양 = 시그모이드'라는 이름을 붙였습니다.[9] 생각보다 단순한 명명 방식입니다.

---

[8] 임의의 함수는 원하는 정밀도로 근사할 수 있으며, 이를 신경망의 보편 근사 정리(universal approximation theorem)라고 합니다.

[9] '시그모이드 함수'라는 명칭은 형태적 특징을 반영한 이름으로, 실제로 여러 종류의 시그모이드 함수가 있습니다. 특정하게 이 함수만 지칭하려면 로지스틱(logistic) 시그모이드 함수라고 합니다.

이러한 활성화 함수는 뉴런의 출력을 반환한 후 다른 뉴런의 입력으로 전달됩니다. 다음 그림은 활성화 함수가 포함된 간단한 신경망 구조를 보여 줍니다(일반적으로 신경망 그래프에서는 활성화 함수를 따로 명시하지 않는 경우가 많습니다).

기본적으로 모든 신경망은 이처럼 선형 함수와 활성화 함수의 합성(한 함수의 출력을 다른 함수의 입력으로 사용하는 연산)으로 구성됩니다.[10]

무작위로 입력 값을 0으로 만드는 드롭아웃(dropout) 등 이 함수로 표현할 수 없는 신경망 구성 요소도 약간 있습니다.

▼ 그림 3-7 뉴런의 신경망과 함수 기반 표현

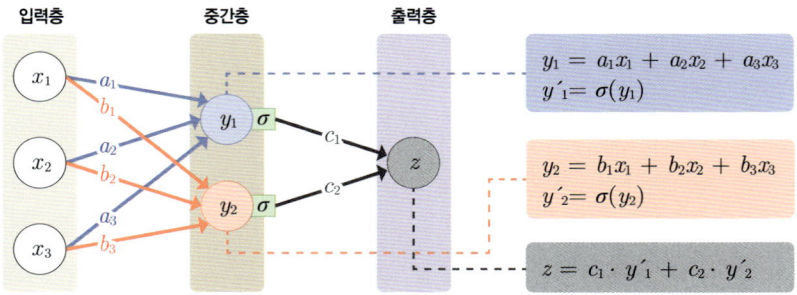

많은 신경망에서 뉴런은 그룹화되어 있으며, 각 그룹의 출력이 다음 그룹의 입력으로 전달되는 방식으로 구성됩니다. 이러한 뉴런 그룹을 신경망의 층(레이어(layer))이라고 합니다. 그림 3-7의 신경망은 입력층, 중간층, 출력층으로 구성된 3층 구조로 되어 있습니다.[11] 여기에서 이전 층의 모든 뉴런이 다음 층의 각 뉴런에 입력되는 방식을 전결합(fully connected)이라고 하며, 이렇게 전결합된 3층 신경망을 다층 퍼셉트론(MultiLayer Perceptron, MLP)이라고 합니다.

---

10 입력 값을 랜덤하게 0으로 만드는 드롭아웃(dropout) 같은 기법처럼 이러한 함수로 표현할 수 없는 일부 신경망 구성 요소도 있습니다.

11 일부 자료에서는 입력층을 층으로 포함하지 않는 방식을 사용하기도 합니다.

신경망에는 다층 퍼셉트론 외에도 다양한 아키텍처(구조적 패턴)가 있으며, 이들 역시 여러 층으로 구성된 신경망입니다. 이러한 층을 많이 쌓는 것을 '깊다(deep)'고 표현하며, 층이 깊게 쌓인 신경망을 심층 신경망(Deep Neural Network, DNN)이라고 합니다. 이러한 심층 신경망을 학습하는 기술 전반을 딥러닝(deep learning)이라고 합니다.

요약

- ▶ 신경망은 인간의 뇌 신경 회로망에서 착안한 머신러닝 모델입니다.
- ▶ 다층 뉴런을 연결하고 활성화 함수를 적용함으로써 복잡한 입출력 관계를 표현할 수 있습니다.

3.3 신경망의 학습

신경망(딥러닝)이 오늘날처럼 발전할 수 있었던 가장 큰 요인은 대규모이자 복잡한 신경망도 효과적으로 학습할 수 있는 획기적인 학습 방법이 등장했기 때문입니다.

3.3.1 경사 하강법을 이용한 학습

신경망 학습은 학습 데이터를 입력하여 출력(예측 값)을 얻고, 이를 정답과 비교하여 손실을 최소화하도록 신경망의 파라미터를 조정하는 과정입니다. 이를 이해하려고 다음 그림의 신경망을 예로 들어 살펴보겠습니다.

▼ 그림 3-8 신경망의 파라미터(가중치와 편향)를 변화하면 출력도 변한다

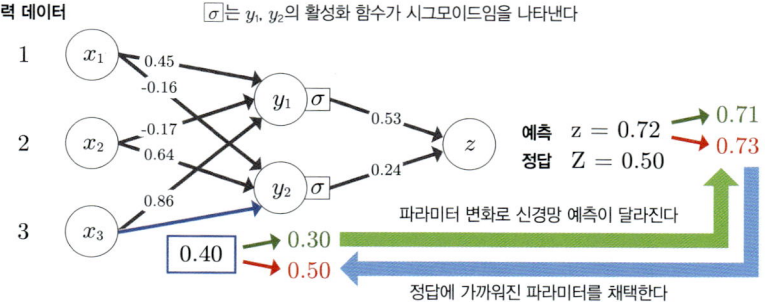

이 신경망은 각 화살표에 임시적인 가중치(파라미터)가 할당된 2층 신경망입니다. 입력 $(x_1, x_2, x_3) = (1, 2, 3)$을 신경망에 넣고 계산했을 때 출력 $z = 0.72$가 현재 신경망의 예측 값입니다.

이때 입력 $(1, 2, 3)$에 대한 정답은 $Z = 0.50$이라고 가정합니다. 예측이 정답에 가까워지도록 파라미터를 조금씩 조정해 보겠습니다.

그림 3-8에서 파란색 화살표 $x_3 \rightarrow y_2$에 주목하세요. 현재 가중치가 0.40인 상태에서 이를 0.30과 0.50으로 각각 변경했을 때 출력은 각각 z = 0.71과 z = 0.73이 되었습니다. 따라서 정답인 Z = 0.50에 더 가까운 값인 0.30으로 가중치를 갱신해야 합니다. 이 방식으로 모든 화살표에 가중치 갱신을 수행하고 데이터를 변경하여 반복함으로써 예측과 정답의 차이를 점차 줄일 수 있습니다.

이 신경망은 화살표가 여덟 개밖에 없어 이러한 원시적인 방법으로도 쉽게 해를 구할 수 있을 것입니다. 그러나 대규모 언어 모델처럼 복잡한 신경망은 파라미터가 10억 개 이상에 달합니다. 이 경우에는 매우 어려운 문제입니다.

이 과정에서 중요한 것은 '파라미터를 조금 바꾸었을 때 손실이 줄어드는지 증가하는지'를 파악하는 것입니다. 이는 '파라미터에 대한 손실의 변화율'을 계산하는 것과 같으며, 수학적으로는 '미분'에 해당합니다. 즉, 각 파라미터에서 손실의 미분을 계산할 수 있다면 이 방법으로 신경망 모델의 학습이 가능해집니다. 각 파라미터의 미분 값을 모아 둔 것을 경사[12]라고 하며, 이를 사용하여 파라미터를 갱신하고 최솟값을 찾는 방법을 경사 하강법이라고 합니다.

최솟값을 구하는 문제는 최적화 문제라고 하며, 이를 해결하고자 하는 함수를 목적 함수라고 합니다. 경사 하강법은 최적화 문제를 푸는 대표적인 방법 중 하나입니다. 딥러닝 프로그램에서 Optimizer라는 단어가 등장하는데, 이는 최적화 문제의 해결책을 의미합니다.

일반적으로 경사가 클수록 최솟값은 멀리 떨어져 있습니다. 경사 값을 그대로 파라미터에서 빼는 방식이 가장 단순한 경사 하강법이지만, 이렇게 하면 최솟값을 넘겨 버릴 수 있어 보통은 0.001처럼 작은 상수를 경사에 곱해 갱신 폭을 조정합니다. 이 상수를 학습률(learning rate)이라고 합니다.[13]

---

[12] 더 정확히 말하면 경사란 편미분 계수의 벡터입니다.
[13] 경사 하강법을 효과적으로 빠르게 학습하려고 여러 가지 방법이 추가되고 있습니다. 예를 들어 같은 방향으로 계속 이동할 때 속도를 증가시키는 방법을 모멘텀 방법(Method of moments)이라고 합니다. 딥러닝에서 자주 사용하는 Adam은 대표적인 모멘텀 방법을 기반으로 한 Optimizer입니다. 학습률은 처음에는 상수로 설정되지만, 학습 중에 변화를 주는 것이 학습을 안정화하는 데 도움이 되는 것으로 알려져 있습니다.

3.3.2 오차 역전파법

신경망의 손실을 일반화하면 다음 여러 함수의 중첩으로 나타낼 수 있습니다. 여기에서 f, g, h는 파라미터를 포함한 적절한 함수들로, 실제로는 더 많은 함수가 있지만 설명을 단순화하려고 세 개로 제한했습니다.

$$y = f(g(h(x)))$$

이 식은 먼저 $h(x)$를 계산하고 그 결과를 함수 g에 넣고는 다시 그 결과를 함수 f에 넣는다는 의미입니다. 이러한 조작을 함수의 합성이라고 합니다.

경사는 y를 각 파라미터로 미분한 값입니다. 예를 들어 함수 $h(x)$의 파라미터 w에서 경사는 고등학교 수학에서 배우는 합성 함수의 미분 공식을 이용하여 다음과 같이 계산할 수 있습니다. 세부 사항은 차치하고 이 식은 원래 식보다 길고 복잡합니다.

$$\frac{\partial y}{\partial w} = f'(g(h(x))) \cdot g'(h(x)) \cdot \frac{\partial h}{\partial w}(x)$$

이 식의 복잡도는 함수의 합성 수(즉, 신경망의 층수)가 증가할수록 커집니다. 또 이 계산으로 구할 수 있는 것은 파라미터 w 하나의 미분뿐이므로 모든 파라미터에 대해 반복적으로 계산해야 합니다. 한 번의 계산에 파라미터 수만큼 시간이 걸린다고 가정하면 파라미터 수가 두 배가 되면 경사 계산 시간은 네 배가 되고, 열 배가 되면 계산 시간은 100배가 됩니다.

이 심각한 문제를 극적으로 해결한 것이 1986년경에 재발견된 <mark>오차 역전파법</mark>(backpropagation)입니다.[14] 오차 역전파법은 파라미터 수가 두 배가 되어도 경사 계산 시간이 두 배에서 끝나는 획기적인 방법입니다.

---

[14] Rumelhart, David E., Geoffrey E. Hinton, and Ronald J. Williams. "Learning representations by backpropagating errors." nature 323,6088(1986): 533–536.

▼ 그림 3-9 오차 역전파법

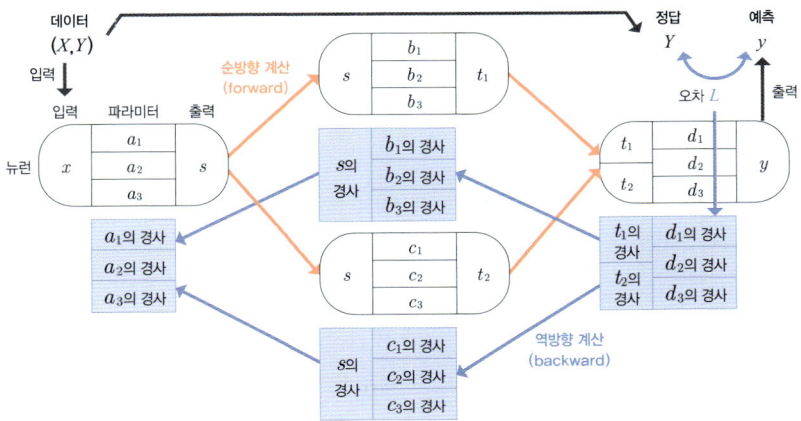

오차 역전파법은 크게 두 단계로 나눌 수 있습니다. 첫 번째 단계인 순방향 계산(forward)에서는 일반적으로 신경망을 따라 계산하여 예측 값을 출력합니다. 이때 다음 단계를 위해 중간 계산 결과를 각 뉴런에 저장해 둡니다.[15]

두 번째 단계인 역방향 계산(backward)에서는 순방향 계산으로 얻은 예측 값과 실제 정답 간 오차를 구한 후 이를 바탕으로 미분을 계산합니다. 이렇게 계산한 미분 값은 신경망 화살표를 따라 역방향으로 전달됩니다. 각 뉴런은 순방향에서 저장된 중간 계산 결과와 출력 뉴런에서 전달된 값을 사용하여 각 뉴런별로 파라미터에 대한 미분 값을 비교적 간단하게 계산할 수 있습니다. 그리고 그 결과를 다시 이전 뉴런으로 전달합니다. 이처럼 오차에서 구한 미분을 신경망을 거슬러 올라가며 릴레이 형식으로 전달하기 때문에 '오차 역전파'라고 합니다.

---

15 딥러닝 라이브러리에서는 순방향 계산을 시작하기 전에 중간 계산 결과를 저장할지 말지를 지정해야 할 필요가 있습니다. 예를 들어 파이토치에서는 예측을 계산할 때 torch.no_grad()를 미리 호출하여 중간 계산 결과를 저장할 필요가 없음을 라이브러리에 알려 줍니다.

> **NOTE**
>
> 오차 L을 파라미터 a_1로 미분한 값을 계산할 때, 편미분 기호를 사용하면 다음과 같이 계산할 수 있습니다.
>
> $$\frac{\partial L}{\partial a_1} = \frac{\partial L}{\partial t_1}\frac{\partial t_1}{\partial s}\frac{\partial s}{\partial a_1} + \frac{\partial L}{\partial t_2}\frac{\partial t_2}{\partial s}\frac{\partial s}{\partial a_1}$$
>
> 이때 $\frac{\partial s}{\partial a_1}$는 순방향 계산에서 구한 값으로 계산할 수 있으며, $\frac{\partial L}{\partial t_i}\frac{\partial t_i}{\partial s}$는 각각 목적 뉴런에서 역전파로 전달됩니다. 이 수식을 편미분의 연쇄 법칙이라고 합니다.

이 오차 역전파법 덕분에 각 파라미터에 대한 손실 함수의 경사를 한 번의 순방향 계산과 한 번의 역방향 계산만으로 효율적으로 구할 수 있습니다. 그 결과 다층 신경망의 학습을 현실적인 시간 내에 수행할 수 있습니다.

요약

- 신경망 학습은 경사 하강법을 이용하여 손실을 최소화합니다.
- 오차 역전파법을 사용하여 경사(미분)를 효율적으로 계산함으로써 대규모 신경망에서도 학습을 가능하게 했습니다.

3.4 정규화

신경망 학습에서 모델의 복잡성 때문에 과적합, 경사 소실, 경사 폭발 등 문제가 발생할 수 있습니다. 이러한 문제를 해결하는 방법 중 하나가 바로 정규화입니다.

3.4.1 드롭아웃

오차 역전파법 덕분에 복잡한 신경망에서도 학습 계산이 가능해졌지만, 이제 다른 두 가지 문제에 직면합니다.

첫 번째 문제는 파라미터 수를 늘리면 발생하는 과적합(75쪽 참고)입니다. 신경망은 파라미터를 늘림으로써 모델 표현력을 높이고, 다양한 문제를 해결할 잠재력을 지니게 됩니다. 그러나 제대로 학습하지 않으면 그 잠재력은 발휘되지 못하고 '가능성에 머무른 상태'에 그칩니다.

머신러닝에서 과적합 문제를 해결하려고 모델이나 손실 함수에 적용하는 모든 방법을 정규화라고 합니다. 원래 정규화는 해결할 수 없는 문제를 해결하는 방법이었으나, 과적합을 유발하는 많은 파라미터를 가진 모델을 안정적으로 다룰 수 있는 방법으로 발전했습니다. 그래서 머신러닝에서는 정규화가 이러한 문제를 해결하는 목적을 지닌 용어로 사용됩니다. 신경망은 일반적인 머신러닝보다 압도적으로 많은 파라미터를 가지고 있어 기존 정규화 방법만으로는 효과적으로 학습하기 어려웠습니다.

이 해결책으로 드롭아웃이 등장했습니다.[16] 드롭아웃은 학습 중에 뉴런 입력을

---

[16] Hinton, Geoffrey E., et al. "Improving neural networks by preventing co-adaptation of feature detectors." arXiv preprint arXiv:1207.0580(2012).

무작위로 차단하는 간단한 방법입니다. 드롭아웃이 과적합을 억제하는 원리를 이해하려면 먼저 과적합이 무엇인지 이해할 필요가 있습니다.

과적합은 학습 데이터에 과도하게 적응하여 입력의 작은 차이로 출력이 크게 변하는 현상입니다. 드롭아웃은 신경망 연결을 무작위로 차단함으로써 같은 데이터로 학습해도 뉴런 입력에 변동을 줍니다. 이렇게 하면 입력 데이터 변화에 대해 출력이 크게 변하지 않게 되어 과적합을 억제하는 효과를 얻을 수 있습니다.

▼ 그림 3-10 드롭아웃

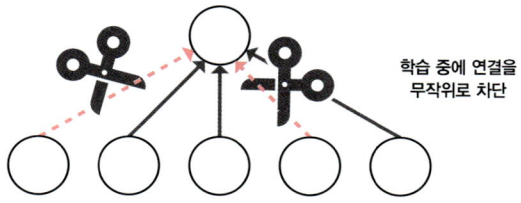

입력 데이터의 변화에 강한 모델을 머신러닝에서는 견고성이 있다고 합니다. 드롭아웃은 현재도 견고성을 확보하는 데 사용하는 기술입니다.

3.4.2 배치 정규화

신경망 학습에서 두 번째 문제는 층을 깊게 쌓을수록 오차 역전파법으로 계산된 경사가 거의 0에 가까워지거나 반대로 지나치게 큰 값이 된다는 점입니다. 이것으로 부동 소수점 수(96쪽 참고)로 표현할 수 있는 범위를 초과하는 등 현상이 발생하여 파라미터 업데이트가 정상적으로 되지 않습니다. 이 경사가 0이 되는 문제를 경사 소실, 경사가 극단적으로 커지는 문제를 경사 폭발이라고 합니다. 이러한 문제는 신경망이 깊어질수록 높은 비율로 발생하여 학습을 방해하고, 신경망 연구자들을 오랫동안 괴롭혔습니다. 하지만 배치 정규화라는 획기적이고 이해하게 되면 매우 간단하면서도 직접적인 방법이 이 문제를 해결하는 실마리가 되었습니다.

배치 정규화를 이해할 수 있게 경사를 소실할 때 무엇이 일어나는지 살펴보겠습니다.

딥러닝 학습에서는 파라미터를 작은 난수로 초기화합니다. 신경망의 층 출력은 파라미터를 곱한 값의 합이므로, 기본적으로 작은 값이 됩니다. 그 작은 값을 다음 층에 입력하면 더 작은 값이 됩니다. 이렇게 층을 통과할 때마다 값은 작아지고 그 분산도 작아집니다. 분산이 작다는 것은 무엇을 입력하더라도 거의 같은 값이 출력된다는 것을 의미합니다. 미분은 입력에 대한 출력의 변화 비율이므로 출력 변화가 0이면 미분도 0이 되어 경사가 소실됩니다.[17]

▼ 그림 3-11 층을 쌓을수록 출력의 분산(변화의 폭)이 줄어든다

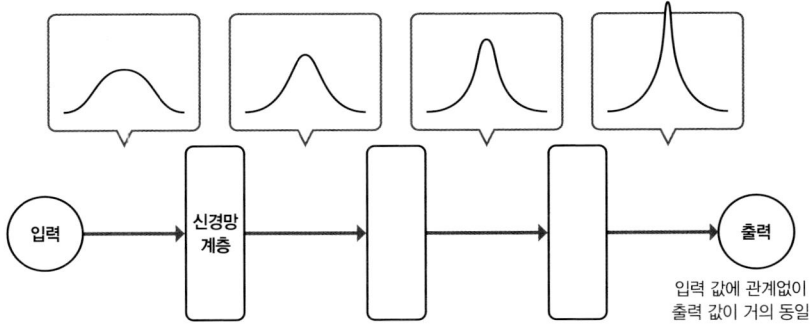

그래서 층의 출력 분산이 표준 값인 1이 되도록 상수를 곱하는 방법이 배치 정규화(batch normalization)입니다.[18] 이 상수는 각 층의 출력 분산을 기반으로 결정됩니다. 하지만 단일 데이터 입력만으로는 분산을 알 수 없기에 여덟 개 또는 32개 등 일정한 수의 데이터를 신경망에 입력하여 그 안에서 분산을 계산하고

---

17 경사 폭발은 좀 더 복잡한 메커니즘으로 발생합니다. 오차 역전파법에서는 오차에 대해 편미분 행렬(야코비안)을 모든 층에 걸쳐 곱하게 되는데, 그 행렬의 최대 고윳값이 1보다 크면 기하급수적으로 절댓값이 증가하여 경사 폭발이 발생한다고 생각됩니다.
Pascanu, Razvan, Tomas Mikolov, and Yoshua Bengio. "Understanding the exploding gradient problem." CoRR, abs/1211.5063 2,417(2012): 1.

18 Ioffe, Sergey, and Christian Szegedy. "Batch Normalization: Accelerating Deep Network Training by Reducing Internal Covariate Shift." International conference on machine learning. PMLR, 2015.

이를 사용합니다.[19] 이 일정한 데이터 단위를 미니 배치라고 하며, 배치마다 표준적인 분산을 맞추는 과정을 '배치 정규화'라고 합니다.

▼ 그림 3-12 배치 정규화(BN)로 각 층의 출력 분산을 1로 정규화

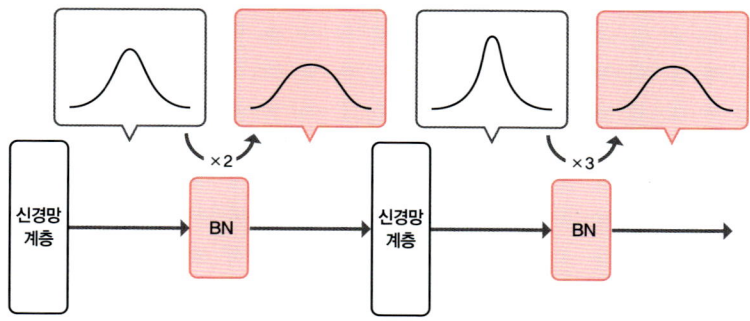

각 층의 출력을 바탕으로 분산이 동일해지도록 적절한 상수를 곱한다

3.4.3 잔차 신경망

2016년에 등장한 잔차 신경망(Residual Neural Network, ResNet)[20]은 경사 소실 및 경사 폭발 문제를 거의 해결하여 신경망 층을 매우 깊게 만들 수 있게 했습니다. 현재 대규모 언어 모델이 100층에 가까운 신경망을 갖출 수 있는 이유는 잔차 신경망 덕분입니다.

더욱이 잔차 신경망의 역할은 단순히 정규화에 그치지 않습니다. 잔차 신경망 개념에 따라 신경망 파라미터를 기계적이고 안정적으로 증가시킬 수 있게 되었습니다. 대규모 언어 모델이 방대한 언어 지식을 축적할 수 있는 핵심 기술 중 하나가 바로 잔차 신경망입니다.

---

19 실제로는 이 값을 누적하여 데이터 전체의 분산 정도를 추정합니다.
20 He, Kaiming, et al. "Deep Residual Learning for Image Recognition." Proceedings of the IEEE conference on computer vision and pattern recognition, 2016.

▼ 그림 3-13 잔차 신경망

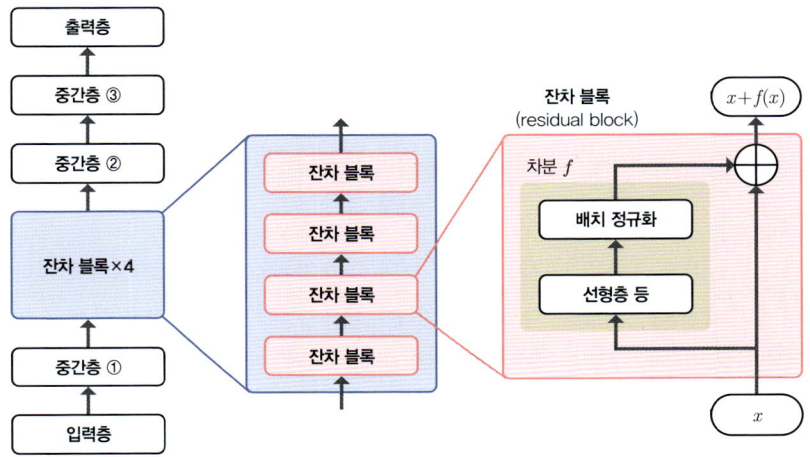

그림 3-13은 잔차 신경망을 간단히 나타낸 것입니다. 중간층 ①과 중간층 ② 사이에는 잔차 블록이라는 네트워크가 있으며, 이 예시에서는 잔차 블록이 네 개 포함되어 있습니다.

잔차 블록은 그림 3-13 오른쪽과 구조가 같습니다. 일반적인 신경망의 층은 그대로 출력을 예측하는 방식으로 구성되어 있어 출력 분산이 작아지거나(기울기 소실) 입력에 포함된 정보가 손실되는 문제가 발생할 수 있었습니다. 그러나 잔차 블록은 입력 x에 대해 차분 $f(x)$를 예측하는 구조입니다. 블록에서 출력 직전에 입력과 차분을 더해 $x + f(x)$를 출력합니다. 이 구조를 잔차 연결이라고 합니다. 잔차 연결 덕분에 입력 정보가 손실되거나 분산이 사라질 걱정이 없어졌습니다.[21] 또 차분 계산에는 배치 정규화가 포함되어 있어 차분이 극단적인 값으로 커지는 것을 방지합니다.

이 방법들 덕분에 신경망 층이 아무리 깊어져도 효율적으로 학습할 수 있습니다. 딥러닝 붐의 선구자였던 AlexNet(60쪽 참고)은 8층 신경망이었습니다. 이

---

[21] 잔차 블록의 출력은 항등 사상에 가까워지고, 편미분 행렬(야코비안)은 단위 행렬에 가까워집니다. 따라서 경사 폭발도 발생하기 어렵습니다.

후 VGG(16~19층), Inception(22층), Inception-v3(42층) 등 얼마나 깊은 신경망을 구현할 수 있는지 경쟁했지만, 잔차 신경망이 152층 신경망을 제안하면서 그 방법으로 1000층 규모의 신경망에서도 학습이 가능함을 보여 주었습니다. 이것으로 신경망 깊이를 단순히 추구하는 경쟁이 끝났습니다. 단순한 깊이 추구가 끝나면서 오히려 진정한 딥러닝 시대가 시작되었다고 할 수 있습니다.

일반적인 잔차 블록은 입력과 출력이 형태(같은 차원의 벡터나 텐서)가 동일하여 필요에 따라 얼마든지 추가할 수 있습니다. 앞 예시에서는 잔차 블록이 네 개이지만 이를 그대로 확장하여 열 개로 만드는 것도 가능합니다. 또 중간층 ②와 중간층 ③ 사이에 잔차 블록을 새로 추가하는 것도 가능합니다. 즉, 기존 신경망에 잔차 블록을 추가하여 원하는 만큼 확장할 수 있습니다.

현재 생성형 AI 핵심 동력인 트랜스포머(258쪽 참고) 역시 잔차 연결을 도입합니다. 뒤에서 설명할 스케일링 법칙(170쪽 참고)에 따르면 대규모 언어 모델에서는 파라미터를 크게 늘리는 것이 필수인데 이러한 확장이 가능한 것도 다 잔차 연결 구조 덕분입니다.

요약

- 신경망 학습에서는 과적합, 경사 소실, 경사 폭발 등 다양한 문제가 발생할 수 있습니다.
- 정규화는 이러한 학습 문제를 해결하는 중요한 기술입니다. 신경망에서는 드롭아웃과 배치 정규화가 특히 효과적인 방법으로 활용됩니다.
- 잔차 신경망의 잔차 연결 덕분에 신경망을 원하는 만큼 깊게 확장할 수 있습니다.

3.5 컴퓨터에서 숫자를 다루는 방법

컴퓨터는 유한한 디지털 데이터를 다루므로 무한히 많은 실수를 정확하게 표현할 수 없습니다. 이 절에서는 컴퓨터에서 실수가 어떻게 표현되는지, AI 기술이 발전하면서 실수를 표현하는 방식이 어떻게 변화해 왔는지 설명합니다.

3.5.1 2진수로 정수와 소수 표현

컴퓨터는 계산을 잘한다고 알려져 있지만, 실제로는 전류의 ON/OFF를 1과 0으로 간주하여 정수와 실수를 표현하고 계산을 수행합니다.

먼저 2진수로 표현된 정수부터 살펴보겠습니다. 2진수는 0과 1만 사용하며, 각 자리는 순서대로 $1(2^0)$, $2(2^1)$, $4(2^2)$, $8(2^3)$, …처럼 2의 거듭제곱에 해당하는 값을 가집니다. 예를 들어 2진수 '1101'을 살펴보면 각 자리의 값을 더하여 10진수로 13임을 알 수 있습니다.

▼ 그림 3-14 2진수로 정수 표현

2진수 각 자리는 컴퓨터의 최소 정보 단위인 비트로, 8비트를 모은 것을 바이트라고 합니다. 컴퓨터 메모리 등은 바이트 단위로 접근되므로 메모리 용량도 바이트로 표현됩니다.

그림 3-14의 변환표를 왼쪽으로 늘리면 각 비트 값은 16, 32, 64처럼 배로 증가합니다. 반대로 오른쪽으로 늘리면 각 값은 8, 4, 2, 1처럼 절반씩 줄어들

며, 더 작은 단위로는 0.5, 0.25 등이 됩니다. 이 규칙을 사용하여 4비트 정수 부분과 4비트 소수 부분으로 구성된 2진수 0101.0011을 10진수로 변환하면 5.1875임을 알 수 있습니다. 이것이 2진수로 소수를 표현한 것입니다.

▼ 그림 3-15 2진수로 소수 표현

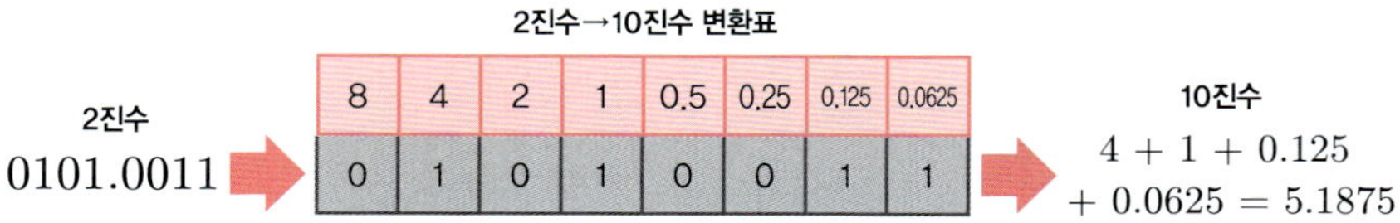

2진수→10진수 변환표							
8	4	2	1	0.5	0.25	0.125	0.0625
0	1	0	1	0	0	1	1

2진수: 0101.0011

10진수: $4 + 1 + 0.125 + 0.0625 = 5.1875$

우리는 2진수로 소수를 표현할 수 있다는 것을 확인했습니다. 그러나 이 방법은 표현할 수 있는 값 범위가 매우 제한적이어서 머신러닝이나 AI 같은 컴퓨터 응용 분야에서 요구되는 큰 실수와 작은 실수를 동시에 표현하기에는 한계가 있습니다.

3.5.2 부동 소수점 수

컴퓨터에서 직접 다룰 수 있는 것은 유한한 0과 1뿐이므로 무한히 많은 실수를 모두 정확하게 표현하는 것은 불가능합니다. 즉, 컴퓨터의 실수 표현은 계산에 필요한 범위 내에서 큰 값과 작은 값 모두를 적절한 정밀도로 표현할 수 있어야 합니다.

이를 해결하는 데 부동 소수점 수(floating point number) 방식이 사용됩니다. 이 방식에서는 모든 수치를 6.022×10^{23} 같은 형식으로 표현합니다. 여기에서 6.022는 가수부(mantissa), 10의 지수는 지수부(exponent)로 나누어서 표현됩니다.

▼ 그림 3-16 6.022×10^{23}의 가수부 및 지수부

가수부 6.022×10^{23} 지수부

여기에서는 설명의 이해를 돕고자 10진수로 표기하고 있지만, 실제로 컴퓨터 상의 부동 소수점 수는 2진수로 구성됩니다. 또 지수부의 밑(어깨 아래의 수)은 10이 아니라 2를 사용합니다.

이 형식의 문제점은 같은 수를 표현하는 데 여러 가지 방법이 있다는 점입니다. 예를 들어 6.022×10^{23}과 60.22×10^{22}, 0.6022×10^{24}은 모두 같은 수입니다. 따라서 지수부는 정수로, 가수부의 정수 부분은 0이 아닌 한 자릿수로 하는 규칙이 적용됩니다. 이 규칙에 따라 하나의 고유한 표현으로 수치를 결정할 수 있습니다.[22]

구체적인 예를 들어 부동 소수점 수를 사용하여 수치를 표현하는 방식이 어떻게 되는지 살펴보겠습니다. 또 지수부를 음수로 설정하면 1보다 작은 값도 표현할 수 있습니다.

▼ 표 3-3 부동 소수점 수로 표현하는 예시

수치	부동 소수점 수 표현
3.141	3.141×10^0
0.004	4.000×10^{-3}
1234	1.234×10^3

부동 소수점 수는 소수점 위치가 이동하는 특징이 있어 '소수점이 부동하는 수' 라는 이름을 붙였습니다. 참고로 소수점 위치가 고정된 표현은 고정 소수점 수라고 합니다.

3.5.3 부동 소수점 수의 대표적인 형식

컴퓨터에서 부동 소수점 수를 표현할 때 가수부와 지수부에 할당하는 비트 수

---

[22] 2진수에서 0이 아닌 한 자릿수는 1뿐이므로 2진수의 부동 소수점 수에서는 가수부의 정수 부분이 항상 1이 됩니다. 따라서 부동 소수점 수 형식에서는 가수부의 정수 부분을 생략하여 비트 수를 절약하는 방법을 사용합니다.

에 따라 표현 가능한 범위와 정밀도(유효 자릿수), 필요한 비트 수를 조정할 수 있습니다. 가수부와 지수부에 할당된 비트 수에 부호(플러스/마이너스)를 나타내는 1비트를 추가하여 전체 비트 길이가 결정됩니다. 컴퓨터의 메모리는 기본적으로 8비트 단위로 구성되므로 부동 소수점 수 형식의 비트 길이는 8의 배수나 약수로 조정할 때가 많습니다.

자주 사용하는 부동 소수점 수 형식의 이름과 각 형식의 지수부 및 가수부 비트 수, 동적 레인지(표현 가능한 값 범위)와 정밀도를 표로 정리했습니다. 지수부 비트 수가 많을수록 동적 레인지가 커지고, 가수부 비트 수가 많을수록 정밀도가 높아집니다.

▼ 표 3-4 부동 소수점 수 형식

형식	지수부	가수부	동적 범위	정밀도
FP64(float64, double, 배정밀도)	11	52	$10^{-308} \sim 10^{308}$	15자리
FP32(float32, float, 단정밀도)	8	23	$10^{-38} \sim 10^{38}$	7자리
FP16(float16, half, 반정밀도)	5	10	$10^{-5} \sim 10^{5}$	4자리
BF16(bfloat16)	8	7	$10^{-38} \sim 10^{38}$	3자리

형식 이름에 포함된 숫자는 해당 부동 소수점 수가 사용하는 비트 수를 의미합니다. 예를 들어 FP16 형식은 16비트를 소비합니다.

FP32는 가장 널리 사용되는 부동 소수점 형식으로, 일반적으로 float라고 하면 FP32를 의미합니다. 많은 프로그래밍 언어에서 실수형 타입으로 기본적으로 FP32를 사용하며, 과거에는 머신러닝이나 인공지능 분야에서도 주로 사용했습니다. 반면에 FP64는 더 높은 정밀도가 요구되는 과학 기술 계산이나 피드백을 통해 오차가 누적될 수 있는 시뮬레이션 분야에서 주로 활용합니다.

FP16은 원래 그래픽 처리 성능을 향상시키는 방식으로 개발되었습니다. 초기에는 GPU에서 연산 속도가 느리고, 머신러닝에 필요한 정밀도가 부족하다는 인식 때문에 널리 사용하지 않았습니다. 그러나 딥러닝이 발전하고 모델 규모가 커지고 메모리 절약의 중요성이 부각되며 2016년 이후 FP16 연산 속도가 빠른 GPU 보급과 정밀도 손실이 크지 않다는 연구 결과까지 더해 현재는 FP16과 뒤이어 등장한 BF16이 딥러닝에서 널리 사용하는 주요 형식으로 자리 잡았습니다.

FP16, FP32, FP64는 IEEE에서 정의한 국제 표준 형식인 반면, BF16은 원래 구글 브레인(현 구글 딥마인드)에서 자사의 NPU 칩인 TPU(113쪽 참고)에 적용하려고 설계한 독자적인 형식입니다. 여기에서 'B'는 Brain을 의미합니다. FP16은 그래픽 처리에 최적화된 형식으로 지수부와 가수부의 비트 수 역시 그 목적에 맞게 결정되었습니다. 그러나 딥러닝에서는 연산 도중 값이 급격히 커지는 상황이 자주 발생하며, FP16이 가진 좁은 동적 범위는 이러한 값을 충분히 표현하지 못하는 한계를 드러냅니다. 이 문제를 해결하려고 FP16 같은 16비트 부동 소수점 형식에서 지수부 비트 수를 늘려 동적 범위를 넓힌 것이 바로 BF16입니다. 현재는 구글 TPU뿐 아니라 다양한 하드웨어에서 BF16 형식을 지원합니다.

이외에도 비트 수를 절반으로 줄인 FP8 형식이 일부 환경에서 실험적으로 도입되고 있습니다. 현재는 이후에 소개할 양자화(quantization) 기법을 이용하여 부동 소수점 형식의 비트를 더욱 줄이는 방향으로 발전이 이어지고 있습니다.

3.5.4 부동 소수점 수의 정밀도와 동적 범위

앞서 말했듯이 컴퓨터는 유한한 비트로 무한히 많은 임의의 실수를 정확히 표현할 수 없습니다. 이는 부동 소수점 수에도 그대로 적용됩니다. 즉, 부동 소수점 수로 표현할 수 없는 실수는 필연적으로 오차를 발생시키거나, 동적 범위를 초과하여 언더플로 또는 오버플로 오류로 이어질 수 있습니다. 이러한 문제가 보기에는 드물어 보일 수 있지만, 실제로는 부동 소수점 수로 정확히 표현할 수 있는 실수 수가 매우 제한적이라서 오차와 오버플로는 항상 따라다니는 본질적인 문제입니다.

예를 들어 컴퓨터는 0.1이라는 수치를 정확하게 다루는 데 어려움이 있습니다. 프로그래밍한 경험이 있다면 0.1이 정상적으로 작동하는 것처럼 보여 그런 문제가 없다고 생각할 수도 있습니다. 그러나 실제로 컴퓨터가 사용하는 값은 '0.1과 가장 가까운 부동 소수점 수'일 뿐이며, 정확히 0.1은 아닙니다. 이 차이는 파이썬으로 간단한 프로그램을 실행해 보면 쉽게 확인할 수 있습니다.

```
print(format(0.1, ".18g"))  # 0.1을 소수점 이하 18자리까지 표시
# 실행 결과: 0.100000000000000006
```

정밀도가 직관보다 더 낮게 나타나는 경우는 간단한 계산으로도 쉽게 재현할 수 있습니다. 예를 들어 수학적으로는 $1 - (1-x) = x$가 항상 성립하지만, 부동 소수점 수 계산에서는 오차가 발생하기 때문에 컴퓨터상에서는 반드시 성립하지 않습니다.

```
print(1-(1-0.0001))  # 0.0001이 출력되길 기대
# 실행 결과: 9.999999999998899e-05  # 0.00009999999999998899라는 의미
```

이러한 수치는 일반적으로 FP32 형식으로 표현되며 비교적 정밀도가 높습니다. 그러나 같은 연산을 FP16 형식으로 수행하면 오차가 훨씬 커져 $1 - (1-0.0001)$의 결과가 놀랍게도 0이 되는 현상이 발생합니다.[23]

이러한 차이는 가수부의 비트 수에서 비롯됩니다. FP32는 가수부가 23비트인 반면, FP16은 10비트로 13비트가 적습니다. 가수부의 비트 수는 수직선상에서 실수를 얼마나 촘촘하게 표현할 수 있는지 결정합니다. 따라서 13비트가 더 많은 FP32는 FP16보다 2^{13} = 8192배 더 세밀한 간격으로 값을 나눌 수 있습니다

---

23 역주 다음 소스 코드로 확인 가능합니다.
```
import torch
x = torch.HalfTensor([0.0001])
print(1-(1-x))  # 출력 결과: tensor([0.], dtype=torch.float16)
```

(다음 그림에서는 시각적 편의를 위해 이 간격 차이를 16배로 단순화해서 표현했습니다). 예를 들어 '0.1에 가장 가까운 부동 소수점 수' 역시 FP32와 FP16에서 서로 다른 값으로 표현됩니다.[24]

▼ 그림 3-17 FP32와 FP16의 정밀도 차이

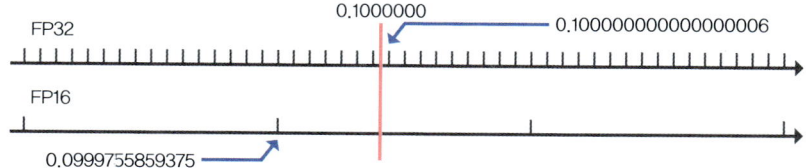

머신러닝에서는 지수 함수(exp)가 중요한 역할을 합니다. 하지만 이 함수는 오버플로가 매우 쉽게 발생하는 특성이 있습니다. FP32나 BF16 형식에서는 exp(89) 정도에서 동적 범위를 초과하여 inf(무한대)로 처리되는 오류가 발생합니다. 그런데 FP16에서는 훨씬 더 작은 값인 exp(12)에서도 이미 오버플로가 발생합니다. 이는 해당 값이 실제로는 무한대에 한참 못 미치지만, FP16이 표현할 수 있는 수의 범위를 넘어섰기 때문입니다.

> **요약**
>
> ▶ 부동 소수점 수는 컴퓨터에서 실수를 표현하는 방식입니다. 한정된 비트 수로 가능한 한 넓은 수의 범위를 표현하려고 동적 범위와 정밀도 사이의 절충(트레이드 오프)을 기반으로 설계됩니다.
>
> ▶ 부동 소수점 수 형식은 다양하며, 용도에 따라 적절한 형식을 선택해서 사용합니다. 머신러닝, 특히 딥러닝 분야에서는 주로 FP16과 BF16 형식을 널리 활용합니다.

---

[24] 1 - (1-0.0001)에서 오차가 발생하는 데는 지수부 역시 영향을 미칩니다. 지수부의 값이 커질수록 수직선에서 한 눈금이 나타내는 값의 간격도 함께 커지기에 0.0001 자체보다 1 - 0.0001에서 발생하는 오차가 더 크게 나타납니다.

3.6 양자화

양자화는 AI 모델의 파라미터를 더 적은 비트 수로 표현하여 낮은 정밀도로 연산을 수행하는 기술입니다. '낮은 정밀도'라고 하면 부정적으로 들릴 수 있지만, 실제로는 메모리 사용량을 줄이고 연산 속도를 높이는 데 크게 기여합니다. 생성형 AI 시대에 매우 중요한 기술로 자리 잡고 있습니다.

3.6.1 모델 크기와 GPU VRAM 관계

신경망 구조를 설명한 신경망 절(80쪽 참고)에서 언급했듯이 딥러닝 연산 대부분은 형식이 다음과 같습니다. 다음 예시에서는 설명을 쉽게 하려고 a와 x의 요소 수를 네 개로 설정했지만, 실제 모델에서는 수천 개에서 수만 개 수준의 배열로 확장됩니다.

$$y = a_1 x_1 + a_2 x_2 + a_3 x_3 + a_4 x_4$$

x_1, x_2, x_3, x_4는 함수의 입력 값입니다. 이는 이전 층의 출력에서 전달되기 때문에 다양한 값을 가질 수 있습니다. 이러한 특성 때문에 일반적으로 FP32나 FP16처럼 표현력이 높은 형식이 사용됩니다.

반면에 a_1, a_2, a_3, a_4는 모델의 파라미터입니다. 머신러닝의 학습 단계에서는 이 값들을 찾아내는 것이 목표이기에 아직 고정되지 않은 상태입니다. 하지만 추론 단계에서는 학습으로 결정된 값이 고정되어 사용됩니다. 원래는 이 파라미터들도 FP32나 FP16처럼 높은 정밀도 형식으로 표현되었습니다. 그러나 최근 대규모 언어 모델 크기가 워낙 커지면서 16비트조차도 지나치게 많은 메모리를 차지하게 되었습니다.

▼ 그림 3-18 1년 만에 모델이 100배 이상 거대해졌다

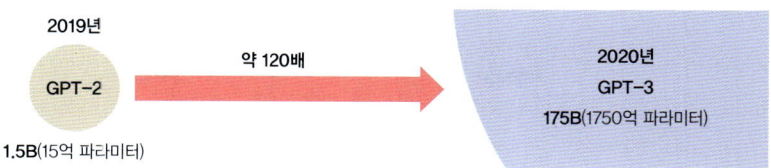

예를 들어 2019년에 발표된 GPT-2는 파라미터를 약 15억 개 가지고 있으며, 이를 FP16(파라미터당 16비트) 형식으로 저장하면 메모리가 약 3GB 필요합니다. 1년 후에 공개된 후속 모델 GPT-3은 무려 파라미터를 1750억 개 갖고 있어 GPT-2보다 100배 이상 큽니다. 같은 방식으로 FP16 형식으로 표현하면 약 350GB에 달합니다.

GPU에서 고속 연산을 수행하려면 필요한 데이터를 모두 VRAM(GPU의 메모리)에 적재해야 합니다. 예를 들어 VRAM이 24GB인 GeForce RTX 4090(엔비디아의 소비자용 최상위 GPU)을 기준으로 보면, GPT-2는 RTX 4090 한 장에 무리 없이 올릴 수 있지만 GPT-3은 최소 15장이 필요합니다. 이는 단순히 모델을 메모리에 적재하는 용량일 뿐 실제 연산에 필요한 메모리까지 고려하면 더 많은 VRAM이 요구됩니다. 참고로 챗GPT에 사용되는 GPT-3.5는 파라미터를 3500억 개 가지고 있어 GPT-3보다도 두 배나 큽니다.

▼ 표 3-5 GPT-2부터 GPT-3.5까지 파라미터를 표현하는 데 필요한 메모리 용량

모델(파라미터 수)	32비트	16비트	16비트	8비트
GPT-2(1.5B)	6GB	3GB	1.5GB	0.75GB
GPT-3(175B)	700GB	350GB	175GB	87.5GB
GPT-3.5(350B)	1400GB	700GB	350GB	175GB

3.6.2 양자화

수치를 8비트나 4비트처럼 더 적은 비트 수로 표현할 수 있다면 그만큼 메모리 사용량이 줄어들고 필요한 GPU 수도 감소합니다. 이러한 기술 중 하나가 바로 양자화입니다.

앞서 살펴본 함수 예제를 바탕으로 양자화가 어떻게 적용되는지 구체적으로 살펴보겠습니다. 여기에서 a_1, a_2, a_3, a_4는 모델의 파라미터이며, 개수는 매우 많지만 추론할 때 변하지 않는다는 특징이 있습니다. 양자화는 바로 이 특성을 활용합니다.

$$y = a_1 x_1 + a_2 x_2 + a_3 x_3 + a_4 x_4$$

이번에는 파라미터를 3비트로 표현하는 방법을 살펴보겠습니다. 가장 단순한 방식은 3비트 정수로 변환하는 것이지만 이 접근에는 문제가 있습니다. 딥러닝 모델의 파라미터 값은 대부분 0에 가까운 작은 실수일 때가 많아 단순히 정수로 반올림하면 대부분 값이 0이 되어 버릴 수 있습니다.

이 문제를 해결하려고 3비트 정수로 표현할 수 있는 여덟 가지 수를 보다 효과적으로 활용하여 정밀도를 조금이라도 높이고자 합니다.

그래서 a_1, a_2, a_3, a_4의 최솟값과 최댓값 사이를 7등분하여 양 끝 값을 포함한 총 여덟 개 값으로 파라미터를 표현합니다. 예를 들어 최솟값이 $m = -0.57$, 최댓값이 $M = 0.53$인 경우 이 구간을 균등하게 나눈 값 여덟 개는 다음 표와 같습니다.

▼ 표 3-6 m = −0.57에서 M = 0.53까지 3비트로 표현

b	0	1	2	3	4	5	6	7
a	−0.57	−0.41	−0.25	−0.10	0.06	0.22	0.38	0.53

예를 들어 a_1이 0.20이라면 등분된 값 중 가장 가까운 값인 0.22에 대응되는 정수 5를 선택하여 이를 b_1로 사용합니다. 같은 방식으로 a_2, a_3, a_4에도 동일한

과정을 반복하여 각각 b_1, b_2, b_3, b_4를 구합니다. 이렇게 얻은 b_n은 모두 0부터 7까지 정수이므로, 각각 3비트로 표현할 수 있습니다. 일반적으로 양자화란 이처럼 연속적인 값을 일정한 범위 내 이산적인 값으로 대응시키는 작업입니다.

▼ 그림 3-19 3비트 양자화

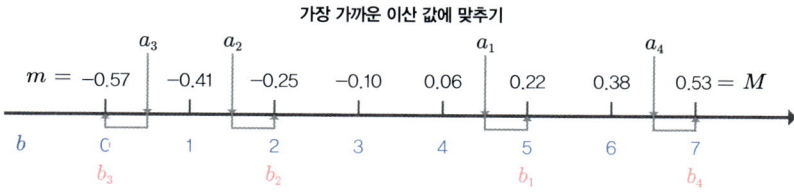

이 과정에서 a_n과 b_n 사이에는 다음 관계가 성립합니다. 여기에서 기호 ≈는 근 삿값을 나타냅니다.

$$a_n \approx \frac{M-m}{7} b_n + m$$

이 관계를 원래 함수 식에 대입해서 정리하면 a_n 대신 3비트 정수인 b_n으로 함수를 표현할 수 있습니다. 즉, 실수 기반의 파라미터를 정수 기반의 이산 값으로 근사함으로써 메모리 효율은 물론 연산 성능까지 개선할 수 있는 것입니다.

$$y \approx \frac{M-m}{7}(b_1 x_1 + b_2 x_2 + b_3 x_3 + b_4 x_4) + m(x_1 + x_2 + x_3 + x_4)$$

여기에서 소개한 방식은 양자화의 가장 기본적인 개념입니다. 실제로는 더 정교한 양자화 기법들이 있습니다. 예를 들어 GPTQ[25]라는 방법은 이산 값과의 매핑 규칙을 검증용 데이터를 기준으로 조정하여 정확도가 최대한 유지되도록 설계합니다. 또 파라미터 분포가 정규 분포를 따른다 가정하고, 이를 기반으로 정확도를 향상시키는 NormalFloat이라는 양자화 기법도 있습니다.[26]

---

25 Frantar, Elias, et al. "GPTQ: Accurate Post-Training Quantization for Generative Pre-trained Transformers." arXiv preprint arXiv:2210.17323(2022).

26 Dettmers, Tim, et al. "QLoRA: Efficient Finetuning of Quantized LLMs." Advances in Neural Information Processing Systems 36(2024).

일반적인 양자화에서는 3비트 이하로 표현하면 정확도가 크게 떨어진다고 알려져 있습니다. 하지만 AWQ[27], iMatrix(importance Matrix)[28] 같은 방법은 일부 중요한 파라미터만 고정 정밀도로 유지하고, 나머지는 저비트로 양자화하는 방식으로 3비트 이하로도 정확도를 크게 떨어뜨리지 않고 양자화를 적용할 수 있습니다.

향후에도 대규모 언어 모델의 파라미터 수는 쉽게 줄어들지 않을 것이며, GPU 수요는 계속 증가하여 확보가 어려운 상황은 당분간 지속될 가능성이 있습니다. 동시에 스마트폰이나 일반적인 컴퓨터 같은 로컬 환경에서도 AI를 실행하려는 수요도 점점 늘어납니다. 이러한 흐름 속에서 양자화는 메모리와 연산 자원을 절감할 수 있는 핵심 기술로 주목받고 있으며, 앞으로도 활발히 연구되고 발전해 나갈 것입니다.

대규모 언어 모델이 확산되면서 스마트폰처럼 성능이 낮고 전력 제약이 있는 환경에서 모델 추론 필요성이 커지고 있습니다. 클라우드와 데이터 센터 환경에서도 전력 소비 증가로 CO_2 배출, 냉각 시스템의 물 사용 증가 등 환경 문제가 대두됩니다(339쪽 참고). 이러한 점에서 GPU 및 AI 칩 메모리와 전력 소모를 줄일 수 있는 양자화 기술은 앞으로 더욱 중요한 역할을 하게 될 것입니다.

요약

- 대규모 언어 모델이 점점 더 거대해지면서 GPU 메모리 부족 문제 또한 심각해지고 있습니다.
- 양자화는 숫자를 더 적은 비트 수로 표현하여 메모리 사용량을 효과적으로 줄여 주는 기술입니다.

---

27 Lin, Ji, et al. "AWQ: Activation-aware Weight Quantization for LLM Compression and Acceleration." arXiv preprint arXiv:2306.00978(2023).
28 https://github.com/ggerganov/llama.cpp/pull/4861

3.7 GPU를 활용한 딥러닝

딥러닝, 특히 대규모 언어 모델의 학습과 추론에는 GPU가 필수라고 알려져 있습니다. 이 절에서는 원래 그래픽 처리를 하려고 개발한 GPU가 어떻게 딥러닝에서 핵심적인 역할을 하게 되었는지 그 과정을 살펴보겠습니다.

3.7.1 계산을 빠르게 하는 방법

'100칸 계산'이라는 계산 연습 방법이 있습니다.[29] 가로와 세로 각각 10칸 표를 만들고, 위쪽과 왼쪽에 숫자를 적은 후 교차하는 칸마다 두 숫자를 더하거나 곱하는 방식으로 계산을 수행합니다.[30]

▼ 그림 3-20 100칸 계산

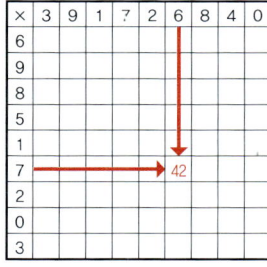

100칸 계산(곱셈)
가로와 세로 숫자가 교차하는 칸에
두 숫자를 곱한 값을 적는다

---

[29] https://ja.wikipedia.org/wiki/%E7%99%BE%E3%81%BE%E3%81%99%E8%A8%88%E7%AE%97
키시모토 히로시가 고안한 계산 훈련법으로, 가로세로에 놓인 숫자들을 더하거나 곱한 값을 써서 10×10 표 100칸을 빠르게 채우며 계산 속도와 정확성을 길러 주는 연산 훈련법입니다.

[30] 참고로 곱셈 방식의 100칸 계산은 벡터 연산으로 보면 외적(outer product)에 해당하며, 행렬 관점에서는 10×1 행렬과 1×10 행렬의 곱으로 표현할 수 있습니다. 이는 LoRA에서 사용되는 저랭크 근사(rank-1 근사) 방식과도 동일한 형태의 계산입니다(225쪽 참고).

계산을 빠르게 하자는 말이 곧 100칸 계산 연습을 하자는 의미는 아닙니다. 여기에서 중요한 것은 각 계산에 걸리는 시간은 그대로 둔 채 이 표 전체를 어떻게 하면 더 짧은 시간 안에 모두 채울 수 있을까 고민해 보자는 것입니다.

보통은 100칸을 모두 계산하려면 연산이 100번 필요합니다. 하지만 두 사람이 반씩 나누어 계산하면 50번의 시간 만에 끝낼 수 있죠. 더 많은 사람이 나누어 맡는다면 시간은 더욱 줄어들고, 100명이 각각 칸 하나를 맡는다면 단 한 번의 연산 시간 만에 전체 계산을 끝낼 수 있습니다.[31]

사실 GPU의 고속 계산 방식이 바로 이와 같은 원리입니다. GPU에는 수많은 연산 유닛(코어)이 탑재되어 있어 각각을 동시에 작동시켜 병렬로 계산을 수행합니다. 이 연산 유닛들을 각 계산에 하나씩 할당하면 10×10 칸은 물론, 100×100 칸이라도 단 한 번의 연산 시간으로 모두 처리할 수 있는 것입니다.

3.7.2 GPU vs CPU

GPU는 Graphics Processing Unit의 약어로, 원래는 컴퓨터 그래픽을 처리하려고 개발된 부품입니다. 고성능 3D 그래픽이 필요한 게임이나 애니메이션 등에서 필수적인 요소이며, 소니 플레이스테이션, 닌텐도 스위치 같은 게임기에도 탑재되어 있습니다. 일반적인 컴퓨터에서는 GPU가 CPU와 통합된 형태로 포함되어 있으며, 운영체제나 오피스 소프트웨어 등에서 화면 렌더링을 가속화하는 데 사용됩니다. 또 비디오 인코딩과 디코딩(압축 및 해제) 작업에서도 GPU는 매우 유용하게 활용됩니다.

하지만 GPU는 단순히 영상 처리에만 쓰는 것이 아닙니다. 병렬 연산에 특화되어 있어 계산 속도가 매우 빠르다는 점이 딥러닝 분야에서 주목받는 이유입

---

31 물론 100명이 동시에 종이 한 장에 결과를 적는 데 걸리는 시간은 고려하지 않았습니다. 실제 GPU를 활용한 계산에서도 마찬가지로 계산 자체는 빠르더라도 결과를 CPU로 전달하는 통신 경로(버스)에서 병목 현상이 발생하는 경우가 종종 있습니다.

니다. 과거에는 거의 모든 연산을 CPU가 담당했지만[32], 지금은 딥러닝이나 AI 관련 계산의 대부분을 GPU에서 수행합니다.

그렇다고 해서 GPU가 CPU를 완전히 대체할 수 있는 것은 아닙니다. 두 장치는 역할이 다르며, CPU는 앞으로도 없어지지 않을 핵심적인 연산 장치입니다. 사실 GPU는 특정 조건을 만족하는 연산에서만 탁월한 성능을 발휘합니다. 이를 직접 확인할 수 있는 간단한 실험을 해 보겠습니다.

- 랜덤한 숫자들로 구성된 리스트를 준비하고, 리스트의 각 항목을 제곱하는 연산을 수행합니다.
- 이 연산을 CPU와 GPU 각각에서 실행하여 걸린 시간을 측정합니다.
- 리스트 크기를 점차 늘려 가며 연산 시간이 어떻게 변화하는지 비교합니다.

가로축은 리스트 크기, 세로축은 측정된 실행 시간(단위: 마이크로초, 즉 100만 분의 1초)을 나타내도록 그래프를 작성했습니다. 값의 차이가 큰 구간에서도 변화를 명확하게 보여 주려고 각 눈금이 열 배씩 증가하는 이중 로그 그래프 형식으로 표현했습니다.

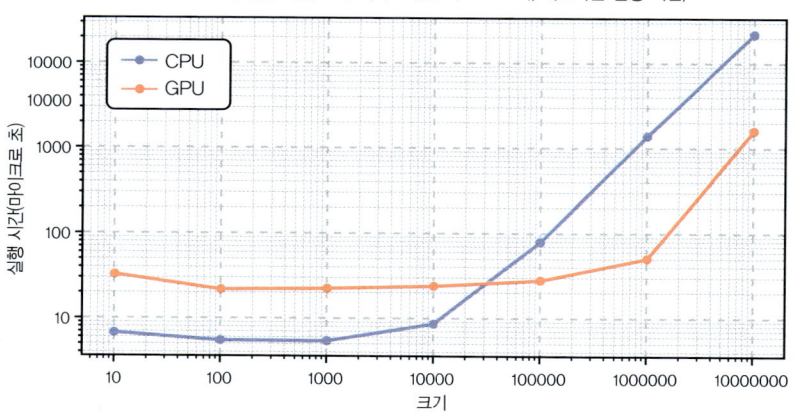

▼ 그림 3-21 CPU와 GPU의 실행 시간 그래프(가로축은 리스트 크기, 세로축은 실행 시간)

---

32 과거에는 부동 소수점 연산(floating point 연산)을 전문적으로 처리하는 FPU(Floating Point Unit)를 CPU 외부에 별도로 장착하던 시기도 있었습니다. 하지만 현재는 이러한 기능을 대부분 CPU 내부에 통합해서 사용합니다.

이 그래프를 보면 먼저 리스트 크기가 작을 때는 GPU보다 CPU가 더 빠르다는 것을 알 수 있습니다. 하지만 리스트 크기가 커지면 상황은 다릅니다. CPU 실행 시간은 리스트 크기에 비례하여 점진적으로 증가하는 반면, GPU는 일정 크기(이번 실험에서는 약 30만)를 초과하기 전까지 실행 시간이 거의 변하지 않습니다. 이 때문에 중간 지점에서 역전이 일어나 GPU가 더 빨라집니다. 즉, GPU가 진가를 발휘하는 상황은 대용량 데이터에 대한 계산이라는 것을 알 수 있습니다.

사실 GPU가 항상 CPU보다 계산 속도가 빠른 것은 아닙니다. CPU와 GPU는 각각 독립적으로 동작하므로 데이터를 CPU에서 GPU로 전송하는 시간, GPU 계산이 끝날 때까지 CPU가 대기해야 하는 등 여러 가지 번거로운 과정이 수반됩니다. 하지만 같은 연산을 대량의 데이터에 반복 수행하는 경우 GPU는 그 전체 작업을 병렬로 한 번에 처리할 수 있습니다. 바로 이것이 GPU 고속 계산의 핵심입니다.

CPU와 GPU의 차이는 숙련된 작업자(CPU의 코어) 10명과 단순 작업 아르바이트생 10만 명(GPU의 연산 유닛)이 같은 구덩이를 파는 데 걸리는 시간을 비교하는 것과 비슷합니다. 아르바이트 한 명 한 명은 장인보다 능력이 떨어지지만, 단순 작업일 때는 '인해전술'이 더 빠른 결과를 낼 수 있습니다. 이처럼 단순하면서도 대규모로 반복되는 계산은 GPU로 처리할 때 훨씬 더 빠르게 수행할 수 있습니다. 그리고 신경망 계산이 바로 그런 대표적인 '대량의 단순한 계산' 예입니다(80쪽 참고). 즉, 딥러닝 계산은 GPU가 가장 잘하는 분야였던 것입니다.

3.7.3 GPU의 탄생과 범용 계산

GPU는 왜 대량의 단순 계산에 특화되어 있을까요? 그것은 GPU의 본래 역할과 깊은 관련이 있습니다.

GPU는 원래 3D 그래픽 처리, 특히 게임 그래픽을 구현하려고 개발했습니다. 3D 게임을 구현하려면 먼저 3D 모델을 구성하는 수많은 다각형(폴리곤)의 꼭짓점 위치를 계산해야 합니다. 그런 다음 모델 표면에 입힐 이미지(텍스처)를 이 위치에 맞게 변형시키고, 여기에 빛과 그림자 같은 효과를 추가하여 사실감 있게 표현합니다. 이 일련의 작업을 셰이딩(shading)이라고 합니다. 즉, 꼭짓점 계산, 텍스처 변형, 음영 처리 등 정해진 수식을 반복적으로 대량 처리하는 작업을 빠르게 수행하는 데 특화된 하드웨어가 바로 GPU 시작이었습니다.

2000년 전후로 GPU는 두 가지 큰 진화를 겪습니다. 첫 번째 진화는 더 많은 행렬 계산을 고속으로 수행할 수 있게 된 것입니다. 세밀하게 분할된 꼭짓점이 많은 3D 모델을 표현할 수 있다면 게임의 표현력이 향상됩니다. 이를 위해서는 꼭짓점 위치 변환에 필요한 행렬 계산을 대량으로 빠르게 처리할 수 있어야 했습니다.

두 번째 진화는 셰이딩 처리를 사용자 정의할 수 있게 된 것입니다. 이전 GPU는 특정한 렌더링 방식에 특화된 전용 하드웨어였기 때문에 극단적인 경우 게임마다 전용 GPU가 필요한 상황도 있었습니다. 이에 따라 셰이딩 로직을 프로그램으로 정의할 수 있는 프로그래머블 셰이더가 도입되었고, 하나의 GPU로 다양한 렌더링 방식에 대응할 수 있게 되었습니다.

그러자 일부 연구자와 기술자는 GPU의 연산 성능과 프로그래밍 기능을 활용하여 그래픽 외의 일반적인 계산 작업을 수행하는 방법을 탐구하기 시작했습니다. 프로그래머블 셰이더를 이용하여 그래픽과 상관없이 계산을 처리하는 기술을 GPGPU(General-Purpose computing on GPU)라고 불렀습니다.[33] 예를 들어 2006년에 발표한 도쿄공업대학의 TSUBAME는 GPU 클러스터로 구성된 슈퍼컴퓨터로, 지속적으로 업그레이드하여 현재까지도 세계 슈퍼컴퓨터 랭킹 상위권을 유지하고 있습니다.[34]

---

[33] https://ko.wikipedia.org/wiki/GPGPU
[34] 엔비디아 테슬라 P100이 일본에서 가장 빠른 인공지능 슈퍼컴퓨터 개발에 활용
https://blogs.nvidia.co.kr/blog/tsubame3-ai-supercomputer/

초기에는 특수한 분야에서 쓰는 기술로 여겼던 GPGPU였지만, 이후 엔비디아(NVIDIA)의 CUDA 같은 GPU 프로그래밍 환경이 정비되면서 딥러닝 계산에 널리 활용하기 시작했습니다. 딥러닝은 연산 각각은 단순하지만 그 양은 매우 방대하여 GPU의 병렬 고속 계산 능력과 매우 잘 맞습니다. 또 딥러닝에서는 일반적으로 모델이 클수록 정확도가 높으므로 학습 속도가 **빠를수록** 더 높은 성능을 기대할 수 있습니다. 어느 순간부터 딥러닝 계산은 GPU의 주요 용도 중 하나가 되었고, 원래의 그래픽 외 활용이라는 의미였던 'GPGPU'라는 명칭은 점차 사용되지 않게 되었습니다.

▼ 표 3-7 GPU 기술의 발전 흐름

셰이더	프로그래머블 셰이더	GPGPU	NPU AI 가속기
개별 게임	DirectX/OpenGL	CUDA/OpenCL 등	cuDNN/oneDNN 등
• 3D 그래픽 처리를 위한 하드웨어화 • 게임별 전용 설계	• 셰이딩 로직을 프로그래밍으로 사용자 정의 • 드라이버 소프트웨어를 이용한 범용화	• 프로그래머블 셰이더를 과학 계산에 활용 • 그래픽 외 다양한 분야로 활용 확대	• 그래픽 기능 없이 행렬 계산에 특화 • 더 큰 규모, 저정밀 계산, 저전력 설계 지향

3.7.4 딥러닝에 특화된 GPU와 NPU

GPU를 활용한 고속 계산은 다수의 연산 유닛을 병렬로 작동시켜 대량의 데이터를 동시에 처리함으로써 할 수 있습니다. 예를 들어 엔비디아의 GPU 연산 유닛은 CUDA 코어라고 하며, 이 CUDA 코어 수가 많을수록 병렬 계산 성능이 높아집니다. 2023년 기준, 엔비디아의 민간용 GPU 중 최상위 모델인 GeForce RTX 4090에는 CUDA 코어가 무려 1만 6384개 탑재되어 있습니다.

이 CUDA 코어는 본래 목적이었던 그래픽 처리를 효율적으로 수행할 수 있도록 설계되었으며, 딥러닝 계산에는 불필요한 기능도 일부 포함되어 있습니다. 그래서 최근 엔비디아 GPU에는 CUDA 코어 외에 딥러닝 전용 연산 유닛인

Tensor 코어가 추가로 탑재되고 있습니다. 이는 딥러닝에서 자주 사용하는 행렬 연산에 특화되어 있어 기존에는 여러 CUDA 코어를 사용해야 했던 행렬 곱셈 등을 더 적은 수로 더욱 빠르게 처리할 수 있습니다. 또 8비트 부동 소수점(FP8)이나 4비트 양자화 연산처럼 그래픽 용도로는 거의 사용하지 않지만 딥러닝에서 자주 활용되는 저정밀 연산도 지원합니다(103쪽 참고). GeForce RTX 4090에는 Tensor 코어가 512개 탑재되어 있습니다.

딥러닝이 GPU의 주요 활용 분야로 자리 잡으면서 '이제는 그래픽 기능조차 필요하지 않다'는 발상까지 하게 되었습니다. 최근 GPU에는 빛의 전파를 시뮬레이션하여 현실감 있는 영상을 생성하는 '레이트레이싱(ray tracing)' 기술이 탑재되어 게임 그래픽의 표현력이 크게 향상되었습니다. 하지만 이러한 기능은 딥러닝과는 전혀 관련이 없습니다. 마찬가지로 디스플레이를 연결하는 HDMI 단자 등도 딥러닝에는 필요하지 않습니다. 그래픽 기능을 생략하는 대신 더 많은 연산 유닛과 메모리를 탑재하는 것이 딥러닝에 훨씬 더 유리합니다. 실제로 엔비디아의 서버용 최상위 GPU는 AI 연산에 특화된 설계를 채택하고 있으며[35] 영상 출력 단자나 그래픽 처리 기능은 포함되어 있지 않습니다.

이처럼 그래픽 기능을 제거하고 AI 계산에 특화된 칩을 NPU(Neural Processing Unit)라고 불렀습니다. NPU는 GPU에서 그래픽 관련 기능을 완전히 제외하고, 신경망의 행렬 계산에 최적화된 프로세서를 통칭하는 용어입니다. 스마트폰이나 IoT 디바이스는 카메라나 센서에서 입력된 데이터를 실시간으로 처리할 필요가 있어 그래픽 기능을 생략하고 전력 소모를 줄인 NPU가 먼저 보급되었습니다.

또 최근에는 AI 연산으로 전력 소비 증가도 문제되어(339쪽 참고) AI 추론을 하는 서버용 머신도 저전력 성능이 요구되며, 이에 따라 NPU 채택이 확대되고 있습니다. 대표적인 사례로는 AWS의 Inferentia, 인텔의 Gaudi 등이 있습니

---

35 'NVIDIA Blackwell 플랫폼', 새로운 컴퓨팅 시대를 열다
https://blogs.nvidia.co.kr/blog/nvidia-blackwell-platform-arrives-to-power-a-new-era-of-computing/

다. 다만 'NPU'라는 용어는 스마트폰용이라는 인상이 강하기 때문인지 서버용 제품에서는 'AI 프로세서', 'AI 가속기' 등 명칭을 함께 사용합니다.

▼ 표 3-8 주요 서버용 NPU(AI 프로세서) 제품

제조사	NPU 제품 이름
구글	TPU(Tensor Processing Unit)
아마존	Inferentia, Trainium
인텔	Habana Gaudi
텐스토렌트	Grayskull
Groq	Groq LPU
프리퍼드 네트웍스	MN-Core

일반적인 컴퓨터에서도 NPU를 탑재하려는 움직임이 시작되었습니다. 먼저 애플에서는 Apple M1 칩을 탑재하여 2020년에 출시한 MacBook Air(통칭 M1 Mac)부터 이미 NPU(애플에서는 Neural Engine이라고 칭함)를 내장하고 있었습니다. 다만 이는 아이폰이나 아이패드와 칩 설계를 통일하려는 목적에서 탑재된 것이며, 컴퓨터에서 NPU가 실제로 필요해서가 아니고 소프트웨어 측면에서 활용도도 높지 않았습니다.

AI 기능에 중점을 둔 NPU 탑재와 운영체제 차원의 본격 대응을 한 것은 마이크로소프트가 2024년 5월에 발표한 코파일럿+ PC부터입니다.[36] 이는 윈도우 OS의 AI 기능이 제대로 작동하는 컴퓨터 카테고리로 요구 조건 중 하나로 40TOPS(Tera Operations Per Second)(초당 40조 회 연산) 이상의 NPU 성능이 명시되어 있으며(116쪽 참고), 각 제조사가 이에 대응한 제품을 준비 중입니다. NPU 탑재는 앞으로 컴퓨터의 새로운 표준 사양이 될 것으로 보입니다.

---

[36] 코파일럿+ PC 공개 - Microsoft News
https://news.microsoft.com/source/asia/features/코파일럿-pc-공개/?lang=ko

3.7.5 GPU/NPU의 소프트웨어 지원

현재 AI 기술을 구현하는 데는 엔비디아 GPU가 사실상 필수 상황이지만, 앞으로는 점차 NPU 중심으로 전환되리라 예상됩니다. 다만 공급 문제를 포함해서 해결해야 할 과제도 여전히 많습니다. 그중에서도 가장 큰 장애물은 소프트웨어 지원입니다.

엔비디아 외에도 다양한 GPU가 있음에도 'AI에는 엔비디아의 GPU가 필수'라는 인식이 생긴 이유는 엔비디아의 GPU 프로그래밍 환경인 CUDA와 딥러닝용 계산 라이브러리인 cuDNN에 필적할 만한 대안이 다른 GPU 제조사에는 없기 때문입니다. AI 계산에서는 텐서플로(TensorFlow)나 파이토치(PyTorch) 같은 딥러닝 프레임워크로 GPU를 활용하게 됩니다. 이때 하드웨어가 제 성능을 충분히 발휘할 수 있어야 합니다. 또 사용 방법 노하우가 문서화되어 있어 쉽게 접근 가능하다는 점도 중요한 요소입니다. 일찍부터 GPGPU에 집중해 온 엔비디아는 이러한 소프트웨어 환경과 생태계를 탄탄히 구축해 왔으며, 결과적으로 다른 회사가 쉽게 따라잡을 수 없는 격차를 만들어 냈습니다.

특정 CPU나 GPU에 종속되지 않고 멀티플랫폼을 지원하는 프로그래밍 환경으로는 OpenCL 등이 있지만, 성능이나 생태계 측면에서는 CUDA에 미치지 못하는 것이 현실입니다. CUDA/cuDNN에 대응하는 기술로는 인텔의 oneAPI와 oneDNN이 있으며[37], 인텔을 비롯한 여러 기업이 연합을 구성하여 oneAPI를 중심으로 한 CUDA 대체 생태계 구축에 나서고 있습니다.[38] 이는 특정 기업이 보유한 기술에 지나치게 의존하는 상황을 피하려는 시도이기도 합니다.

NPU를 제공하는 각 기업들도 소프트웨어 환경을 정비하는 데 힘을 쏟고 있으며, 특히 2023년 이후로 그 움직임이 활발해진 인상을 줍니다. 예를 들어

---

[37] Intel® oneAPI Deep Neural Network Library (oneDNN)
https://www.intel.com/content/www/us/en/developer/tools/oneapi/onednn.html#gs.6y1624

[38] NVIDIA의 지배력에 도전하는 연합의 탄생
https://brunch.co.kr/@howwwwwww/151

AWS는 자사 클라우드 자원(자체 개발한 NPU 포함)을 활용한 대규모 언어 모델 개발을 지원하려고 자금과 기술을 제공하는 프로그램을 운영하고 있으며[39], Tenstorrent는 자사 NPU에 대규모 언어 모델을 최적화하는 개발 프로젝트에 보상금을 지급하는 계획을 추진 중입니다.[40]

컴퓨터 처리 성능의 표현 방식과 변화

컴퓨터의 처리 성능은 1초 동안 수행할 수 있는 부동 소수점 연산의 횟수를 나타내는 FLOPS(FLoating point Operations Per Second) 또는 1초 동안 수행할 수 있는 연산 횟수를 테라(1조(Trillion)) 단위로 나타낸 TOPS(Tera 또는 Trillion Operations Per Second)로 표현됩니다. 생성형 AI에서는 정수 연산과 양자화 연산(104쪽 참고)도 함께 사용되므로 성능 지표로는 주로 TOPS가 활용됩니다.

계산 성능 변화를 살펴보기 위해 각 시대를 대표하는 슈퍼컴퓨터와 그 처리 성능을 표로 정리했습니다. 표에 소개된 슈퍼컴퓨터들이 모두 AI 연구에 직접 사용된 것은 아니지만, AI 기술의 발전과 계산 성능 간 상관관계를 엿볼 수 있을 것입니다.

연대	슈퍼컴퓨터 이름	처리 성능	비고(AI 연구 맥락)
1970년대	Cray-1	160MFLOPS	(AI 겨울의 시대)
1980년대	Cray-2	1.9GFLOPS	전문가 시스템
1990년대	Intel ASCI Red	1TFLOPS	(AI 겨울의 시대)
2000년대	IBM Roadrunner	1PFLOPS	머신러닝의 붐
2010년대	Sunway TaihuLight	125PFLOPS	딥러닝 붐
2020년대	후가쿠(Fugaku)	1.42EFLOPS	생성형 AI

○ 계속

---

[39] Unlocking Japanese LLMs with AWS Trainium: Innovators Showcase from the AWS LLM Development Support Program
https://aws.amazon.com/ko/blogs/machine-learning/unlocking-japanese-llms-with-aws-trainium-innovators-showcase-from-the-aws-llm-development-support-program/

[40] https://twitter.com/tenstorrent/status/1765447689544602083

FLOPS 앞에 붙는 접두어는 각각 M(메가) = 100만, G(기가) = 10억, T(테라) = 1조, P(페타) = 1000조, E(엑사) = 100경을 의미합니다. 계산 성능은 대략 10년마다 약 1000배씩 증가해 왔습니다. 참고로 손바닥 크기의 싱글보드 컴퓨터인 Raspberry Pi 4B 모델의 처리 성능은 13.5GFLOPS입니다. 즉, 10만 원도 채 안 되는 이 작은 컴퓨터가 1980년대 최첨단 슈퍼컴퓨터보다 더 빠르다는 사실에서 시대의 눈부신 변화를 실감할 수 있습니다.

요약

- GPU는 대규모 병렬 계산에 특화된 프로세서입니다. 딥러닝은 이러한 특성과 잘 맞아떨어지며, 현재는 GPU의 주요 활용 목적 중 하나가 되었습니다.
- AI 계산에 특화된 NPU는 저전력 등 하드웨어 측면에서는 뛰어난 성능을 보이지만, 소프트웨어 지원 면에서는 여전히 엔비디아 GPU를 따라잡지 못하고 있는 상황입니다.

4장

자연어 처리

컴퓨터가 언어를 다루는 일은 결코 쉽지 않습니다. 문자 처리 방식에서 시작하여 딥러닝 모델로 문장을 다루는 적절한 분할 방법, 문장이나 단어 의미를 컴퓨터가 계산 가능한 형태로 표현하고 처리하는 방법까지 결합해야 비로소 컴퓨터가 '언어'를 이해하고 활용할 수 있습니다.

4.1 자연어 처리

자연어 처리 기술(NLP)은 오랜 역사를 지닌 분야이지만, 최근 딥러닝 등장으로 비약적인 발전을 이루었습니다. 특히 챗GPT로 대표되는 대규모 언어 모델(Large Language Model, LLM)의 등장은 자연어 처리 기술에 어떤 변화를 가져왔을까요?

4.1.1 딥러닝 이전의 자연어 처리

자연어 처리(Natural Language Processing, NLP)는 컴퓨터가 인간 언어를 이해하고 처리할 수 있도록 하는 기술입니다. 이 분야 연구는 1950년대부터 본격적으로 시작되었습니다. 1954년에는 러시아어를 영어로 번역하는 컴퓨터 기반 기계 번역 실험이 공개되었습니다.[1] 당시 번역은 지금처럼 복잡한 언어 이해가 아닌 제한된 단어의 치환과 간단한 배열 규칙을 기반으로 했습니다. 사용된 컴퓨터인 IBM 701(IBM의 첫 상용 컴퓨터로 알려짐)은 고작 2048워드, 약 9KB 정도의 메모리만 탑재하고 있었습니다.[2] 그럼에도 이러한 신경망이나 머신러닝이 도입되기 이전의 자연어 처리 실험이 공개된 것은 세계 최초였고, 대중 반응도 상당히 뜨거웠던 것으로 보입니다.

AI가 한때는 단순하게 여겼던 것처럼(58쪽 참고) 자연어 처리 역시 초기에는 낙관적인 기대 속에 출발했으나, 시간이 흐르면서 이 분야가 얼마나 복잡하고 어려운 문제인지 점차 드러났습니다. 일반적으로 복잡한 문제는 더 작고 단순

---

[1] Dostert, Leon. "Brief history of machine translation research." Research in Machine Translation, 1957.
[2] https://en.wikipedia.org/wiki/IBM_701

한 단위로 나누어 해결하는 방식을 취합니다. 마찬가지로 컴퓨터가 인간 언어를 다루는 문제 역시 목적과 용도에 따라 여러 하위 작업으로 분할하는 접근법이 사용되었습니다.

다음에 나오는 표는 대표적인 자연어 처리 작업들을 정리한 것입니다. 여기에서 '작업'이란 시스템에 어떤 입력을 제공하고, 그 결과로 어떤 출력을 기대하는지 정의한 것입니다.[3] 이 표는 주로 텍스트 기반 작업들을 소개했지만 음성 인식이나 음성 합성, OCR(광학 문자 인식), 이미지 캡션 생성(이미지 설명 문장 생성) 같은 분야도 자연어 처리 연구 일부로 포함됩니다.

▼ 표 4-1 대표적인 자연어 처리 작업

작업	설명
기계 번역	텍스트를 다른 언어로 자동 번역합니다.
감정 분석	텍스트에 담긴 감정(예 긍정, 부정 등)을 판별합니다.
텍스트 요약	긴 텍스트에서 핵심 내용을 추출하여 간결하게 요약합니다.
질문 응답	주어진 질문에서 적절한 답변을 찾아 제공합니다.
문장 생성	새로운 문장을 자동으로 생성합니다.
텍스트 분류	텍스트를 주제나 성격에 따라 특정 범주로 분류합니다.
정보 추출	텍스트에서 사람, 장소, 날짜 등 특정 정보를 식별하고 추출합니다.
의미 분석	단어와 문장 의미를 해석하고 이해합니다.
텍스트 마이닝	대량의 텍스트에서 유의미한 패턴이나 트렌드를 도출합니다.
대화 시스템	컴퓨터가 인간과 자연스러운 대화를 주고받을 수 있도록 합니다.

각 작업마다 그에 특화된 훈련 데이터와 모델을 구축하고, 전용 평가 지표로 성능을 측정하는 방식이 사용되었습니다. 예를 들어 자연어 처리의 대표적인 작업인 기계 번역은 같은 내용을 서로 다른 언어로 구성한 대역 데이터 세트를 준

---

[3] 오마치 마모루(小町守), 《자연어 처리 교과서》, 기술평론사(2024).

비한 후 입력 문장과 출력 문장 간 대응 관계를 학습하는 번역 모델과 출력 문장의 자연스러움을 평가하는 언어 모델을 각각 설계하고 학습했습니다. 이 방식으로 학습된 모델 성능은 BLEU(Bilingual Evaluation Understudy) 같은 번역 정확도 지표를 사용해서 평가하는 흐름이 일반적이었습니다.

4.1.2 자연어 처리와 딥러닝

2000년대 이후 딥러닝이 큰 붐을 이루면서 자연어 처리 분야에서도 딥러닝을 활용한 연구들이 눈에 띄는 성과를 내기 시작했습니다. 이 시기부터 각 작업의 평가 지표 평균 점수가 점차 인간 수준에 근접했습니다. 자연어 처리에 본격적으로 딥러닝 영향을 끼친 첫 사례는 2013년에 발표된 Word2Vec(144쪽 참고) 기술입니다. Word2Vec은 단어를 벡터로 변환하는 방식으로[4], 대규모 텍스트 데이터를 학습하여 단어 의미를 수치적으로 표현합니다. 언어학적 지식이나 규칙을 사용하지 않고, 순수하게 텍스트에서 컴퓨터가 처리할 수 있는 의미를 추출했다는 점에서 매우 혁신적인 접근이었습니다.

딥러닝 활용이 점차 확산되면서 이러한 흐름은 더욱 뚜렷해졌습니다. 과거의 자연어 처리에서는 전체 문제를 여러 하위 작업으로 나누어 각각 독립적으로 해결하는 방식이 일반적이었습니다. 예를 들어 기계 번역 작업은 형태소 분석(단어 분리), 단어 정렬, 언어 모델, 번역 모델, 디코더 등 여러 구성 요소로 나뉘어 있었고, 각각을 따로 설계하고 처리하는 접근이 사용되었습니다.

딥러닝에서는 원본 문장을 입력하면 번역 문장이 바로 출력되는 하나의 단일 신경망 모델로 통합되는 방식으로 전환되었습니다. 이처럼 작업이나 모델을 여러 단계로 나누지 않고, 최종 목표에 해당하는 입력과 출력 데이터를 그대로 사용하여 전체 모델을 한 번에 학습하는 방식을 end-to-end 학습이라고 합니다. 기존에는 여러 하위 작업으로 나누어 처리하던 것을 하나의 모델에 통합하기 때

---

[4] 당시에는 Word2Vec이 얕은 신경망 구조이기 때문에 엄밀히 말하면 딥러닝으로 분류하기 어렵다는 시각도 있었습니다.

문에 모델 규모는 커지지만, 이렇게 큰 모델조차도 현실적인 시간 안에 효과적으로 학습시킬 수 있게 된 것이 바로 딥러닝의 중요한 성과 중 하나였습니다.

딥러닝이 자연어 처리에 가져온 또 하나의 큰 돌파구는 기반 모델의 등장입니다(166쪽 참고). 범용적인 언어 능력을 갖춘 신경 언어 모델을 바탕으로 각 작업에 맞게 미세 조정(파인튜닝, 220쪽 참고)하는 접근 방식은 정확도를 획기적으로 향상시켰을 뿐만 아니라, 서로 다른 작업이나 언어 간 경계를 넘나들며 문제를 해결할 수 있는 가능성도 열어 주었습니다. 이 무렵부터는 범용 인공지능(64쪽 참고)이라는 용어도 자주 사용했습니다.

또 문맥 내 학습(229쪽 참고)이 발전하여 대규모 언어 모델은 별도의 미세 조정 없이도 다양한 작업에 유연하게 대응할 수 있게 되었습니다. Word2Vec이 등장한 지 불과 10년 만에 이렇게 발전했다는 것은 믿기 어려울 정도로 놀라운 일입니다.

▼ 그림 4-1 자연어 처리 접근 방식의 변화

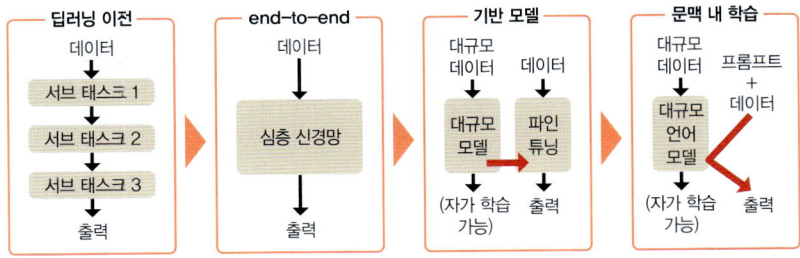

자연어 처리는 끝나는가?

대규모 언어 모델은 다양한 자연어 처리 작업을 높은 정확도로 수행할 수 있는 뛰어난 범용성을 지니고 있습니다. 문제에 따라서는 기존 전문 모델보다 챗GPT 같은 모델이 더 높은 성능을 보이기도 하며, 이는 해당 분야의 연구자에게는 일종의 생존 문제로 다가옵니다. 이러한 위기감은 2023년 3월 챗GPT 발표 직후 열린 자연어 처리 분야의 대표 학술 대회에서도 드러났습니다. 이 대회에서는 'ChatGPT로 자연어 처리는 끝나는가?'라는 주제로 긴급 패널 토론이 개최되기도 했습니다.[5, 6]

실제로 일부 자연어 처리 작업에서는 연구가 중단되거나 관심이 줄어든 사례도 있습니다. 그러나 대규모 언어 모델에도 여전히 토큰 길이 제한이나 환각(할루시네이션) 같은 다양한 문제가 남아 있으며, 자연어 처리 연구는 오히려 새로운 영역으로 확장되고 있습니다. 언어는 인간 사고와 커뮤니케이션 핵심일 뿐 아니라 이미지, 동영상, 인간의 신체와 행동 등 거의 모든 요소와 연결되어 있습니다. 지금까지는 언어 자체를 다루는 것만으로도 충분히 도전적인 일이었지만, 이제는 고도화된 언어 능력을 갖춘 대규모 언어 모델이 등장하여 인간의 모든 활동이 자연어 처리 대상이 되어 가고 있습니다. 자연어 처리가 끝난 것이 아니라, 오히려 '챗GPT로 자연어 처리가 다시 시작되었다'고 말할 수 있는 상황입니다.

앞으로 범용 인공지능이 실현된다면 그때야말로 자연어 처리가 진정한 의미에서 완결되는 순간이 될지도 모릅니다. 하지만 기술이 그 수준까지 성숙한다면 아마 그 너머에는 또 다른 새로운 연구 지평이 열릴 것이라는 기대감도 듭니다.

 요약

- 딥러닝 등장으로 자연어 처리 분야는 눈부신 발전을 이루었습니다.
- 챗GPT 같은 대규모 언어 모델이 다양한 작업을 통합하고 정밀도 높게 처리할 수 있게 되면서 자연어 처리에 새로운 연구 영역을 열어 주었습니다.

---

5 29회 언어 처리 학회 연례 학술 대회(NLP2023) 긴급 패널: "ChatGPT로 자연어 처리는 끝나는가?"
https://www.anlp.jp/nlp2023/#special_panel

6 학회 일정은 일반적으로 매우 촘촘하게 짜여 있어 중간에 세션을 추가하기 어려우나, 이 긴급 패널은 이례적으로 점심시간에 편성되었습니다.

4.2 문자와 문자 코드

오늘날 컴퓨터는 다양한 국가의 문자를 자연스럽게 다룰 수 있지만, 본래 컴퓨터는 숫자(비트)만 처리할 수 있습니다. 여러 언어를 아우르며 문자를 다룰 수 있도록 해 주는 유니코드를 알아보겠습니다.

4.2.1 문자 코드

컴퓨터는 기본적으로 숫자만 직접 다룰 수 있지만, 문자나 기호에도 각각 고유한 숫자(ID 번호)를 부여함으로써 이를 처리할 수 있습니다. 이러한 문자에 숫자를 할당하는 규칙을 문자 코드(문자 인코딩)라고 합니다.

현재는 유니코드(UTF-8)가 주로 사용되며, 평소에는 문자 코드를 특별히 의식하지 않아도 됩니다. 하지만 과거에는 언어마다 다양한 문자 코드가 있었습니다.

과거에는 한국어에도 EUC-KR, ISO-2022-KR, 확장 완성형 등 여러 가지 문자 코드가 있어 서로 다른 문자 코드 간 호환성이 매우 번거로운 문제였습니다.[7] 지금도 마이크로소프트 엑셀에서 한국어 CSV 파일(쉼표로 분리)을 저장할 때 기본 문자 코드가 EUC-KR로 설정되어 있어 UTF-8을 사용하는 시스템에서 글자가 깨지는 등 예상치 못한 문제를 겪기도 합니다.

---

[7] 과거에는 이메일 제목(subject)에 한국어를 사용하면 자바 메일(JavaMail) 환경에서는 ISO-2022-KR 같은 모드 전환 방식의 문자 코드로 인코딩해야 했습니다. 이 방식은 설정이 까다롭고 문자 깨짐이 자주 발생하여 많은 사용자가 불편을 겪는 주요 원인이었습니다.
https://www.phpschool.com/gnuboard4/bbs/board.php?bo_table=qna_function&wr_id=303881&page=2051

▼ 그림 4-2 문자 코드마다 컴퓨터상의 표현이 다르다

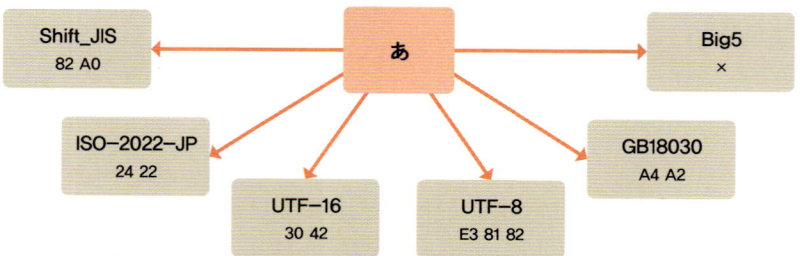

※ GB18030은 중국 표준 문자 코드이며, Big5는 대만에서 사용하는 문자 코드입니다.
예를 들어 Big5에는 일본어 문자 'あ'가 포함되어 있지 않습니다.

4.2.2 유니코드

유니코드(unicode)는 전 세계 다양한 문자를 통일된 방식으로 표현하려고 만든 규격으로, 현재 사실상 글로벌 표준으로 자리 잡았습니다. 유니코드 컨소시엄은 1991년에 버전 1.0을 제정한 이후 매년 새로운 문자를 지속적으로 추가하며, 2023년에 발표된 유니코드 15.1에는 문자가 총 14만 9813자 포함되어 있습니다.[8] 이 중에는 현재 실제로 사용되지 않는 문자나 가상의 언어에서 사용되는 문자도 포함되어 있습니다.

▼ 그림 4-3 유니코드 수록 문자 수 변화

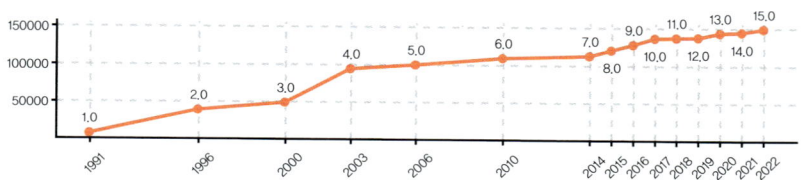

2010년에 발표된 유니코드 6.0에서는 일본 휴대 전화에서 유래한 이모지(emoji)가 문자 세트에 공식적으로 포함되면서 큰 화제가 되었습니다.[9] 이후로

---

8 https://www.unicode.org/versions/#References
9 이모지 - 위키백과
　https://ko.wikipedia.org/wiki/%EC%9D%B4%EB%AA%A8%EC%A7%80

도 이모지는 지속적으로 확장되었으며, 오늘날 챗GPT 같은 서비스에서 다양한 이모지를 자유롭게 사용할 수 있는 것도 유니코드에 이러한 문자가 포함된 덕분입니다.

▼ 그림 4-4 이모지를 활용한 챗GPT와 대화

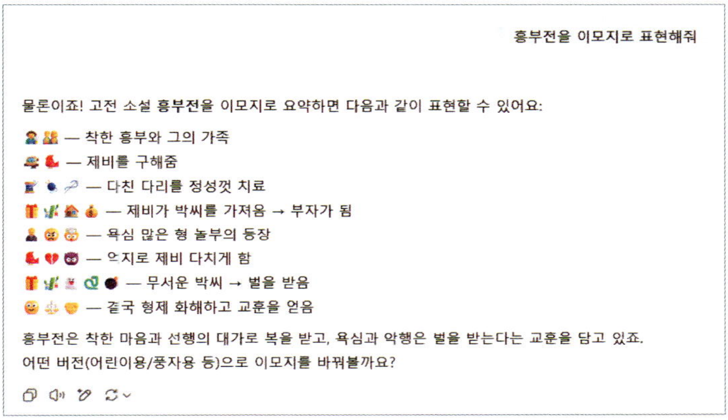

엄밀히 말하면 유니코드는 문자 세트, 즉 전 세계 문자의 집합을 의미합니다. 이 유니코드를 실제로 컴퓨터에서 표현할 수 있는 문자 인코딩 방식에는 UTF-8, UTF-16 등이 있습니다. 챗GPT를 포함한 대부분의 서비스와 애플리케이션에서는 UTF-8을 널리 사용합니다.[10]

UTF-8은 유니코드 문자 세트를 8비트(1바이트) 단위로 인코딩하는 문자 코드입니다. 문자 종류에 따라 1바이트에서 최대 4바이트까지 가변 길이로 표현됩니다. 자주 사용하는 알파벳이나 숫자는 1바이트로, 발음 기호가 포함된 알파벳이나 아랍 문자, 데바나가리(인도의 힌디어 문자) 등은 2바이트로 인코딩됩니다. 한자, 한글 등은 보통 3바이트로 표현되며, 히에로글리프처럼 현재 사용되지 않는 언어 문자나 휴대 전화에서 유래한 이모지는 최대 4바이트로 처리됩니다.

---

10 마이크로소프트 윈도우와 자바스크립트는 내부적으로 UTF-16을 사용합니다.

▼ 표 4-2 문자 코드 UTF-8 예시

문자	유니코드(코드 포인트)	UTF-8 인코딩
ㄱ	U+3131	E3 84 B1
A	U+0041	41
á	U+00E1	C3 A1
あ	U+3042	E3 81 82

유니코드에는 같은 문자처럼 보이지만 서로 다른 코드가 있거나, 반대로 일본어와 중국어의 한자처럼 서로 다른 문자에 동일한 코드가 할당되는 경우도 있습니다.[11] 이러한 한계가 있음에도 유니코드는 여전히 그 이상으로 큰 장점을 지녔습니다.

컴퓨터를 비롯한 디지털 기기에서 소수 언어 문자까지 일반적으로 사용할 수 있는 것은 유니코드가 전 세계 문자를 포괄적으로 수록하고, 운영체제와 폰트가 이를 지원하기 때문입니다. 언어마다 서로 다른 문자 코드를 계속 사용하고 있었다면, X(구 트위터)나 인스타그램처럼 전 세계에서 동시에 사용하는 서비스 구현은 훨씬 더 복잡하고 어려웠을 것입니다.

또 챗GPT가 다양한 언어로 자연스럽게 대화할 수 있는 것도 여러 언어의 학습 데이터를 통합하여 하나의 언어 모델로 학습했기 때문입니다. 언어마다 문자 코드 체계가 제각각이었다면 언어 수십 개를 하나의 모델에 통합하여 학습하기는 사실상 불가능했을 것입니다.

오늘날 IT 전반, 인터넷, 인공지능(AI) 기술이 이처럼 눈부시게 발전할 수 있었던 데는 유니코드가 크게 기여했습니다.

---

11 2023년에 모든 소프트웨어 개발자가 알아야 할 Unicode에 대한 정보, GeekNews
https://news.hada.io/topic?id=11159

 유니코드의 문자 합성

유니코드는 전 세계 문자를 통일된 코드 체계에 수록하는 것이 목표이지만, 실제 문자 체계에는 예외가 매우 많습니다. 예를 들어 채(蔡) 씨는 채(茝)처럼 의미는 같지만 외형은 다른 글자(이체자(異體字))가 있습니다.

이러한 문제를 처리하려고 유니코드에서는 기본 글자 뒤에 이체자 셀렉터(variation selector)라고 하는 U+FE00, U+E0100 등 특수 문자를 덧붙여 외형이 다른 동일한 글자를 구분할 수 있도록 합니다(단 이를 제대로 표시하려면 해당 글자를 지원하는 폰트가 필요합니다). 다음 그림에서는 '邉'이라는 글자의 다양한 이체자 예시를 보여 주는데 미묘하게 어떤 차이가 있는지 찾아보세요.

▼ 그림 4-5 이체자 예시

| 邉 | U+9089 U+E0111 | 邉 | U+9089 U+E0113 | 邉 | U+9089 U+E0114 |

또 이모지에서도 문자 합성이 활발하게 사용됩니다. 폭 없는 접합자(zero width joiner: U+200D)라는 특수 문자를 두 개 이상인 이모지 사이에 넣으면 의미가 결합된 합성 이모지를 만들 수 있습니다. 예를 들어 사람 이모지에 피부 색이나 머리 색을 추가하거나 부모와 자녀를 조합하여 가족을 표현하는 것도 이 방식으로 가능합니다.[12]

▼ 그림 4-6 이모지 예시

| |  | |  | |  |

요약

- 문자 코드는 컴퓨터에서 문자를 표현하려고 각 문자에 고유한 숫자(ID)를 부여하는 체계입니다.
- 챗GPT 같은 AI 시스템이 여러 언어를 넘나들며 작동할 수 있는 것 역시 언어와 문자의 경계를 넘나들 수 있도록 지원하는 유니코드 덕분입니다.

---

12 Recommended Emoji ZWJ Sequences, v15.1
https://www.unicode.org/emoji/charts-15.1/emoji-zwj-sequences.html

4.3 단어와 토큰

컴퓨터가 문장 의미를 이해하려면 얼핏 보기에는 문장을 단어 단위로 나누어 처리하면 될 것 같습니다. 하지만 실제로는 그렇게 단순하지 않으며, 이 접근 방식에는 여러 문제가 있습니다. 이 절에서는 현재 자연어 처리에서 주류로 사용되는 토큰(token) 기반 분할 방식을 설명합니다.

4.3.1 문장을 컴퓨터가 처리할 수 있도록 분할하기

사람이 문장을 이해할 때 우리 뇌에서는 어떤 일이 벌어질까요? 평소에는 무의식적으로 처리되지만, 복잡하거나 어려운 문장을 읽을 때는 문장을 문절이나 단어 단위로 나누어 이해하려는 과정이 의식적으로 드러납니다. 컴퓨터 역시 문장을 이해하려면 먼저 문장을 작고 처리 가능한 단위로 분해하는 작업부터 시작해야 합니다.

과거 자연어 처리에서는 문장을 문자 단위나 단어 단위로 나누는 방식이 일반적이었습니다. 최근에는 효율성, 정확도, 확장성 등 측면에서 더 뛰어난 방법으로 문자와 단어의 중간 단위, 즉 서브워드(subword) 기반 분할이 널리 사용됩니다.

▼ 그림 4-7 문자, 단어, 서브워드로 분할

이처럼 분할 단위가 하나로 고정되어 있지 않아서 이러한 단위를 일반적으로 토큰(token)이라는 추상적인 이름으로 통칭합니다. 문장을 어떤 기준으로 나누

고 토큰으로 변환하는 방법, 이를 수행하는 도구를 토크나이저(tokenizer)라고 합니다.

4.3.2 단어와 문자 기반 분할

기존 자연어 처리에서는 단어 단위로 문장을 분할하는 방식이 일반적이었습니다. 영어 같은 외국어는 단어 사이에 공백이 있어 비교적 쉽게 분할이 가능하지만, 한국어는 띄어쓰기가 있어도 조사, 어미 결합과 합성어 때문에 공백만으로 정확하게 분할하기 어렵습니다. 그래서 형태소 분석기를 사용하여 어절을 형태소(어간, 조사, 어미 등) 단위로 분해하고 품사를 부착하는 과정이 필요합니다. 한국어에서는 KoNLPy로 Okt, Mecab-ko, Komoran, Kkma, Hannanum 등 도구를 사용할 수 있습니다. 이들 도구는 사전과 형태 규칙을 기반으로 단어 경계를 인식하고 분할, 품사 태깅을 수행합니다.

▼ 그림 4-8 언어에 따른 단어 분할 방식 차이

단어 단위로 문장을 분할하는 방식에는 몇 가지 근본적인 문제가 있습니다. 우선 '단어'란 과연 무엇일까요? 사전적인 정의로는 '의미를 가진 언어의 구성 단위'라고 되어 있습니다. 예를 들어 '야구'는 '야'와 '구'로 나누면 의미가 달라지므로 이를 하나의 단어로 보는 데 이견이 없을 것입니다.

하지만 '수능날'처럼 다소 복합적인 단어는 어떨까요? 겉보기에는 '대학수학능력시험이 치러지는 날'처럼 여러 단어로 풀어 쓸 수 있지만, 실제로는 '수능날'이라는 표현이 갖는 고유한 문화적 맥락을 고려해야 합니다. 긴장감, 찬 아침 공기, 도시락, 경찰의 수송 지원, 시험장 앞의 응원 풍경 등 함께 떠오르는 이미지를 생각하면 이를 하나의 단어로 보는 것이 자연스럽다고 느낄 수 있습니다. 이와 비슷한 문제는 영어에서도 나타납니다. 예를 들어 'White House'는 일반적으로 미국 대통령 관저를 의미하지만, 글자 그대로 분해하면 단지 '하얀 집'이라는 뜻이 되어 본래의 고유한 의미를 담지 못합니다.

다음 문제는 미지의 단어(학습할 때 예상하지 못한 단어)에 대한 대응입니다. 형태소 분석기는 사전 기반의 방법이기 때문에 사전에 없는 단어는 올바르게 분할할 수 없습니다. 신조어에 대응하려고 사전을 지속적으로 업데이트하는 mecab-ipadic-NEologd 프로젝트[13]도 있지만, 미지의 단어 문제는 완전히 사라지지 않습니다.

미지의 단어 문제는 특정 언어에만 국한되지 않습니다. 컴퓨터가 단어를 처리하려면 문자와 마찬가지로 각 단어에 고유한 숫자(ID)를 할당해야 합니다. 하지만 미지의 단어는 사전에 등록되어 있지 않아 ID가 없으므로 일반적으로 'UNK(unknown)'라는 특수한 토큰으로 처리됩니다. 물론 이 경우 원래 단어 의미가 사라져 모델 정확도는 저하됩니다. 또 어휘 수가 지나치게 많다는 점도 문제입니다. 실제로 국립국어원 표준국어대사전에만 표제어가 약 51만 개 있을 정도로 어휘가 방대하고, 일상과 온라인 매체에서는 신조어와 변형 표현이 끊임없이 생겨나 컴퓨터가 모든 단어에 미리 ID를 부여하기가 어렵습니다. 영어도 마찬가지로 옥스퍼드 영어 사전에는 2024년 기준 표제어가 약 85만 개 등재되어 있으며, 매년 단어가 약 1만 5000개 새롭게 추가되거나 갱신됩니다.[14] 이처럼 어휘 수는 방대하며 명확한 상한선도 없어 컴퓨터가 언어를 처리하는 데 큰 부담이 됩니다.

게다가 단어 분할은 언어 특성에 따라 달라지기에 추가적인 복잡성이 발생합니다. 여러 언어를 동시에 처리하려면 먼저 텍스트 언어를 판별한 후 해당 언어에

---

[13] neologd/mecab-ipadic-neologd: Neologism dictionary based on the language resources on the Web for mecab-ipadic.
 https://github.com/neologd/mecab-ipadic-neologd
[14] The OED today
 https://www.oed.com/information/about-the-oed/the-oed-today/

맞는 단어 분할을 수행해야 합니다. 특히 짧은 텍스트에서는 언어 판별의 정확도가 충분히 높지 않다는 문제가 있습니다.[15]

그렇다면 단어가 아닌 문자를 분할 단위로 삼는 방법은 어떨까요? 언어에 구애받지 않는 단순한 처리 방식이라는 점에서 큰 장점이 있지만, 문자 종류가 지나치게 많다는 점과 새로운 문자에 대응하기 어렵다는 과제가 있습니다. 현재 유니코드에는 약 15만 자가 등록되어 있으며, 버전이 업데이트될 때마다 이 수는 계속 증가하고 있습니다(126쪽 참고). 또 문자를 기준으로 분할할 경우 단위가 지나치게 세분화되어 당시 자연어 처리 기법으로는 의미를 효과적으로 다루기 어려웠다는 한계도 있었습니다.

▼ 그림 4-9 문자 및 단어 기반 분할 문제점

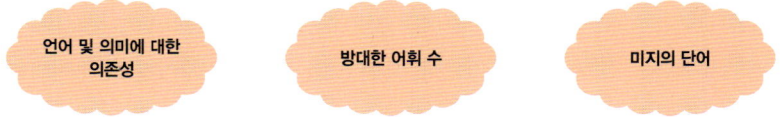

4.3.3 서브워드

딥러닝 발전으로 하나의 언어 모델이 여러 언어를 동시에 처리할 수 있을 만큼 정확도가 향상되면서 기존 언어에 의존적인 단어 단위 분할 방식은 오히려 걸림돌이 되었습니다. 이에 따라 언어에 구애받지 않는 분할 단위로, 문자와 단어의 중간 형태인 서브워드(subword)를 사용하기 시작했습니다.

서브워드는 단어를 더 작은 부분 문자열 단위로 분할하기 때문에 영어 단어라고 해서 반드시 하나의 토큰으로 처리되지 않습니다. 예를 들어 'rainbow'는 'rain'과 'bow'로, 'ChatGPT'는 'Chat', 'G', 'PT'로 나눌 수 있습니다.

이러한 분할 규칙은 다양한 방식으로 설계할 수 있지만, 일반적으로는 문서 전체를 분할했을 때 생성되는 토큰 수와 고유한 토큰 종류 수가 적을수록 효율적

---

15 나카타니 히데히로, 〈극대 부분 문자열을 사용한 트위터 언어 판별〉, 언어처리학회 18회 연례학술대회, 2012.

인 분할로 간주됩니다. Byte-Pair Encoding(BPE)이나 Unigram 모델은 이러한 서브워드 분할을 결정하는 대표적인 알고리즘입니다.

어느 방식이든 학습 데이터에 자주 등장하는 표현을 적은 수의 토큰으로 표현할 수 있습니다. 예를 들어 Byte-Pair Encoding은 원래 데이터 압축 기법입니다.[16] 따라서 한국어가 많이 포함된 텍스트로 토크나이저를 학습하면 한국어 문장을 효율적으로 표현할 수 있어 모델 정확도와 성능 향상이 기대됩니다. 또 의료 용어나 프로그래밍 언어처럼 전문 용어가 많은 데이터를 사용하면 특정 도메인에 특화된 토크나이저를 만들 수도 있습니다.

서브워드 분할은 학습 텍스트의 통계적 특성을 기반으로 하므로 의미나 언어 구조에 의존하지 않고 다양한 언어가 혼합된 문서도 처리할 수 있습니다.

서브워드는 미지의 단어 문제 역시 해결할 수 있습니다. 임의의 UTF-8 문자열은 바이트 시퀀스로 변환될 수 있으며, 1바이트는 최대 256가지 값을 가지므로 이 256가지 값을 기본 토큰으로 포함시켜 두면 어떤 문장이든 토큰으로 분할할 수 있습니다(이를 바이트 폴백(byte-fallback) 기능이라고 합니다).

전통적인 단어 분할 방식에서는 단어 수에 제한이 없다는 점이 문제였지만, 서브워드 방식에서는 토크나이저를 학습할 때 서브워드 수(어휘 크기)를 미리 정해 둘 수 있어 이러한 문제를 해결할 수 있습니다.

▼ 그림 4-10 서브워드 분할을 이용한 문제 해결

---

16 Gage, Philip(1994). "A New Algorithm for Data Compression." The C User Journal.
http://www.pennelynn.com/Documents/CUJ/HTML/94HTML/19940045.HTM

다만 서브워드 방식에도 단점은 있습니다. 특정 언어와 작업에 한정된 상황에서는 형태소 분석 기반의 토큰 분할이 서브워드보다 더 높은 정확도를 보이는 경향이 있습니다.[17] 이는 형태소 분석이 문장 내 의미 단위의 경계를 명확하게 제공하는 반면, 서브워드는 이 정보를 고려하지 않아 이후 처리 작업의 난이도에 영향을 줄 수 있습니다.

그럼에도 언어 모델 성능이 향상되면서 서브워드 분할의 장점이 단점을 상회하게 되었습니다. 특히 챗GPT 같은 범용적이고 다국어 지원이 가능한 신경망 기반 모델의 등장은 서브워드 방식이 앞으로도 토큰 분할의 주류가 될 것임을 보여 줍니다.

▼ 표 4-3 문자, 단어, 서브워드의 특징 비교

	분할 단위	어휘 수	어휘 추가	토큰 수	다국어 지원
문자	유니코드 문자	많음	유니코드에 문자 추가	큼	○
단어	사람이 만든 사전	방대함	항상 많은 신조어 발생	작음	×
서브워드	데이터 세트에서 통계적으로 결정됨	제어 가능	없음	중간	○

---

17 후지이 타쿠로, 시바타 코우키, 야마구치 아츠키, 소고 야스히로, "일본어 토크나이저의 차이가 하류 작업 성능에 영향을 미치는가?", 언어처리학회 제29회 연차대회(NLP2023), 2023.
https://www.anlp.jp/proceedings/annual_meeting/2023/pdf_dir/Q6-1.pdf

인터넷 밈이 하나의 토큰으로

챗GPT의 GPT-4o가 공개되었을 당시, 해당 모델의 토크나이저가 일본의 특정 인터넷 밈을 하나의 토큰으로 처리한다는 사실이 화제가 되었습니다. 이와 비슷한 현상은 한국어에서도 발견됩니다.

토크나이저는 말뭉치에서 자주 등장하는 글자 묶음을 통째로 하나의 토큰으로 학습하기 때문에 한국어에서도 'ㅋㅋㅋㅋ', 'ㅠㅠㅠ', 'ㄷㄷ', 'ㅇㄱㄹㅇ', '내돈내산', '국룰' 같은 밈이나 '무료배송', '선착순', '바로가기', '쿠폰적용', '상담문의' 같은 상업성 문구가 단일 토큰이 될 수 있습니다. 서브워드 분할은 토큰 시작만 공백으로 표시하는 규칙을 쓰므로 영어처럼 단어 사이 공백이 뚜렷한 언어에서는 여러 단어가 한 토큰으로 묶이는 일이 드물지만, 한국어는 축약어, 반복 자모, 합성어, 고유 명사처럼 공백 없이 쓰는 표현이 많아 짧은 토큰으로 학습되기 쉽습니다.

다만 스팸성 표현이나 특정 밈이 고정된 단일 토큰이 되면 모델이 그런 표현을 과도하게 선호하거나 일반화가 떨어질 수 있어 바람직하지 않을 수 있습니다. 이를 완화하려면 학습 후 어휘를 점검해서 지나치게 긴 상업성, 스팸성 고정 표현은 제외하고, 반복 자모나 광고 관용구를 정규화하거나 가중치를 낮추고, 한국어 형태소 분석을 활용하여 의미 단위를 과도하게 한 토큰에 묶은 항목을 걸러 내며, 말뭉치를 균형 있게 정제·구성하는 방법을 고려하는 것이 좋습니다.

요약

- 이전의 자연어 처리에서는 문장을 단어 단위로 분할하는 방식이 일반적이었지만, 언어 및 의미에 대한 의존성과 미지의 단어 문제로 현재는 서브워드 기반의 접근이 주류가 되었습니다.
- 다국어를 지원하는 AI의 실현 역시 언어에 의존하지 않는 유니코드 문자 체계와 언어 비의존적인 서브워드 분할 방식 덕에 가능해졌습니다.

4.4 토크나이저

토크나이저는 텍스트를 컴퓨터가 처리하기 쉬운 단위로 분할하는 도구입니다. 이 절에서는 토크나이저의 역할과 학습 방식을 설명합니다.

4.4.1 토크나이저의 학습

토크나이저는 텍스트를 일정한 단위(토큰)로 분할할 뿐만 아니라 각 토큰을 고유한 ID로 변환하거나, 반대로 토큰 ID의 시퀀스를 원래 텍스트로 복원하는 역할도 수행합니다.

오늘날에는 문자나 단어 단위보다는 통계 기반의 서브워드 분할 방식이 주로 사용되며, 어떤 서브워드 단위가 효과적인지 학습하는 과정이 바로 토크나이저 학습의 핵심입니다.

토크나이저를 학습하려면 우선 특정 언어나 도메인에 적합한 충분한 양의 텍스트 데이터를 준비해야 합니다. 그다음 주어진 알고리즘에 따라 텍스트에서 유용한 토큰을 추출하고 이를 어휘에 추가합니다. 이 절에서는 대표적인 서브워드 분할 알고리즘인 Byte-Pair Encoding(BPE)을 기반으로 한 학습 절차를 소개합니다.

먼저 학습 텍스트를 한 글자씩 분해한 후 모든 문자를 어휘 리스트에 등록합니다. 예를 들어 그림의 '지'와 '능'처럼 텍스트 내에서 자주 연속적으로 등장하는 문자 조합을 찾아 이를 하나의 새로운 어휘로 결합해서 추가합니다. 이 과정을 사전에 정해 둔 어휘 수에 도달할 때까지 반복합니다. 학습 알고리즘마다 세부 절차는 다르지만, 공통으로 자주 등장하는 표현을 더 적은 수의 토큰으로 표현하는 것을 목표로 한다는 점은 같습니다.

▼ 그림 4-11 토크나이저의 학습

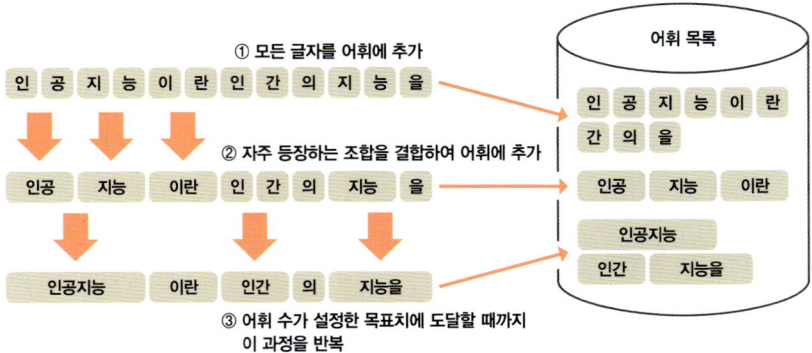

▼ 표 4-4 토크나이저 학습 모델 비교

토크나이저	개요
Byte-Pair Encoding(BPE)	자주 등장하는 서브워드 조합을 병합하여 새로운 서브워드를 생성하길 반복합니다.
Unigram	문장을 생성할 확률이 커지도록 서브워드를 추가합니다.
WordPiece	단어 빈도와 서브워드 빈도의 곱이 최대가 되도록 서브워드를 선택합니다.

토크나이저 학습은 초기 설정된 최대 어휘 수를 기준으로 제어됩니다.[18] 일반적으로 어휘 수가 많을수록 동일한 문장을 표현하는 데 필요한 토큰 수는 줄어드는 경향이 있습니다.

어휘 수에 따라 어떤 차이가 나타나는지 살펴보겠습니다. 오픈소스 토크나이저인 SentencePiece[19]를 사용하여 일본어 위키백과 본문 전체[20]를 대상으로 어휘 수를 각각 5000개와 1만 개로 설정하여 학습을 진행했습니다. 이후 학습된

---

18 이외에도 어휘의 최대 문자 수 등 다양한 설정을 지정할 수 있습니다.
19 SentencePiece: Unsupervised text tokenizer for Neural Network-based text generation.
https://github.com/google/sentencepiece
20 WikiExtractor로 추출한 일본어 Wikipedia 전체 본문 텍스트의 용량은 약 3.7GB입니다(2024년 기준).
https://github.com/attardi/wikiextractor

모델을 이용해서 일본 헌법 전문(총 646자)을 토큰 분할한 결과를 비교하여 표로 정리했습니다.

일본 헌법과 위키백과는 문체나 단어 사용에서 큰 차이가 있기 때문에 분할 효율 측면에서는 불리한 조건입니다. 그럼에도 어휘 수가 많을수록 전체 토큰 수가 줄어드는 경향을 확인할 수 있습니다. 예를 들어 어휘 수가 5000일 때는 '国民', '国会' 같은 단어는 각각 토큰 두 개로 분할되지만, 어휘 수가 1만 개일 때는 하나의 토큰으로 처리되어 더욱 압축된 형태로 표현됩니다.

▼ 표 4-5 학습할 때 어휘 수에 따른 토큰 수 차이(빨간색은 결합된 토큰)[21]

어휘 수	토큰 수	시작 부분의 토큰 분할
5000	539	|日本|国|民|は|、|正|当|に|選挙|された|国|会|における|代表|者|を|通|じ|て|行|動|し|、|われ|ら|と|われ|ら|の|子|孫|の|ために|、|諸|国|民|との|協|和|による|成果|と|、|わ|が|国|全|土| …
10000	448	|日本|国民|は|、|正|当|に|選挙|された|国会|における|代表|者|を通じて|行動|し|、|われ|ら|と|われ|ら|の|子孫|のために|、|諸|国民|との|協|和|による|成果|と|、|わ|が|国|全|土| …

4.4.2 어휘 수와 토큰 수의 트레이드 오프

토크나이저의 어휘 수는 학습 전에 미리 설정해야 합니다. 어휘 수를 적절히 조정하면 언어 모델의 정확도와 성능을 높일 수 있지만, 어휘 수가 너무 많거나 너무 적을 경우 문제가 될 수 있습니다.

---

21 역주 이 예시는 일본 헌법과 일본어 위키백과를 대상으로 한 실험 결과입니다. 한국어 자료로 동일한 실습을 진행하기 어려운 관계로 일본어 고유의 사례를 원문 그대로 번역·수록했습니다.

▼ 표 4-6 어휘 수와 토큰 수의 트레이드 오프 관계

어휘 수	토큰 수 변화	단점
줄이기	늘어남	• 모델의 정확도 및 처리 속도 저하 • 처리 가능한 문장 길이 감소
늘리기	줄어듦	• 모델 규모 증가 • 더 많은 학습 데이터 필요

직관적으로는 어휘 수가 많을수록 좋을 것처럼 보입니다. 어휘를 늘리면 텍스트를 표현하는 데 필요한 토큰 수가 줄어들어 언어 모델이 처리할 수 있는 최대 토큰 수의 한도 내에서 더 많은 정보를 담을 수 있습니다. 또 앞서 소개한 예처럼 '국'과 '민'을 각각 분할하기보다는 '국민'을 하나의 토큰으로 처리하는 것이 의미 측면에서도 더 정확하게 느껴집니다.

이처럼 어휘 수를 늘리는 데 따른 장점은 분명하지만, 그에 비례해서 더 많은 학습 데이터가 필요합니다. 어휘 수에 비해 데이터가 부족할 경우 모델은 다양한 어휘를 충분히 학습하지 못하게 되어 오히려 정확도가 떨어질 가능성도 있습니다.

예를 들어 '고교 야구(高校野球)'라는 표현을 생각해 봅시다. '고교(高校)'와 '야구(野球)'로 나누기보다는 하나의 토큰으로 묶는 편이 더 효율적일 수 있습니다. 그러나 '고교'나 '야구'에 비해 '고교 야구'라는 전체 표현은 텍스트에 등장하는 빈도가 매우 낮습니다.

일본어 위키백과 기사 본문에서 '고교'와 '야구'의 출현 빈도는 각각 14만 126회, 13만 3806회에 달하지만, '고교 야구'는 단 398회에 불과합니다. 이러한 현상은 언어에서 자주 나타납니다. 문구를 구성하는 단어 수가 늘어날수록 가능한 조합 수는 기하급수적으로 증가하지만, 각 문구의 실제 출현 빈도는 오히려 급격히 감소합니다.[22] 다음 표는 이와 같은 경향을 보여 주는 몇 가지 문구 빈도를 정리한 것입니다.

---

22 이러한 현상은 n-그램의 희소성이라고 합니다.

▼ 표 4-7 일본어 위키백과 출현 빈도[23]

A	B	A 빈도	B 빈도	A+B 빈도
고교(高校)	야구(野球)	140126	133806	398
가상(仮想)	통화(通貨)	9171	15006	150
비트(ビット)	코인(コイン)	25888	8549	87
인공(人工)	지능(知能)	24053	6991	693
기후(気候)	변동(変動)	29740	15543	242

언어 모델을 학습할 때 특정 어휘를 학습할 수 있는 기회는 해당 어휘가 포함된 텍스트가 입력될 때입니다. 예를 들어 위키피디아 기사로 모델을 학습할 경우 '고교'나 '야구'는 각각 13만 회 이상 등장하므로 자주 학습되지만, '고교 야구'는 약 400회에 불과하여 학습 기회가 매우 제한적입니다. 딥러닝 모델은 파라미터를 반복적으로 조금씩 조정하며 학습하기에(85쪽 참고) 등장 빈도가 적은 어휘는 충분히 학습되지 않아 정확도에 영향을 줄 수 있습니다.

따라서 어휘 수를 늘려 긴 표현까지 하나의 토큰으로 포함하려면 그만큼 해당 표현이 충분히 등장하는 대량의 학습 데이터가 필요합니다. 이것이 바로 대규모 언어 모델이 막대한 양의 텍스트 데이터를 요구하는 주요 이유 중 하나입니다.

요약

▷ 토크나이저는 텍스트를 토큰으로 분할하는 도구입니다.
▷ 토크나이저를 효과적으로 학습시키려면 대량의 텍스트 데이터가 필요합니다.

---

23 역주 이 예시는 일본어 위키백과를 대상으로 한 실험 결과로, 한국어 자료로는 동일하게 실습을 진행하기 어려워 일본어 고유의 사례를 원문 그대로 번역·수록했습니다.

4.5 Word2Vec

Word2Vec은 단어 의미를 수치 벡터로 표현하는 방법입니다. 대량의 텍스트 데이터를 기반으로 학습할 수 있으며, 이 벡터 표현을 이용하여 단어 간 유사성을 수치적으로 계산할 수 있습니다.

4.5.1 '개념'을 다루는 방식

신경 과학, 즉 뇌 기능을 연구하는 분야에서는 인간 뇌가 '의미'를 어떻게 처리하는지에 여러 가지 가설이 제시되어 왔습니다. 그중 하나가 할머니 세포(grandmother cell) 가설입니다. 이 가설은 자신이 할머니를 보았을 때 '할머니'라는 개념을 담당하는 특정 신경 세포(뉴런)가 활성화되며, 이것으로 뇌가 해당 인물이 할머니임을 인식한다는 내용을 담고 있습니다.[24] 이 방식은 할머니뿐만 아니라 다양한 사물이나 개념에도 각각 고유한 신경 세포가 대응하고 있으며, 우리가 그것을 보거나 들었을 때 해당 뉴런이 발화함으로써 뇌가 그것을 인식하게 된다는 설명으로 확장됩니다.

할머니 세포 가설은 직관적으로 이해하기 쉬운 설명이지만, 여러 가지 문제점을 안고 있습니다. 예를 들어 처음 보는 사람이나 개념에도 특정한 신경 세포가 있는지 의문이 듭니다. 친구, 지인, TV에서 본 수많은 유명 인물 등 다양한 사람만큼 각각 고유한 신경 세포가 있어야 한다는 점도 비현실적으로 보입니다. 또 안경을 쓰거나 머리 색을 바꾼 할머니를 기존과는 다른 신경 세포가 인식해야 한다면, 동일한 인물조차 조건에 따라 전혀 다른 방식으로 처리해야 하는 문

---

[24] 오카다 마코토, 〈대뇌 피질 시각 영역의 정보 표현을 바라보다〉, 통계수리, 49권 1호, 2001, pp. 9-21.

제가 발생합니다. 이 점들을 종합해 보면 할머니 세포 가설은 실제 뇌의 작동 방식을 설명하기에는 한계가 있는 현실성이 떨어지는 가설로 보입니다.

이에 반해 <u>분산 표현</u>(distributed representation)이라는 가설도 있습니다. 예를 들어 '사과'라는 개념은 '빨간색', '둥글다' 같은 속성에 해당하는 여러 신경 세포가 동시에 발화하고, 반대로 '파란색'이나 '네모나다' 같은 관련 없는 속성에 대응하는 세포는 발화하지 않는 방식으로 인식된다고 설명합니다. 분산 표현 가설은 앞서 언급한 할머니 세포 가설의 한계를 보완합니다. 또 발화 패턴 간 유사성을 비교함으로써 개념 사이의 관계나 의미적 가까움을 표현할 수 있다는 장점도 있습니다.

▼ 그림 4-12 할머니 세포 가설과 분산 표현의 가설

실세계 대상, 개념, 의미 등을 컴퓨터가 인식하고 다룰 수 있는 기호로 어떻게 연결할지 하는 문제를 인공지능 및 기호론 분야에서는 <u>기호 접지 문제</u>(symbol grounding problem)라고 합니다.[25] 자연어 처리에서는 문자, 단어, 구 같은 언어 단위들이 이러한 기호에 해당합니다. 이외에도 표지판 같은 시각적 이미지, 광고의 CM송처럼 반복되는 소리, 냄새, 몸짓 등도 넓은 의미에서는 기호로 간주될 수 있습니다.

---

25 RAG(307쪽 참고) 분야에서도 '그라운딩(grounding)'이라는 용어가 사용되지만, 이 경우에는 정보원과 생성된 내용 사이의 연관성을 설정하는 것을 의미합니다.

4.5.2 Word2Vec으로 단어의 벡터 표현

단어 의미를 컴퓨터가 이해하도록 표현하는 방법은 자연어 처리 분야의 핵심 주제 중 하나로, 그동안 다양한 접근이 제안되어 왔습니다. 그중 하나는 사람이 직접 구축한 대규모 단어 데이터베이스, 즉 기계가 읽을 수 있는 사전을 활용하는 방식입니다. 대표적인 예로는 WordNet이 있으며[26], 2024년 기준으로 WordNet에는 15만 개가 넘는 단어와 약 20만 개가 넘는 의미가 등록되어 있습니다.[27]

이와는 달리 사전을 사용하지 않고 언어를 수치화하는 방식도 널리 연구되어 왔습니다. 예를 들어 토픽 모델(topic model)은 언어와 문장이 어떤 숨긴 구조를 기반으로 단어를 생성한다는 가정을 한 머신러닝 기법입니다. 숨긴 마르코프 모델(HMM)이나 잠재 디리클레 할당(Latent Dirichlet Allocation, LDA) 등이 여기에 포함되며, 이는 딥러닝이 보급되기 전까지 주요한 의미 표현 방법으로 활용되었습니다.

이러한 흐름 속에서 2013년 등장한 Word2Vec[28]은 자연어 처리 분야에 큰 전환점을 가져왔습니다. Word2Vec은 단어를 일정 차원의 벡터(예 300차원)로 변환하는 모델로, 의미가 비슷한 단어들이 유사한 방향의 벡터(코사인 유사도가 높은 벡터)로 표현되도록 학습합니다. 그 결과 단어 의미를 계산적으로 다루는 것이 가능해졌습니다.

다음 그림은 학습된 Word2Vec 모델 chiVe[29]에서 음식 관련 단어 280개를 선택하여 이들의 300차원 벡터를 2차원으로 매핑한 결과를 보여 줍니다.[30]

---

[26] https://wordnet.princeton.edu/
[27] https://wordnet.princeton.edu/documentation/wnstats7wn
[28] Mikolov, Tomas, et al. "Efficient estimation of word representations in vector space." arXiv preprint arXiv:1301.3781(2013).
[29] 마나베 요시토시, 오카 테루아키, 우미카와 요시타카, 타카오카 카즈마, 우치다 요시타카, 아사하라 마사유키, 〈복수 입도의 분할 결과에 기초한 일본어 단어 분산 표현〉, 언어처리학회 제25회 연차대회, 2019. 깃허브 링크 참고: https://github.com/WorksApplications/chiVe
[30] 단어 분포 시각화는 SVD(특이 값 분해)를 통해 차원을 150차원으로 축소한 후 t-SNE를 사용해서 2차원으로 매핑했습니다. 시각화 과정에서 겹쳐 잘 보이지 않던 일부 단어는 위치를 약간 조정했습니다.

❤ 그림 4-13 Word2Vec 기반 단어 분포도[31]

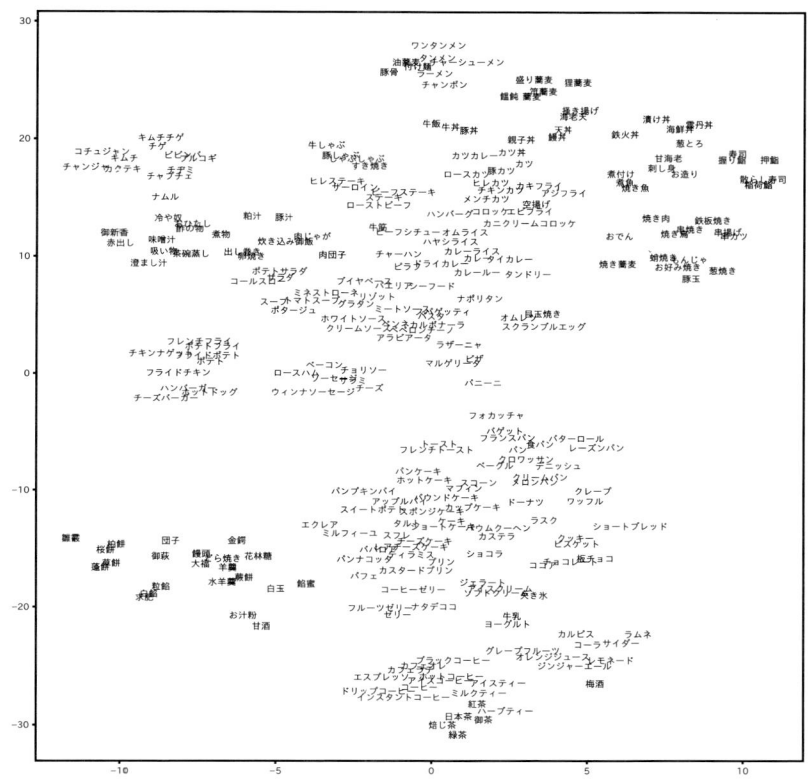

왼쪽 위에는 한국 요리, 양식, 일본 요리 등 요리의 장르별 단어가 군집을 이루고 있으며, 왼쪽 아래에는 일본 과자와 서양 과자, 그 아래에는 음료 관련 단어들이 대체로 분류되어 있습니다. 자세히 들여다보면 햄버거(ハンバーガー)와 핫도그(ホットドッグ), 치킨 너겟(チキンナゲット)과 감자튀김(フライドポテト)이 서로 가까이 배치되어 있고, 커피(コーヒー)와 홍차(紅茶) 역시 각각의 그룹으로 모여 있는 등 유사한 음식들이 의미적으로 가까운 위치에 배치되어 있는 것을 확인할 수 있습니다.

---

31 이 그림은 학습된 Word2Vec 모델 chiVe에서 음식 관련 단어 280개를 선택하여 이들의 300차원 벡터를 2차원으로 매핑한 결과입니다. 한국어 자료로 진행하기 어려운 관계로 원문 그대로 수록했습니다.

이는 사람이 의미를 일일이 지정한 것이 아니라, 텍스트 문맥 정보를 바탕으로 학습된 단어 벡터에서 자연스럽게 도출된 결과입니다.

4.5.3 Word2Vec이 단어 의미를 파악하는 원리

Word2Vec은 어떻게 단어 의미를 효과적으로 파악할 수 있을까요? 그 핵심 아이디어는 '의미가 유사한 단어는 비슷한 문맥에서 함께 사용된다'는 점에 있습니다.[32] 다음 예문을 보세요.

> 아침 식사로 홍차를 즐겨 마신다.
> 아침 식사로 커피를 즐겨 마신다.

두 문장은 단지 '홍차'가 '커피'로 바뀌었을 뿐 모두 문장으로서 자연스럽습니다. 이는 '홍차'와 '커피'가 같은 상황에서 마시는 기호 음료이기 때문에 사용되는 문맥이 유사하다는 점을 보여 줍니다. 이처럼 두 단어는 유사한 방식으로 사용되는 경우가 많지만, 항상 완전히 대체 가능한 것은 아닙니다. 예를 들어 '블랙 커피'라는 표현은 '홍차'로 바꾸어 쓸 수 없고, '홍차에 레몬을 넣다'도 '커피'에는 자연스럽게 적용되지 않습니다.

Word2Vec은 이러한 단어의 사용 특성을 모델링하여 유사한 문맥에서 자주 함께 등장하는 단어일수록 서로 가까운 벡터로 학습하도록 설계되었습니다. 이것으로 단어 의미를 수치 벡터로 효과적으로 표현하는 데 성공한 것입니다.

이렇게 학습된 Word2Vec의 벡터는 신경 과학 용어를 빌려 분산 표현(distributed representation)이라고 합니다. 벡터의 각 요소를 뉴런의 발화 강도로 간주하면, 발화 패턴이 유사한 뉴런 집합이 벡터 공간에서 유사한 위치에 있는 벡터와 대응한다고 볼 수 있습니다.

---

32 이러한 생각을 분포 가설(distributional hypothesis)이라고 합니다.
　Firth, J. R. (1957). Studies in Linguistic Analysis.

Word2Vec이 학습한 벡터는 단어 간 의미의 유사성을 수치적으로 계산할 수 있을 뿐만 아니라, 가법 구성성(additive compositionality)이라는 특성도 있는 것으로 알려져 있습니다. 이는 의미를 더하거나 뺄 수 있는 성질로, 벡터 연산으로 단어 간 관계를 표현할 수 있다는 점에서 주목할 만합니다.

▼ 그림 4-14 Word2Vec의 가법 구성과 '파리 − 프랑스 + 일본'의 유사 단어

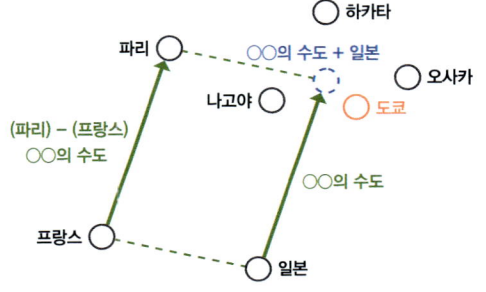

단어	유사도
일본	0.617
파리	0.612
뉴욕	0.606
도쿄	0.564
런던	0.529
샌프란시스코	0.512
상하이	0.502
뉴욕	0.502
타이베이	0.501
로스앤젤레스	0.501

그림 4-14는 '파리', '프랑스', '일본'이라는 단어 벡터의 종점을 모식적으로 나타낸 것입니다. 벡터의 특성상 '파리' 벡터에서 '프랑스' 벡터를 빼면 '프랑스'에서 '파리'까지 방향을 나타내는 벡터가 됩니다(그림에서 녹색 화살표). 이 벡터를 '일본' 벡터에 더하면 새로운 점(파란색 점)이 만들어지며, 이 위치에 가까운 단어들을 유사도 순으로 나열한 것이 그림 오른쪽에 있는 표입니다.

이 계산을 형식적으로 해석해 보면, '파리' = '프랑스의 수도'라는 관계에서 '프랑스'를 빼면 '○○의 수도'라는 일반적인 개념이 남습니다. 여기에 '일본'을 더하면 결과적으로 '일본의 수도'를 나타내는 벡터가 된다고 볼 수 있습니다. 실제로 이 방식으로 '파리 − 프랑스 + 일본'이라는 벡터 연산을 수행하면 그와 가장 유사한 단어로 '도쿄(일본의 수도)'가 상위에 등장합니다. 즉, 단어 벡터로 의미의 덧셈과 뺄셈이 가능하게 된 것입니다!

이러한 성질은 다음과 같은 다양한 조합에서도 성립하는 것으로 확인되었습니다. 예를 들어 '여왕(여성 군주) − 여성 + 남성 ≈ 왕' 또는 'Windows(마이크로소프트의 운영체제) − Microsoft + Google ≈ Android' 같은 연산 결과에서도 유사한 관계가 나타납니다. 이처럼 대량의 텍스트에서 학습된 단어 벡터와 간단한 벡터 연산만으로도 '의미'를 다룰 수 있다는 점은 Word2Vec의 강력한 특징입니다. Word2Vec은 이러한 특성으로 자연어 처리 분야에서 딥러닝 시대의 출발점이 되었던 모델로 평가받습니다.[33]

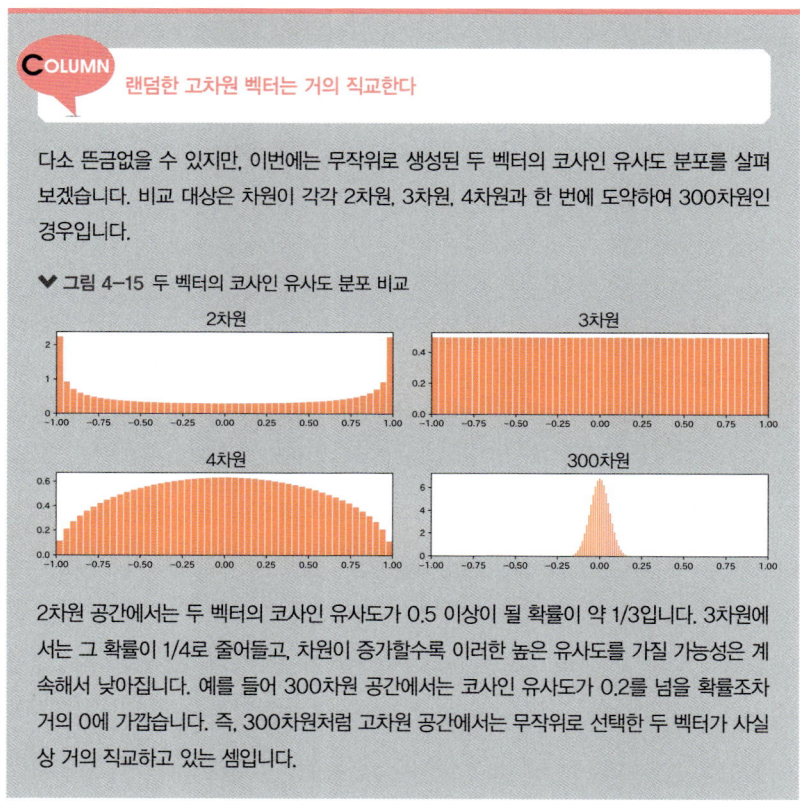

COLUMN 랜덤한 고차원 벡터는 거의 직교한다

다소 뜬금없을 수 있지만, 이번에는 무작위로 생성된 두 벡터의 코사인 유사도 분포를 살펴보겠습니다. 비교 대상은 차원이 각각 2차원, 3차원, 4차원과 한 번에 도약하여 300차원인 경우입니다.

▼ 그림 4-15 두 벡터의 코사인 유사도 분포 비교

2차원 공간에서는 두 벡터의 코사인 유사도가 0.5 이상이 될 확률이 약 1/3입니다. 3차원에서는 그 확률이 1/4로 줄어들고, 차원이 증가할수록 이러한 높은 유사도를 가질 가능성은 계속해서 낮아집니다. 예를 들어 300차원 공간에서는 코사인 유사도가 0.2를 넘을 확률조차 거의 0에 가깝습니다. 즉, 300차원처럼 고차원 공간에서는 무작위로 선택한 두 벡터가 사실상 거의 직교하고 있는 셈입니다.

◯ 계속

---

[33] 당시 자연어 처리 분야에서는 딥러닝 적용에 회의적인 시각이 많았으며, Word2Vec 또한 1층짜리 신경망이라서 딥러닝의 유효성을 입증한 사례로 보기 어렵다는 주장도 있었습니다.

인간은 2차원이나 3차원까지만 직관적으로 지각할 수 있기 때문에 이러한 저차원의 감각을 고차원에도 그대로 적용하려는 경향이 있습니다. 하지만 이러한 직관은 고차원에서는 거의 통하지 않으며, 이를 차원의 저주(curse of dimensionality)라고 합니다. 예를 들어 고차원 구에서는 체적 대부분이 표면에 집중되는 현상이 대표적인 차원의 저주입니다. 이와 마찬가지로 고차원 공간에서는 코사인 유사도 역시 우리 직관과는 다르게 작용할 수 있으므로 주의가 필요합니다.

요약

- 단어를 벡터로 변환하는 Word2Vec의 등장은 단어 간 '의미'의 관련성을 수치적으로 계산할 수 있는 길을 열었습니다.
- 딥러닝이 자연어 처리에 본격적으로 적용된 첫 사례로 평가됩니다.

4.6 임베딩 벡터

Word2Vec은 단어 의미를 벡터로 표현하는 모델이었지만, 문장 분할 단위가 단어에서 토큰(서브워드)으로 바뀌면서 이 벡터 역할도 확장되어 '임베딩 벡터'로 추상화되었습니다.

4.6.1 토큰 벡터는 '의미'를 나타내지 않는다

일반적인 신경망 언어 모델에서는 입력 텍스트를 토큰 단위로 분할한 후(130쪽 참고) 각 토큰에 고유한 ID를 부여하고, 이 ID에 대응하는 벡터를 신경망에 입력합니다. 이 벡터가 Word2Vec처럼 토큰 의미를 나타낸다고 설명하기도 하지만, 실제로는 그렇지 않은 경우가 많습니다.

▼ 그림 4-16 텍스트를 벡터 열로 변환하여 신경망에 입력

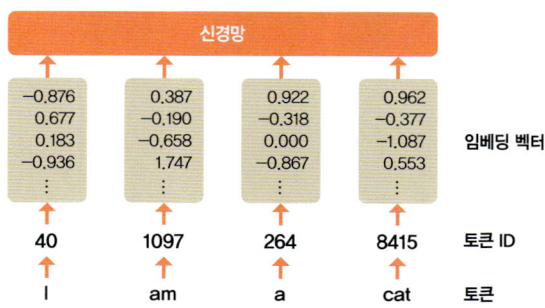

다음은 GPT-3.5 등 신경망 언어 모델을 기반으로 한 챗GPT에서 문자열 '한글'과 '학교'가 어떻게 토큰으로 분할되는지 보여 주는 예시입니다. 두 문자열 모두 앞부분에 동일한 토큰이 등장하는 것을 확인할 수 있습니다.

▼ 표 4-8 토큰 분할 예시
1. 한글

문자	한		글	
UTF-8	ED 95	9C	EA B8	80
토큰 ID	ID=COMMON	id_1	id_2	id_3

2. 학교

문자	학		교	
UTF-8	ED 95	99	EA B5	90
토큰 ID	ID=COMMON	id_4	id_5	id_6

이는 문자 '한'과 '학'을 UTF-8로 인코딩했을 때 바이트 시퀀스가 각각 'ED 95 9C', 'ED 95 99'가 되며, 토큰이 이들에 공통된 앞부분 'ED 95(2바이트)'에 해당하기 때문입니다. 서브워드 기반의 토큰 분할에서는 텍스트를 문자보다 더 작은 단위인 바이트 수준의 부분열로 나누기 때문에(133쪽 참고) 이처럼 '문자 일부'에 해당하는 토큰도 있을 수 있습니다.

앞서 설명했듯이 각 토큰 ID는 이에 대응하는 벡터로 변환되어 신경망 언어 모델에 입력됩니다. Word2Vec에서는 단어 하나가 하나의 벡터로 표현되며, 이 벡터가 곧 그 단어 의미를 나타냈습니다. 그렇다면 공통 앞부분 'ED 95'에 해당하는 토큰 벡터는 정말 그 토큰 의미를 담고 있을까요? 예를 들어 이 토큰은 '한', '학', '함', '항', '할' 등 '하' 계열의 다양한 음절에서 두루 나타나므로 이들이 공유하는 명확한 의미를 꼽기 어렵습니다.

즉, 신경망 언어 모델에서 토큰에 대응하는 벡터가 표현하는 것은 단순한 '의미'가 아니라는 점을 알 수 있습니다. '의미'가 아니라면 무엇일까요? 굳이 한마디로 표현하자면 '역할'입니다. 즉, 벡터는 모델 계산식에 입력되어 과제를 해결하는 데 기여하는 역할을 합니다. 단일 토큰이 명확한 의미를 가지지 않더라도 해당 토큰과 그 뒤를 잇는 다른 토큰들이 특정한 순서로 배열되면, 그 벡터들을 트랜스포머(258쪽 참고)에 입력하여 계산한 결과는 '학교'나 '한글'이라는 의미로 작동하는 표현이 될 수 있습니다.

4.6.2 임베딩 벡터

토큰 벡터가 '의미'를 표현하지 않는다면 신경 과학에서 유래한 용어인 '분산 표현'이라는 이름을 쓸 수 없습니다. 그 대신 임베딩 벡터(embedding vector)라는 좀 더 추상적인 이름이 사용됩니다. 이 명칭은 수학에서 '임베딩'이라는 개념에서 유래했으며, 이는 전체 데이터를 그 구조를 유지한 채 다른 공간으로 매핑하는 작업을 의미합니다.[34] 특히 딥러닝에서는 임베딩 벡터가 고차원의 데이터를 더 낮은 차원의 벡터 공간으로 매핑하는 역할을 합니다.

이 '임베딩'이라는 개념을 좀 더 구체적으로 설명해 보겠습니다. 예를 들어 100×100 픽셀의 이미지를 생각해 보겠습니다. 각 픽셀은 RGB(빨강, 초록, 파랑) 세 가지 색상의 강도로 표현할 수 있으므로 하나의 이미지는 100×100×3 = 30,000차원의 벡터로 나타낼 수 있습니다. 물론 여기에는 무작위 노이즈로 구성된 이미지도 포함되지만, 그런 쓸모없는 이미지는 제외하고 의미 있는 이미지들만 고려합니다.

▼ 그림 4-17 공간으로 임베딩

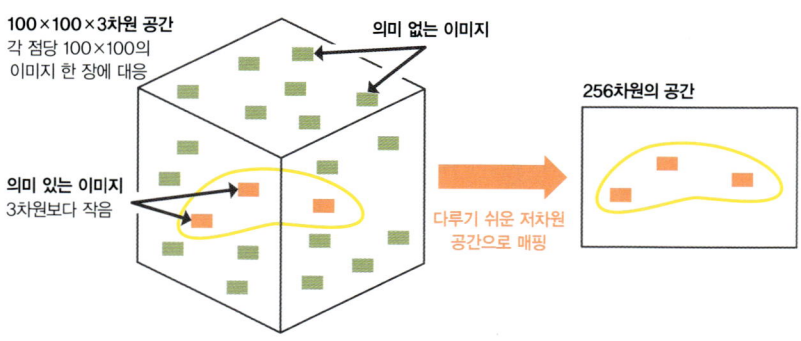

---

[34] 수학적으로 임베딩(embedding)은 일반적으로 부분 다양체에 대한 단사 함수로 정의됩니다.

그림 4-17은 3만 차원의 공간 안에 '의미 있는 이미지 전체(노란색으로 둘러싸인 영역)'가 있는 모습을 개념적으로 나타냅니다. 각 의미 있는 이미지 주변에는 유사한 이미지를 나타내는 벡터들이 몰려 있으며, 이처럼 서로 비슷한 이미지가 가까이에 모여 있는 구조를 보입니다. 이러한 구조화된 부분들이 고차원 공간 속에 존재하는 상태를 가리켜 임베딩되었다고 표현합니다.

이 '의미 있는 이미지 전체'는 3만 차원이라는 전체 공간에 비해 매우 작은 영역만 차지합니다. 그 이유는 이 고차원 공간에서 무작위로 한 점(이미지)을 선택하면, 거의 100%의 확률로 그것은 아무 의미도 없는 랜덤 노이즈 이미지일 가능성이 높기 때문입니다. 따라서 이러한 의미 있는 이미지들만 보다 작은 차원의 공간, 예를 들어 256차원 공간으로 매핑하면 훨씬 다루기 쉽습니다. 이 역시 임베딩의 한 형태이며, 딥러닝에서 사용하는 임베딩 벡터는 이렇게 축소된 저차원 공간(원래의 3만 차원보다 훨씬 작은 공간) 속 하나의 점을 나타냅니다.

임베딩 벡터가 가지는 구조는 그 목적에 따라 서로 다릅니다. 예를 들어 토큰의 임베딩 벡터는 신경망 언어 모델에서 효과적으로 계산될 수 있도록 설계된 구조이며, Word2Vec의 분산 표현은 의미가 유사한 단어일수록 벡터 공간에서 더 가까운 위치에 놓이도록 만들어집니다.

4.6.3 다양한 임베딩 벡터

임베딩 벡터는 단어나 토큰뿐만 아니라 문장, 이미지, 음성 등 인간이 보고 듣는 거의 모든 종류의 데이터에 적용할 수 있습니다. 예를 들어 문장에 대해 '의미가 유사한 문장은 벡터 공간에서 가까운 위치에 놓이도록' 임베딩을 설계하면 두 문장의 유사도를 벡터 간 연산만으로 계산할 수 있습니다. OpenAI의 Embedding API(297쪽 참고)는 이러한 방식의 대표적인 사례입니다.[35]

---

[35] 문장을 임베딩 벡터로 변환할 때는 보통 Sentence-BERT 같은 모델을 사용합니다. 반면에 GPT 같은 자기 회귀형 언어 모델은 각 토큰에 대응하는 은닉층 벡터가 그 토큰 이후의 문장 정보를 반영하지 못하기에 문장 전체를 대표하는 임베딩 벡터를 생성하는 데는 적합하지 않습니다.
Reimers, Nils, and Iryna Gurevych. "Sentence-BERT: Sentence Embeddings using Siamese BERT-Networks." arXiv preprint arXiv:1908.10084(2019).

이미지 역시 마찬가지로 임베딩 벡터로 변환할 수 있습니다.[36] 더 나아가 문장과 이미지를 동일한 벡터 공간에 임베딩하면 원래 데이터가 문장이든 이미지든 구분하지 않고 같은 방식으로 연산할 수 있습니다. 이를 바탕으로 문장과 이미지 간 의미적 유사도를 계산할 수 있는 모델이 바로 CLIP입니다.[37]

▼ 그림 4-18 벡터 공간으로 멀티모달 임베딩

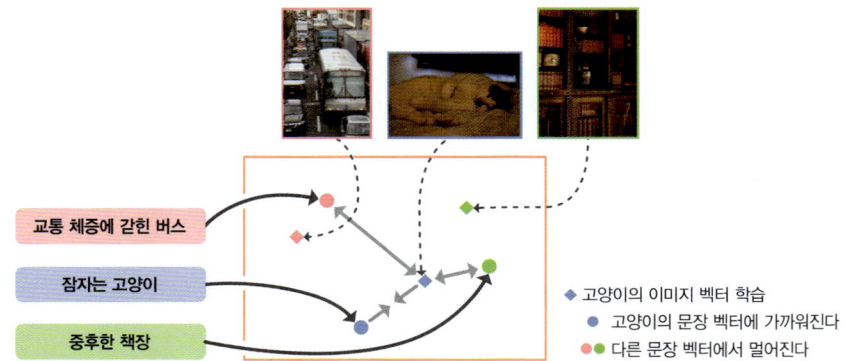

CLIP은 이미지와 그에 대응하는 캡션(이미지를 설명하는 문장) 쌍을 학습 데이터로 사용합니다. 학습 과정에서는 정답 쌍의 이미지와 캡션 벡터는 서로 가까워지도록, 정답이 아닌 쌍은 서로 멀어지도록 조정됩니다. 이처럼 학습된 CLIP 모델을 활용하면 자연어로 이미지를 검색하는 시스템을 쉽게 구축할 수 있습니다.[38]

또 CLIP을 이용하여 이미지를 벡터화한 후 이를 신경망 언어 모델에 입력하면

---

[36] 이미지 벡터화는 Autoencoders나 Vision Transformer 등 다양한 방법이 있습니다.
Hinton, Geoffrey E., and Ruslan R. Salakhutdinov. "Reducing the Dimensionality of Data with NeuralNetworks." science 313,5786(2006): 504-507.
Dosovitskiy, Alexey, et al. "An Image is Worth16x16 Words: Transformers for Image Recognition at Scale." arXiv preprint arXiv:2010,11929(2020).

[37] Radford, Alec, et al. "Learning transferable visual models from natural language supervision." International conference on machine learning. PMLR(2021).

[38] CLIP을 사용한 이미지 검색(VRC-LT #15)
https://shuyo.hatenablog.com/entry/2022/11/28/180059

이미지를 이해하고 다룰 수 있는 언어 모델을 만들 수 있습니다.[39] 실제로 챗GPT 등에서 제공하는 이미지 입력 기능도 이와 유사한 방식으로 동작하는 것으로 보입니다. 이처럼 모델이 문장, 이미지, 음성 등 다양한 형태의 데이터를 동시에 처리할 수 있는 능력을 <mark>멀티모달</mark>(multimodal)이라고 합니다.

> **요약**
> - 다양한 데이터를 벡터 공간에 매핑하는 임베딩 벡터는 각 데이터가 수행하는 '역할'을 표현합니다.
> - 이는 단순히 언어에만 국한되지 않고 멀티모달 데이터 처리에도 폭넓게 응용됩니다.

---

39 Zhu, Deyao, et al. "MiniGPT-4: Enhancing Vision-Language Understanding with Advanced Large Language Models." arXiv preprint arXiv:2304.10592(2023).

5장

대규모 언어 모델

현대 AI 기술 가운데 특히 주목받는 분야 중 하나는 대규모 언어 모델입니다. 이 모델들은 방대한 데이터를 기반으로 학습하여 인간의 일반적인 언어 능력을 모방할 수준까지 발전해 왔습니다. 이러한 모델이 어떻게 인간처럼 언어를 이해하고 문장을 생성하는지 그 작동 원리를 살펴보겠습니다. 이러한 기술적 배경을 이해하는 것은 AI 미래를 상상하고 전망하는 데도 큰 도움이 됩니다.

5.1 언어 모델

챗GPT 기반이 되는 대규모 언어 모델을 이해하려면 '언어 모델'이 무엇인지부터 살펴볼 필요가 있습니다. 그리고 언어 모델을 제대로 이해하려면 그 전에 '모델'이라는 개념 자체를 먼저 이해해야 합니다.

5.1.1 모델이란

모델(모형)은 실물 그 자체는 아니지만 어떤 목적에서는 유용한 '가짜'를 의미합니다. 예를 들어 '인체 모형'은 인간의 몸을 본떠 만든 것입니다. 실제 사람과 혼동할 일은 없을 만큼 단순화되어 있지만, 인체 구조나 장기의 형태를 이해하는 데는 매우 유용합니다.

또 고등학교 물리에서 물체의 운동을 배울 때, 물체는 힘을 받아도 변형되지 않으며 질량은 무게 중심에 집중되어 있다고 가정합니다. 물론 실제 세계에 그런 물체는 존재하지 않지만, 이러한 이상적인 가정 덕분에 복잡한 운동을 고등학생 수준에서도 수식으로 표현하고 이해할 수 있습니다. 이것 역시 현실을 단순화한 유용한 가짜, 즉 모델입니다.

'주사위를 던져서 1이 나올 확률은 1/6'이라고 말할 때 우리는 주사위의 각 면(1부터 6까지)이 동일한 확률로 나올 것이라고 전제합니다. 즉, 일어날 수 있는 사건은 오직 1에서 6까지 숫자가 나오는 여섯 가지 경우뿐이며, 그 각각이 똑같은 확률로 발생한다는 가정을 전제로 합니다. 하지만 실제로는 주사위 제조 과정에서 생긴 미세한 편향 때문에 6이라는 숫자가 다른 숫자보다 더 자주 나올 수도 있습니다. 어쩌면 주사위를 1000만 번쯤 던져 보면 그런 경향이 드러

날지도 모릅니다. 더 나아가 생각해 보면 과연 실제로 '1~6 중 하나가 나온다'는 여섯 가지 사건만 일어날까요? 던진 주사위가 장롱 뒤로 굴러가 사라진다거나 10억 번 중 한 번쯤 모서리에 서서 멈춘다 같은 예외적인 상황도 완전히 배제할 수는 없습니다. 하지만 이러한 세세하고 드문 가능성들은 모두 제쳐 두고, '각 면이 1/6의 확률로 나온다'는 단순한 전제를 바탕으로 확률을 정의하면 다양하고 유용한 계산이 가능해집니다. 결국 확률이라는 개념도 현실을 단순화한 하나의 '모델'인 셈입니다.

다소 유용하다고는 해도 결국 모델은 '가짜'일 뿐이라고 생각하는 사람도 있을 수 있습니다. 하지만 실제 인간의 몸에서 간이나 신장 같은 장기를 손에 들고 직접 형태나 크기를 확인하는 것은 현실적으로 매우 어렵습니다. 또 물체의 변형까지 고려해서 물리 현상을 정확히 계산하려면 고등학교 수준의 문제를 푸는 것에도 슈퍼컴퓨터가 필요할지도 모릅니다. 모델은 현실을 완벽하게 복제한 것이 아닌 현실을 단순화하고 이상화한 '가짜'이지만, 특정한 조건에서는 오히려 실제보다 더 편리하고 유용한 도구가 될 수 있습니다.

▼ 그림 5-1 모델 예시(인체 모형, 주사위, 물체의 운동)

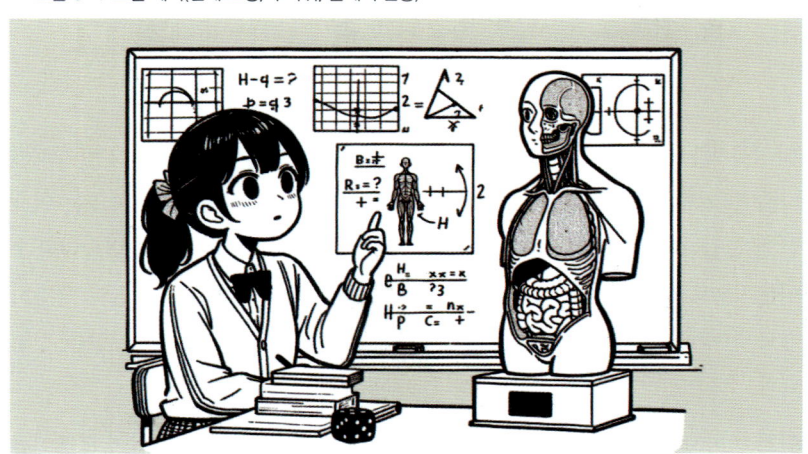

5.1.2 언어 모델이란

언어 모델이란 말 그대로 언어의 '모델', 즉 언어를 단순화하여 재현한 실용적 모형을 의미합니다. 사실 언어 모델은 인공지능만의 특별한 개념이 아니라, 실제로 말을 하고 이해하는 모든 사람의 머릿속에도 존재하는 개념입니다. 이 점을 좀 더 직관적으로 이해하고자 다음 세 가지 문장을 살펴보겠습니다.

1. 철수는 마지못해 재채기를 했다.
2. 철수는 마지못해 깡충깡충 뛰었다.
3. 철수는 마지못해 숙제를 했다.

▼ 그림 5-2 '마지못해' 하는 것은 무엇일까요?

'마지못해'는 마음이 내키지 않는 태도를 의미하므로 반사적으로 나오는 재채기나 보통 기쁠 때 하는 깡충깡충 뛰기는 해당되지 않습니다. 따라서 1과 2는 어색한 문장입니다. 반면에 숙제는 마지못해 하는 것이므로 '3은 자연스럽습니다'고 이론적으로 생각할 수도 있습니다. 하지만 대부분은 그 이유를 곰곰이 생각하기도 전에 이미 '1과 2는 뭔가 이상하고, 3은 괜찮네'라는 느낌을 받았을 것입니다.

이것이 바로 우리 머릿속 언어 모델이 작동하는 방식입니다. 즉, 언어 모델이란 단어나 문장을 접했을 때 '한국어 같네요~' 혹은 '한국어 같지 않은데요~'라는 식의 감각을 주는 역할을 합니다. 문장을 읽으면서 "뭔가 이상한데, 어디가 이상한지는 잘 모르겠어요."라고 느낀 경험이 있죠? 물론 이러한 감각은 한국어뿐만 아니라 영어와 프랑스어 등 다른 언어도 마찬가지입니다.

자신의 머릿속에 '이것이 한국어인지 아닌지'를 판별하는 언어 모델(일종의 가짜)이 있다는 말은 어떤 사람에게는 조금 불쾌하게 들릴 수도 있습니다. 그러나 언어를 정말 이론적으로 하나하나 따져 가며 판단하려고 하면 시간이 오래 걸리거나 아예 판단 자체가 어려운 상황에 빠질 수도 있습니다. 언어 모델은 그런 복잡한 과정을 뛰어넘어 '한국어 같음'이라는 감각을 빠르게 판단할 수 있도록 도와줍니다. 바로 그 '가짜'이기 때문에 오히려 유용한 것이 언어 모델입니다.

이 언어 모델을 컴퓨터로 구현해 보고 싶어도 "뭔가 이상한데……." 같은 애매한 감각은 컴퓨터에 매우 어렵습니다. 그래서 컴퓨터 속 언어 모델은 한국어 같음(또는 영어 같음, 프랑스어 같음)을 숫자로 수치화하여 표현합니다. 앞의 예문들은 컴퓨터 언어 모델로 다음과 같이 수치화되며, 이 중 세 번째 문장이 가장 자연스럽고 적절하다 판단하는 모습입니다.

1. 철수는 마지못해 재채기를 했다. → 0.2
2. 철수는 마지못해 깡충깡충 뛰었다. → 0.1
3. 철수는 마지못해 숙제를 했다. → 0.7

이처럼 언어의 '그럴듯함'을 수치화할 수 있다면 다양한 분야에 활용할 수 있습니다. 언어 모델을 이용하여 문장을 생성하는 방법은 175쪽에서 설명합니다. 여기에서는 한국어 입력기에서 언어 모델이 어떻게 유용하게 쓰이는지 소개하겠습니다.

예를 들어 사용자가 'ㅎㅏㄴㄱㅡㄱㅇㅓㄴㅡㄴ'이라고 입력했을 때, 단순히 자모 조합만으로는 '한극언은'이나 '한긍언은'처럼 엉뚱한 후보가 나타날 수 있습니다. 이때 언어 모델을 활용하여 각 후보 문장의 '그럴듯함'을 평가하면 시스템은

'한국어는'처럼 자연스럽고 올바른 문장을 더 높은 우선순위로 제시할 수 있습니다.

 요약

▶ 모델이란 실제는 아니지만 어떤 면에서는 유용한 '가짜'입니다.
▶ 언어 모델이란 문장이나 단어의 '그럴듯함'을 빠르게 판별해 주는 모델입니다.

5.2 대규모 언어 모델

대규모 언어 모델은 방대한 데이터를 바탕으로 학습된 언어 모델입니다. 그 핵심은 바로 '인간의 일반적인 언어 능력'에 있습니다.

5.2.1 대규모 언어 모델과 '일반적인 언어 능력'

앞서 언급했듯이 언어 모델이란 언어의 자연스러움을 수치화하는 것입니다. 이를 컴퓨터상에서 구현하려면 문장을 입력했을 때 그 자연스러움을 수치로 출력해 주는 시스템이 필요합니다. 이 시스템을 신경망(딥러닝)으로 구현한 것이 신경 언어 모델입니다. 그중에서도 특히 중요한 것이 바로 대규모 언어 모델(Large Language Model, LLM)이라는 일련의 신경 언어 모델입니다.

▼ 그림 5-3 신경 언어 모델

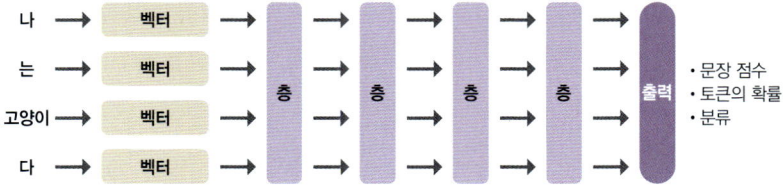

'대규모 언어 모델'이라는 이름의 기원은 명확하지 않습니다. 한글로는 '대규모'라고 번역되지만 원래 영어 표현은 Large Language Model, 즉 단순히 '큰 언어 모델'이라는 뜻입니다. 즉, '(이전보다) 큰'이라는 평범한 표현이 어느새 인공지능의 최첨단을 설명하는 용어로 자리 잡게 된 것입니다. 재미있죠?

대규모 언어 모델의 가장 큰 특징은 '인간의 일반적인 언어 능력'을 갖추고 있다는 점입니다. 이렇게 들으면 별것 아닌 것처럼 느낄 수도 있습니다. '일반적'이니까요.

예를 들어 다음 문장을 보세요.

> 경기도와 경상도의 경계 근처 캠핑장에서 하룻밤을 보냈다.

이것은 매우 평범한 문장처럼 보입니다. '한국어스러움'에도 문제없습니다. 그러나 실제로는 경기도와 경상도가 인접해 있지 않다는 사실을 알게 되면 누구나 이 문장이 이상하다는 것을 알 수 있습니다. 경기도와 경상도 사이에는 경계가 없기 때문입니다.

그런데 '경기도와 경상도가 인접해 있지 않다'는 이유로 '이 문장은 이상하다'고 판단하기까지 실제로는 몇 가지 단계를 거칩니다. 컴퓨터에 이 판단을 시키려면 어떤 형태로든 지식을 표현하고, 그 지식을 이용하여 논리 계산을 하는 체계를 만들어야 합니다. 이는 꽤 복잡한 과정입니다. 그러나 많은 사람이 이 과정을 의식하지 못한 채 문장의 이상함을 알아차릴 것입니다. 이것이 '인간의 일반적인 언어 능력'입니다.

AI 연구자들은 인간의 다양한 지적 활동을 재현하려고 도전하는 과정에서 재현 난이도에 일정한 경향이 있다는 것을 깨닫습니다. 인간에게는 어려운 복잡한 계산이나 순수한 논리(체스 플레이 등)는 컴퓨터에 비교적 쉬운 반면, 아이들이 당연하게 할 수 있는 걷거나 말하는 것을 뉴럴 네트워크는 훨씬 어렵게 느끼는 경향이 있습니다. 이러한 인간과 AI의 난이도 역전 현상을 모라벡의 역설[1]이라고 합니다.

'인간의 일반적인 언어 능력'은 AI에는 매우 어려운 일인데, 대규모 언어 모델이 그것을 갖추었다니 AI 역사상 큰 사건이라고 할 수 있을 것입니다.

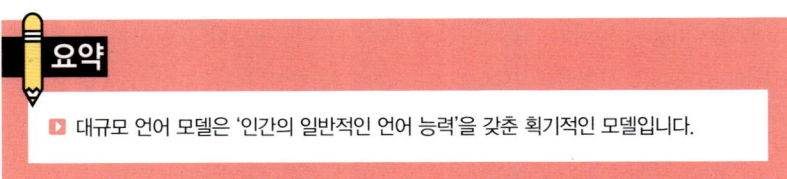

> 요약
> ▶ 대규모 언어 모델은 '인간의 일반적인 언어 능력'을 갖춘 획기적인 모델입니다.

---

1 https://ko.wikipedia.org/wiki/모라벡의_역설

5.3 신경망의 범용성과 기반 모델

주로 1작업 = 1모델의 형태를 취하는 일반적인 머신러닝과 달리, 신경망은 특징 추출 등 다양한 작업을 넘나드는 범용적인 능력이 주목받아 왔습니다. 이러한 성질이 바로 기반 모델의 개념으로 이어졌습니다.

5.3.1 신경망으로 특징 추출

컴퓨터가 이미지나 텍스트를 이해하는 일은 사실 간단하지 않습니다. 예를 들어 이미지의 1픽셀(화소)만 보거나, 문장의 한 글자만 보고 그 내용이나 의미를 이해하는 것은 어렵습니다.

그래서 데이터에서 컴퓨터가 의미 있는 처리를 할 수 있는 중요한 정보를 추출하는 작업을 해 왔습니다. 이러한 정보를 특징이라고 합니다.[2] 그리고 높은 정확도를 실현하려고 데이터나 작업에 맞추어 특징 추출 방법을 설계할 필요가 있었습니다. 같은 이미지라도 일반적인 사진의 분류에 적합한 특징이 엑스레이 이미지에서 질병의 가능성을 예측하는 데 적합하다고 직관적으로 생각하기는 어렵죠. 그러나 이는 매우 어려운 일이었습니다.[3]

한편 신경망은 기본적으로 이미지나 텍스트를 원형 그대로 입력받습니다. 예를 들어 이미지 분류를 신경망으로 해결한다면 그림 5-4와 같이 앞쪽 층은 이미지의 원시 데이터에서 특징이 되는 벡터를 추출하여 신경망의 출력부에 있는 단순한 분류기에 입력한다고 생각할 수 있습니다. 딥러닝 발전으로 정확도가 크게 향상되면서 신경망은 그대로 우수한 특징 추출기로 다른 작업에 이용되기

---

[2] 또는 수치화한 특징을 가리켜 '특징량'이라고도 합니다. 영어에서는 둘 다 'feature'라고 합니다.
[3] 우수한 특징 추출기는 특허로 보호되어 있으며, 상업적 이용에는 라이선스 비용이 필요했습니다.

시작했습니다.

학습한 모델을 다른 작업용으로 재학습하여 전용하는 것을 전이 학습이라고 합니다. 전이 학습으로 앞서 직관적으로 생각하기 어렵다고 말한 '일반적인 사진 분류 모델을 엑스레이 이미지에서 질병 예측에 적용' 등 분야를 넘나드는 작업도 성공적으로 할 수 있다는 보도도 있습니다.[4]

▼ 그림 5-4 신경망으로 특징 추출과 전이 학습

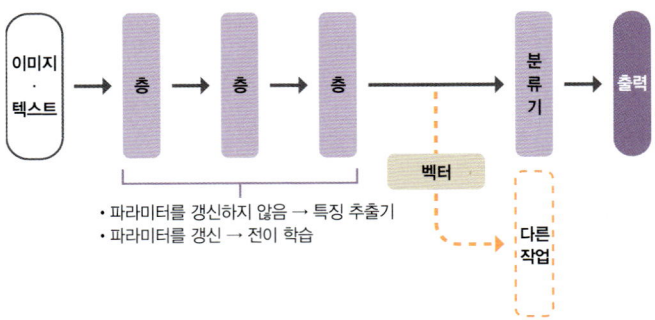

- 파라미터를 갱신하지 않음 → 특징 추출기
- 파라미터를 갱신 → 전이 학습

5.3.2 기반 모델

전통적인 머신러닝에서는 일반적으로 작업 전용 모델을 작업 전용 데이터 세트로 학습합니다. 예를 들어 자연어 처리의 기계 번역 작업에서는 대역 코퍼스라고 하는 기계 번역용 데이터 세트(예 영어와 프랑스어 같은 내용의 문장 쌍)로 기계 번역용 모델을 학습했습니다. 문서 분류 작업에서는 문서 분류용 데이터 세트(예 영화 리뷰의 문장과 내용이 긍정적인지 부정적인지를 나타내는 라벨)를 이용하여 같은 방식으로 문서 분류용 모델을 학습했습니다.

한편 앞서 소개한 특징 추출이나 전이 학습처럼 신경망에는 작업을 가로질러 범용적으로 문제에 적응할 수 있는 능력이 있다는 것을 밝혔습니다. 이를 더욱

---

[4] Kim, Hee E., et al. "Transfer learning for medical image classification: a literature review." BMC medical imaging 22.1(2022): 69.

발전시킨 개념이 기반 모델입니다. 기반 모델은 전이 학습을 전제로 한 범용 모델로 대규모 데이터 세트로 범용적인 모델을 학습하고, 이를 작업별로 튜닝합니다. 기반 모델의 접근 방식은 BERT(264쪽 참고)로 급속히 확산되었습니다.

▼ 그림 5-5 기반 모델(BERT 이전과 BERT 이후)

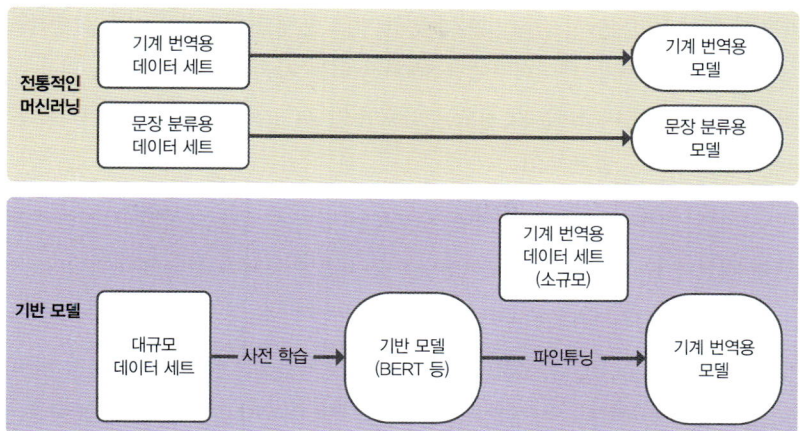

기반 모델에서는 첫 번째 단계의 대규모 학습을 사전 학습(213쪽 참고)이라고 하며, 두 번째 단계 학습을 파인튜닝(220쪽 참고)이라고 합니다.

5.3.3 기반 모델로 정확도가 향상되는 원리

기반 모델로 정확도가 향상되는 원리를 구체적으로 살펴보겠습니다. 감정 분석 (또는 긍정/부정 판정)은 주어진 문장이 긍정적(포지티브)인지, 부정적(네거티브)인지 판별하는 작업입니다. 예를 들어 SNS의 트윗이나 상품 리뷰에 감정 분석을 적용하여 마케팅 등에 활용할 수 있습니다.

IMDb는 감정 분석 작업의 데이터 세트로, 영화 사용자 리뷰 사이트에서 수집한 영화 리뷰 문장과 긍정/부정 라벨로 구성되어 있습니다. 학습 데이터와 테스트 데이터 각각 2만 5000건으로 구성되어 있습니다.[5] 일반적인 머신러닝 접근 방식에서는 학습 데이터를 2만 5000건 사용하여 문서 분류 모델을 학습하고 정답 라벨을 예측합니다. IMDb 데이터 세트 논문에서 정확도는 약 89%였습니다.[6]

여기에서 머신러닝에서 잠시 벗어나 인간이 그 문제를 해결하는 상황을 생각해봅시다. 인간이 학습 데이터를 2만 5000건 읽는 일은 매우 힘듭니다. 리뷰 문장이 칭찬하는지 비난하는지 정도는 읽으면 알 수 있으므로[7] 그런 데이터를 굳이 학습할 필요는 없겠지요.

바로 이 '읽으면 알 수 있다'는 부분을 충분한 언어 능력을 가진 대규모 언어 모델이 대신해 줌으로써 정확도를 높이는 것이 기반 모델적 접근 방식입니다. 대규모 언어 모델의 도입으로 IMDb 정확도는 약 97%로 상승합니다.[8]

정확한 판단에는 언어 능력뿐만 아니라 도메인 지식(이 경우는 영화 관련 지식)도 필요합니다. 예를 들어 '엄청난 걸작! 올해의 래지상은 이걸로 결정!'이라는 영화 리뷰는 겉보기에는 칭찬하는 것처럼 보일 수 있습니다. 그러나 영화를 잘 아는 사람이라면 "그렇게 형편없는 영화였구나."라는 정반대 감상을 가질 수도 있습니다. 사실 '래지상(Razzies)'은 영화 팬들이 선정한 최악의 영화를 시상하는 골든 래즈베리상(Golden Raspberry Awards: 아카데미상을 패러디한 상)으로[9] 그만큼 형편없었다는 풍자이기 때문입니다.

---

5 https://huggingface.co/datasets/imdb
6 Maas, Andrew, et al. "Learning word vectors for sentiment analysis." Proceedings of the 49th annual meeting of the association for computational linguistics: Human language technologies. 2011.
7 IMDb 데이터 세트는 영어입니다.
8 Yang, Zhilin, et al. "XLNet: Generalized Autoregressive Pretraining for Language Understanding." Advances in Neural Information Processing Systems 32(2019).
   하나의 리뷰에 칭찬하는 내용과 비판하는 내용이 모두 쓰여 있거나 중립적인 입장에서 쓰여 있기도 하므로 정확도 100%는 어렵습니다.
9 https://ko.wikipedia.org/wiki/골든_래즈베리상

기반 모델의 파인튜닝은 그런 작업이나 데이터에 고유한 지식이나 판단 기준을 부여하여 문제 정확도를 향상시키는 것이 목적입니다.

요약

- 신경망의 범용성은 특징 추출이나 전이 학습에 응용되었습니다.
- 기반 모델로 정확도의 극적인 향상이 실현되었습니다.

5.4 스케일링 법칙과 창발성

대규모 언어 모델의 발전에는 스케일링 법칙과 창발성이라는 중요한 개념이 깊이 관련되어 있습니다. 이 두 개념을 이용하여 대규모 언어 모델이 대규모로 발전해 온 과정을 소개합니다.

5.4.1 스케일링 법칙과 창발성

대규모 언어 모델이 왜 '인간의 일반적인 언어 능력'을 가졌는지는 아직 연구가 진행 중이며 밝히지 못한 부분이 많습니다. 다만 어떤 모델이 '인간의 일반적인 언어 능력'을 가지는지는 몇 가지 법칙성으로 밝혔습니다.

딥러닝은 모델 규모가 커질수록 정확도는 높아지지만 어느 시점부터 한계에 도달한다는 것이 일반적인 견해로, 언어 모델에서도 동일하게 오랫동안 생각해 왔습니다. 그러나 대규모 언어 모델과 관련해서는 모델을 크게 하고 데이터를 늘리며 학습 시간을 길게 할수록 정확도가 한계에 도달하지 않고 계속 향상되는 스케일링 법칙(scaling laws)이라는 성질이 있다는 것을 밝혔습니다.[10]

▼ 그림 5-6 스케일링 법칙

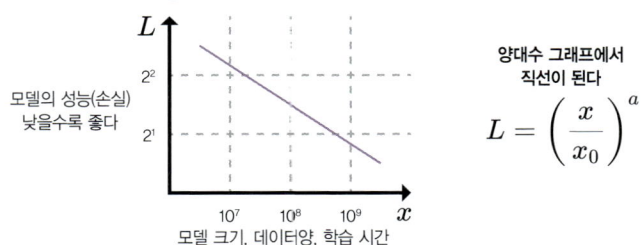

---

10 J. Kaplan et al. "Scaling Laws for Neural Language Models," ArXiv, abs/2001.08361(2020).

스케일링 법칙은 모델 크기와 학습 데이터양, 학습 시간(즉, 계산 자원 소비량)을 바탕으로 언어 모델의 성능(테스트 데이터에 대한 손실)을 추정할 수 있는 식입니다. 이전에는 막대한 비용을 들여 학습하더라도 그에 상응하는 정확도를 얻을 보장이 없다고 여겨지만, 스케일링 법칙을 밝히면서 투자 대비 수익을 어느 정도 예측할 수 있게 되었습니다. OpenAI는 GPT-3을 학습하는 데 약 460만 달러(추정)를 투자하여(338쪽 참고) 스케일링 법칙을 입증했습니다.

이후에도 스케일링 법칙을 연구하며 추가적으로 개선하고 있습니다.[11] 또 모델 크기와 학습 데이터양을 크게 하면 어느 시점에서 성능이 극적으로 향상되면서 번역이나 요약 등 지시에 따라 다중 작업을 수행하는 능력을 획득한다는 가설이 있습니다. 이를 창발성(emergence ability)[12]이라고 합니다.

창발성이란 여러 성질을 합쳤을 때 각 성질의 합으로는 설명할 수 없는 새로운 성질이 나타나는 현상을 의미합니다. 단순한 문자가 모여 복잡한 구조와 의미를 가진 언어를 형성하거나 눈송이가 국소적인 물 분자의 상호 작용만으로도 아름답고 다양한 형태를 이루는 것 등 일상에서 자주 볼 수 있는 많은 사례가 이에 해당합니다.

챗GPT가 자연어로 된 지시에 따라 다양한 작업을 수행할 수 있는 것도 이러한 창발성 효과라고 볼 수 있습니다. 인공지능이 이렇게까지 똑똑해진 가장 큰 이유가 모델 크기라는 사실은 정말 놀랍습니다.

스케일링 법칙과 창발성은 현재 AI 발전 흐름을 잘 보여 주고 있는데, 이러한 법칙이 사실이라면 방대한 데이터와 고성능 컴퓨팅 자원을 가진 빅테크 기업 외에는 똑똑한 대규모 언어 모델을 개발하기 어려워집니다. 더 뛰어난 AI를 만들려면 학습과 추론에 드는 비용도 계속 늘어날 수밖에 없어 결국 빅테크조차도 어느 시점에는 한계에 부딪힙니다.

---

11 Hoffmann, Jordan, et al. "Training Compute-Optimal Large Language Models." arXiv preprint arXiv:2203.15556(2022).
Ethan Caballero et al. "Broken Neural Scaling Laws." ArXiv. abs/2210.14891(2022).

12 Wei, Jason, et al. "Emergent abilities of large language models." arXiv preprint arXiv:2206.07682(2022).

그래서 상대적으로 작지만 똑똑한 모델을 구현하려는 연구도 활발히 진행하고 있습니다.[13] 예를 들어 마이크로소프트의 Phi 시리즈는 3B급의 작은 신경망 모델부터 준비되어 있으며 코파일럿+ PC 수준의 컴퓨터에서도 실행할 수 있도록 설계되어 화면 정보나 사용자 입력 같은 개인 정보를 안전하게 처리하려고 노력합니다(114쪽 참고).

5.4.2 대규모 언어 모델의 파라미터 수

이번에는 신경망 기반 언어 모델의 파라미터 수가 어떻게 변화해 왔는지 살펴보겠습니다.

▼ 그림 5-7 언어 모델의 크기 변화

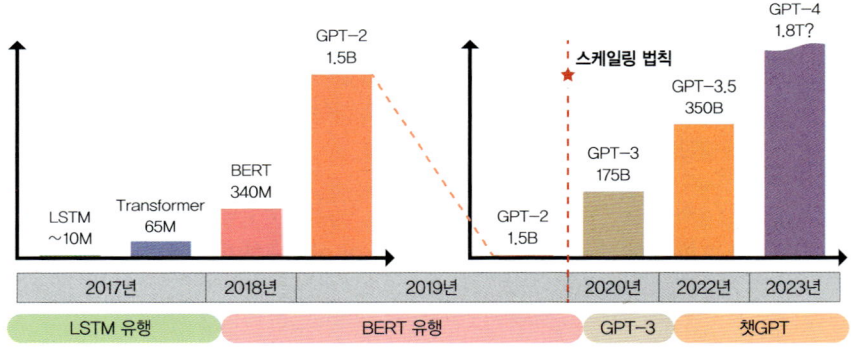

이 도표는 대표적인 신경망 언어 모델들의 크기를 나타낸 것입니다. 65M이나 1.5B 같은 표기는 모델의 파라미터 수를 의미합니다. 여기에서 M은 100만(million), B는 10억(billion), T는 조(trillion)를 뜻합니다. 도표를 보면 파라미터 수가 연간 약 열 배씩 증가해 왔다는 점을 확인할 수 있습니다.

첫 번째로 등장하는 LSTM[14]은 RNN(순환 신경망, 236쪽 참고)의 일종으로, 초

---

[13] Gunasekar, Suriya, et al. "Textbooks Are All You Need." arXiv preprint arXiv:2306.11644(2023).

[14] Hochreiter, Sepp, and Jürgen Schmidhuber. "Long Short-Term Memory." Neural computation 9.8 (1997): 1735-1780.

기에는 자연어 처리 분야에서 큰 성공을 거둔 신경망 언어 모델입니다. 2014년 경부터 BERT가 등장하기 전까지는 대부분 자연어 처리 연구가 LSTM을 활용할 정도로 널리 사용되었습니다.

그다음에 등장한 트랜스포머(257쪽 참고)는 처음에는 LSTM에 대항하려고 제안된 기계 번역용 언어 모델이었습니다. 당시 기준으로는 규모가 꽤 큰 편이었지만, 이후 대규모 언어 모델의 발전을 이끄는 핵심 아키텍처가 되리라고는 쉽게 예측하지 못했습니다.

2018년에 등장한 BERT(264쪽 참고)는 대규모 사전 학습과 작업별 미세 조정을 특징으로 하는 기반 모델로, 사실상 최초의 대규모 언어 모델이라고 할 수 있습니다. 이 모델은 LSTM을 빠르게 대체하며 자연어 처리 연구 분야를 장악했고, GPU 활용이 필수적인 흐름을 만든 계기가 되기도 했습니다.

GPT-2[15]는 파라미터 수가 1.5B(15억 개)에 달해 파라미터가 10억 개 넘은 모델이 되었습니다. 그래프를 보면 그 증가 속도가 매우 가파르다는 점을 확인할 수 있습니다. 하지만 이는 시작에 불과했습니다.

이듬해 앞서 언급한 스케일링 법칙(170쪽 참고)이 발표되었고, 이어서 등장한 GPT-3(268쪽 참고)은 GPT-2보다 100배 이상 많은 파라미터를 갖춘 초거대 모델로 창발성(170쪽 참고)이라는 고도의 범용성을 보여 주었습니다. 이후 버전인 GPT-3.5에서 챗GPT가 구현된 것은 이제 널리 알려진 사실입니다.

이러한 흐름을 보면, 대규모 언어 모델이 얼마나 '초대규모'로 발전해 왔는지 스케일링 법칙과 창발성이 언어 모델의 대형화 방향을 강하게 이끌고 있음을 실감할 수 있습니다. 물론 이러한 법칙을 애초에 알고 있었던 것은 아닙니다. '초대규모 언어 모델'을 먼저 만들어 본 후에야 그런 현상이 존재한다는 사실을 발견한 것이죠.

---

15 Better language models and their implications
https://openai.com/research/better-language-models

즉, 처음에는 이 시도가 '거대하고 값비싼 쓰레기'가 될 수도 있는 상황에서 무려 460만 달러(338쪽 참고)라는 막대한 비용을 들여 초대규모 언어 모델을 학습시킨 것입니다. 이를 실행에 옮긴 OpenAI에는 정말 경의를 표하지 않을 수 없습니다. 실제로 대규모 언어 모델의 학습은 지금도 매우 불안정하며, 노하우가 쌓이고 있는 현재에도 실패 확률이 높고 수차례 반복 실행이 필요합니다. 그 불확실성 속에서 수백만 달러 규모의 실험을 이어 갔다는 점은 정말 대단하다고 할 수 있습니다.

> **요약**
>
> ▶ 언어 모델이 커질수록 정확도와 범용성이 함께 향상되는 현상을 스케일링 법칙과 창발성이라고 합니다.
>
> ▶ 불과 5년 사이에 언어 모델의 파라미터 수는 무려 1000배 이상 증가했습니다.

5.5 언어 모델이 텍스트를 생성하는 원리

챗GPT가 작동하는 핵심 원리는 대규모 언어 모델에 기반을 둔 텍스트 생성입니다. 이 절에서는 언어 모델이 어떤 방식으로 단어를 선택하고 문장을 만들어 가는지 자세히 설명합니다.

5.5.1 언어 모델의 텍스트 생성

언어 모델은 문장 다음에 올 단어를 다음 절차에 따라 결정합니다. 이해를 돕고자 여기에서는 '단어'라는 표현을 사용하지만, 실제 대규모 언어 모델에서는 단어보다 더 일반화된 단위인 토큰을 사용합니다(130쪽 참고).

예를 들어 '나는 고양이를'이라는 문장 다음에 올 단어를 생성하고자 할 때, 언어 모델은 후보가 될 수 있는 모든 단어를 '나는 고양이를' 뒤에 이어 붙인 후 각 문장어 점수(그럴듯함의 정도, 160쪽 참고)를 매겨 계산합니다. 그리고 그중 가장 높은 점수를 얻은 단어를 선택하여 문장을 이어 나갑니다.

▼ 그림 5-8 언어 모델로 문장 뒤를 잇는 단어 예측

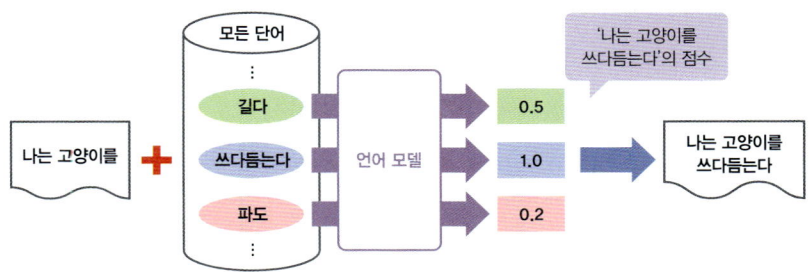

예를 들어 그림에서 가장 점수가 높은 단어를 선택하면 '나는 고양이를 쓰다듬는다'가 됩니다. 이 새로운 문장에서도 마찬가지로 단어를 추가하고 문장 점수를 계산하여 최대 점수를 받은 단어를 문장에 추가하는 것을 반복합니다. 그리고 특별한 단어 'EOS(End Of Sentence)'가 선택되었을 때 문장 생성을 종료합니다.

5.5.2 자기 회귀 언어 모델

앞 절에서 설명한 문장 생성 원리에서는 각 단어마다 문장 점수를 계산해야 하므로 단어 종류가 10만 가지라면 계산이 10만 번 필요합니다. 따라서 문장 생성을 전문으로 하는 언어 모델에서는 입력 문장 전체의 점수를 계산하는 대신 주어진 문장 뒤에 이어질 수 있는 단어들의 점수 표를 계산하는 방식을 사용합니다.

❤ 그림 5-9 문장 생성이 특기인 언어 모델

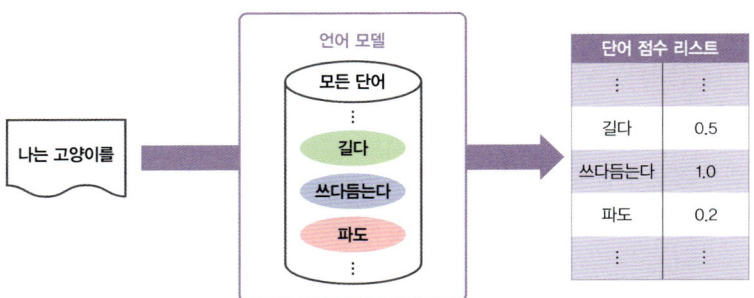

이로써 한 번의 계산으로 다음 단어를 결정할 수 있어 효율이 크게 향상됩니다. 그러나 여전히 해결해야 할 과제가 남아 있습니다. 선택한 다음 단어를 문장의 끝에 추가한 후 이 과정을 반복하여 문장을 생성하기 때문에 문장을 구성하는 단어 수만큼 언어 모델 계산을 반복해야 합니다. 문장이 길어질수록 언어 모델 계산 시간도 함께 늘어나 어려움이 생깁니다.

이를 해결하기 위해 언어 모델의 내부 구조를 이전 계산 결과를 재활용할 수 있는 형태로 설계합니다. 이러한 방식의 언어 모델을 자기 회귀 언어 모델(autoregressive language model) 또는 인과 언어 모델(causal language model)이라고 합니다.

자기 회귀 언어 모델은 '나는 고양이를'까지 계산한 후 '쓰다듬는다'를 추가할 때 이전 계산을 반복하지 않아도 되도록 설계되어 문장 생성에 적합한 구조를 갖추고 있습니다. 이후에 소개할 RNN(235쪽 참고)이나 GPT(268쪽 참고) 같은 모델이 대표적인 자기 회귀 언어 모델입니다.

하지만 모든 언어 모델이 자기 회귀 구조를 갖는 것은 아닙니다. 예를 들어 BERT(264쪽 참고)나 양방향 RNN(236쪽 참고)은 자기 회귀형이 아니기 때문에 이들 모델로 문장을 생성하려면 단어를 하나 추가할 때마다 전체 문장을 다시 계산해야 합니다. 이러한 구조는 문장 생성에는 비효율적일 수 있지만, 단어 빈칸을 채우는 문제처럼 문장의 앞뒤 맥락을 모두 참고해야 하는 작업이나 임베딩 벡터 생성처럼 문장 전체를 균등하게 바라보는 작업에서는 BERT 같은 모델이 더 적합합니다.

▼ 그림 5-10 자기 회귀 언어 모델의 구조 예

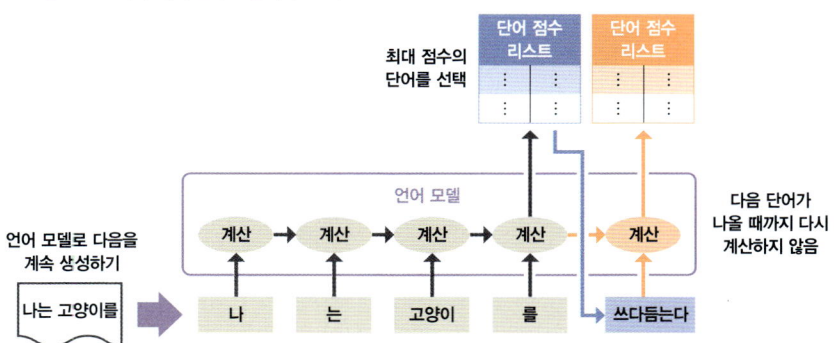

5.5.3 탐욕법

단어의 점수표에서 가장 점수가 높은 단어를 선택하여 문장을 생성하는 방법을 <u>탐욕법</u>(greedy)이라고 합니다. '탐욕'이라는 이름은 마치 욕심이 많아 실패할 것 같은 인상을 줄 수 있지만, 실제로 탐욕법에는 몇 가지 한계가 있습니다.

언어 모델의 계산(추론)에는 일반적으로 랜덤성이 없어 탐욕법을 사용하면 항상 같은 문장만 생성됩니다. 이야기나 다양한 문장을 만들고자 한다면 실행할 때마다 결과가 똑같은 것은 큰 제약이 됩니다.

또 앞의 예에서 '나는 고양이를 길다'는 '나는 고양이를 쓰다듬는다'보다 점수가 낮아 선택되지 않았습니다. 그 결과 '나는 고양이를 긴 기간 키우고 있습니다' 같은 문장은 생성되지 않습니다. 이는 '항상 가장 점수가 높은 단어'가 반드시 최선의 선택은 아님을 보여 줍니다. 일시적으로 점수가 낮더라도 더 나은 문장으로 이어질 수 있는 경우를 고려하고자 다양한 문장 생성 전략들을 활용합니다.

COLUMN

Siri와 챗GPT는 무엇이 다른가요?

애플의 Siri, 아마존의 Alexa, 구글의 구글 어시스턴트 등은 챗GPT 등장 이전부터 있던 음성 비서로 사용자 요청을 실행하는 다양한 기능을 제공합니다. 예를 들어 전화 걸기, 날씨 확인, 웹 검색, 번역 등이 가능하며, '농담을 해 줘'라는 요청에 농담을 하는 것도 가능합니다. 그렇다면 이들 음성 비서와 챗GPT는 무엇이 다를까요?

이러한 음성 비서는 미리 예상된 작업마다 별도 엔진이 준비되어 있으며, 음성 입력을 텍스트로 변환한 후 해당 작업에 맞는 엔진에 할당하여 동작합니다. 따라서 미리 정의되지 않은 작업에는 대응하기 어렵고, 엔진의 추가 또는 제거에 따라 수행 가능한 작업 범위가 다릅니다.[16]

○ 계속

---

[16] 구글 어시스턴트 17가지 기능 제거…"품질과 신뢰성에 집중할 것", 〈디지털투데이〉
https://www.digitaltoday.co.kr/news/articleView.html?idxno=501553

반면에 챗GPT는 외부 기능과 연동될 수는 있지만, 기본적으로 하나의 대규모 언어 모델만으로 작동합니다. 이 언어 모델은 모든 입력에 대해 문장을 생성하며, 중간에 다른 엔진으로 전환되지 않습니다. 오히려 하나의 모델로 모든 요청을 처리하므로 사전에 정의되지 않은 상황이나 예측하지 못한 요구에도 유연하게 대응할 수 있는 폭넓은 범용성을 갖추고 있습니다.

▼ 그림 5-11 Siri와 챗GPT의 다른점

 요약

▶ 언어 모델은 각 단어에 대한 점수를 계산하여 다음에 올 단어를 선택합니다.

▶ 자기 회귀 언어 모델은 이러한 계산을 효율적으로 수행할 수 있도록 설계되어 문장 생성에 특히 적합합니다.

5.6 텍스트 생성 전략

랜덤 샘플링이나 빔 서치 같은 기법이 어떻게 다양하고 더 바람직한 텍스트 생성을 가능하게 하는지 설명하고, 텍스트 생성 인공지능을 학습할 때 자주 등장하는 키워드인 '온도'도 함께 다룹니다.

5.6.1 랜덤 샘플링과 소프트맥스 함수

점수가 가장 높은 단어를 선택하는 탐욕적인 방식이 항상 최선의 선택은 아니라면, 차라리 무작위로 선택해 보자는 단순한 접근이 바로 랜덤 샘플링입니다. 이때는 각 단어 점수를 확률로 변환하는 데 열통계역학 모델을 사용합니다.

열통계역학에서는 상자 안의 기체 분자들이 서로 다른 에너지(속도)를 지니고 자유롭게 움직이며, 벽이나 다른 분자에 부딪히면서 에너지가 증감하는 과정을 상정합니다. 일반적으로 에너지가 높은 분자는 자주 충돌하여 에너지가 낮은 상태로 전이되기 쉽고, 에너지가 낮은 분자는 보다 안정적인 상태로 머무르기 쉬운 경향이 있습니다. 여기에 열을 가하면 온도가 올라가면서 분자 움직임이 더욱 활발해지고, 상대적으로 불안정한 고에너지 상태에 머무를 확률도 높아집니다.

언어 모델의 랜덤 샘플링에서는 각 단어 점수를 음의 에너지로 간주하며, 분자가 그 에너지 준위에 있을 확률을 해당 단어 확률로 해석합니다. 이것으로 점수가 높은 단어(즉, 에너지 준위가 낮은 단어)가 선택되기 쉬운 확률 분포를 얻을 수 있습니다. 이러한 단어의 확률 분포는 룰렛을 떠올리면 이해하기 쉽습니다. 점수가 높은 단어는 룰렛에서 더 넓은 영역을 차지하여 선택될 가능성도 높습니다.

▼ 그림 5-12 열통계역학에서 에너지 준위와 확률의 관계

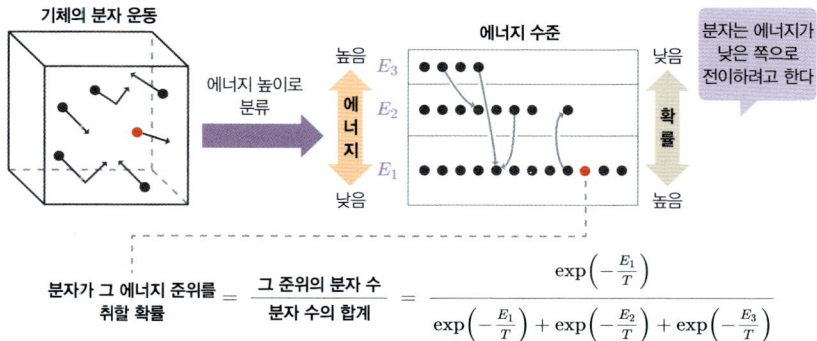

점수(또는 에너지)에서 확률을 계산하고자 각 에너지 준위를 점유하는 분자의 평균 개수를 나타내는 볼츠만 분포를 사용합니다. 이 방식으로 다음과 같이 확률을 구할 수 있습니다. 단어 w_1, w_2, w_3의 점수가 각각 s_1, s_2, s_3일 때, 단어 w_1이 선택될 확률은 다음과 같이 계산합니다.

$$\text{단어 } w_1\text{의 확률} = \frac{\exp\left(\frac{s_1}{T}\right)}{\exp\left(\frac{s_1}{T}\right) + \exp\left(\frac{s_2}{T}\right) + \exp\left(\frac{s_3}{T}\right)}$$

이러한 형태의 함수를 소프트맥스 함수라고 합니다. 소프트맥스 함수에는 기체 온도에 해당하는 파라미터가 포함되어 있으며, 이를 그대로 온도(temperature)라고 합니다. 대규모 언어 모델을 학습할 때 종종 등장하는 다소 생소한 용어인 '온도'의 정체가 바로 이것입니다. 온도 파라미터는 보통 T로 표기되며, 기본적으로 $T = 1.0$을 중심으로 한 양의 값을 가집니다.[17]

---

[17] 소프트맥스 함수에는 점수를 T로 나누는 항이 포함되어 있어 수학적으로 $T = 0$은 사용할 수 없습니다. 그러나 T를 0에 매우 가깝게 설정하면 확률 분포는 하나의 단어만 확률이 1이고 나머지는 모두 0인 형태에 가까워집니다. 이는 곧 항상 점수가 가장 높은 단어를 선택하는 것과 의미가 같습니다. 예를 들어 허깅페이스 Transformers 라이브러리는 $T = 0$을 허용하지 않지만, OpenAI API는 $T = 0$일 때 '항상 점수가 가장 높은 단어를 선택하는' 방식으로 동작합니다.

5.6.2 '온도'의 역할

소프트맥스 함수에서 온도(temperature)의 역할을 직관적으로 이해하기 위해 온도 T를 조절했을 때 단어들의 확률 분포가 어떻게 변하는지 살펴보겠습니다. 다음 그림은 apple, banana, cherry, durian, eggfruit 등 단어 다섯 개가 각각 일정한 점수를 가졌을 때 $T = 0.5$, $T = 1.0$, $T = 3.0$에서 각 단어의 선택 확률이 어떻게 변화하는지 보여 주는 그래프입니다.

▼ 그림 5-13 온도 T = 0.5, T = 1.0, T = 3.0일 때 단어의 확률

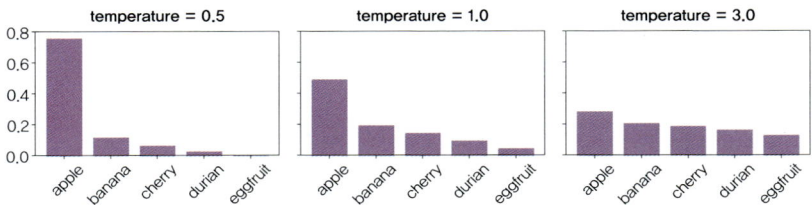

소프트맥스 함수에서 T를 크게 하면 확률 분포는 균등 분포에 가까워집니다(오른쪽 그래프). 이는 온도가 높아짐에 따라 높은 에너지 준위(즉, 낮은 점수를 받은 단어)도 선택될 가능성이 높아지기 때문입니다.[18] 반대로 T를 작게 하면 가장 점수가 높은 단어의 확률만 높아지고, 나머지 단어들의 확률은 거의 0에 가까워집니다(왼쪽 그래프). 이는 마치 온도가 낮아져 분자 움직임이 줄고, 안정적인 낮은 에너지 준위(높은 점수의 단어)에 머무는 현상과 비슷합니다. 또 중요한 점은 온도를 어떻게 조절하더라도 단어들의 확률 순위는 변하지 않는다는 것입니다.

실제로 온도에 따라 생성되는 텍스트가 어떻게 달라지는지 OpenAI API를 사용한 실험 결과를 288쪽에서 확인할 수 있습니다.

---

[18] T를 무한대로 하면 소프트맥스는 완전히 평평한 분포가 되어 모든 단어가 동일한 확률(균등 분포)을 가집니다.

5.6.3 단어 생성의 트리 다이어그램

챗GPT 기반 엔진인 GPT-3.5에서 실제로 단어 생성 확률이 어떻게 주어지는지 살펴보겠습니다. 이를 위해 OpenAI의 Completion API(277쪽 참고)를 사용하여 문장을 생성할 때, logprobs(로그 확률) 파라미터를 지정하면 temperature = 1.0일 때 단어 생성 확률(로그 값)을 상위 다섯 개까지 얻을 수 있습니다.[19]

이 API를 사용하여 단어 생성 확률을 반복적으로 얻은 후 'AI는(Artificial intelligence is)'으로 시작하는 단어 후보들과 그 확률을 트리 다이어그램으로 정리했습니다. 이 트리 다이어그램에서는 이어질 가능성이 있는 단어들이 각 단어로 향하는 화살표와 함께 해당 확률이 라벨로 표시되어 나타납니다.

▼ 그림 5-14 'Artificial intelligence is'에 이어지는 단어의 트리 다이어그램

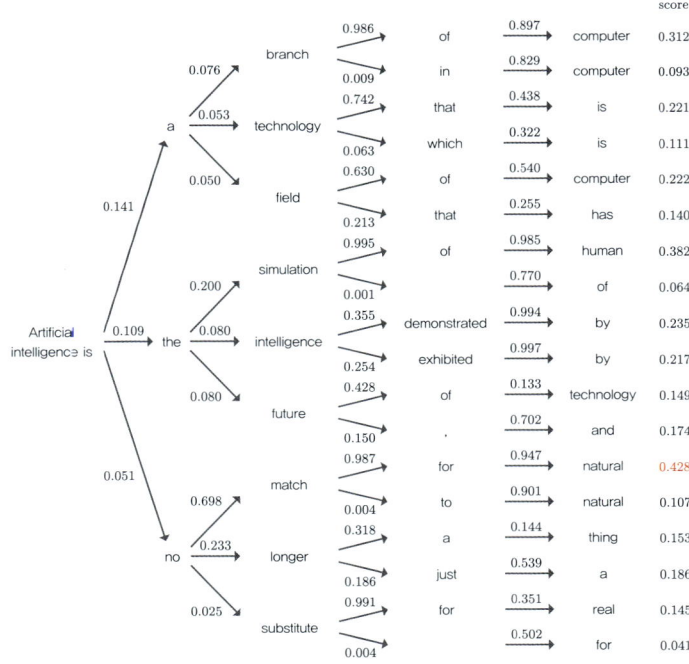

---

[19] temperature 값에 따라 실제 단어가 생성되는 확률은 변동하지만, logprobs 파라미터로 반환되는 확률 값은 항상 temperature = 1.0일 때를 기준으로 계산됩니다.

각 문장이 생성될 확률은 선택된 단어들의 확률을 순차적으로 곱한 값으로 계산됩니다. 예를 들어 다음 그림의 트리 다이어그램 일부를 보면 'AI는(Artificial intelligence is)'으로 시작하여 'the intelligence demonstrated by'로 이어지는 가지의 경로 확률은 각각 0.109, 0.080, 0.355, 0.994입니다. 따라서 이 가지에 해당하는 문장, 즉 'Artificial intelligence is the intelligence demonstrated by'가 생성될 확률은 이 값들을 곱한 $0.109 \times 0.080 \times 0.355 \times 0.994 = 0.00308$이 됩니다.

▼ 그림 5-15 트리 다이어그램의 일부

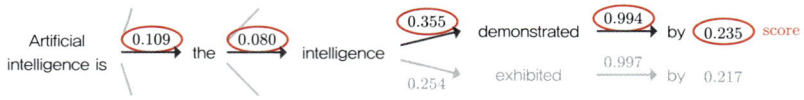

확률 값이 클수록 더 그럴듯한 문장이라고 할 수 있습니다. 예를 들어 앞에서 계산한 0.00308이라는 값은 꽤 작은 편입니다. 확률은 1 이하 값이기 때문에 문장이 길어질수록 전체 확률 값은 자연스럽게 작아집니다. 즉, 단순히 확률이 가장 높은 문장을 선택하면 항상 짧은 문장이 선택되는 결과가 됩니다.

따라서 문장의 생성 부분 길이를 T라고 하면, 전체 문장 확률의 T제곱근(즉, T번 곱했을 때 원래 확률이 되는 값으로 $T = 2$일 때는 일반적인 제곱근)을 1단어당 평균 확률로 보고 이를 문장의 점수로 삼아 문장 길이에 영향을 받지 않는 새로운 평가 기준을 도입할 수 있습니다.[20] 앞서 본 예에서는 $(0.109 \times 0.080 \times 0.355 \times 0.994)^{(1/4)} = 0.235$가 되어 이 값은 해당 문장 점수로서 가지의 끝 오른쪽에 표시됩니다.[21]

---

20 자연어 처리에서 언어 모델의 성능을 평가할 때 사용하는 퍼플렉시티(perplexity)라는 지표도 같은 개념에서 출발합니다.
21 여러 수를 곱한 값을 기반으로 한 평균을 기하 평균이라고 합니다. 이에 비해 일반적으로 우리가 자주 사용하는 덧셈 기반 평균은 산술 평균입니다. logprobs는 말 그대로 확률에 로그를 취한 값입니다. 이 값에 대해 산술 평균을 내면 사실상 원래 확률 값들의 기하 평균에 로그를 취한 것과 같습니다. 확률 값 여러 개를 곱할수록 값이 작아져 언더플로가 발생하기 쉬우므로 확률을 직접 다루기보다는 로그 확률을 그대로 사용하면 계산이 더 안정적이고 다루기 편리합니다.

이 점수를 살펴보면 흥미로운 사실을 발견할 수 있습니다. 각 가지는 확률이 큰 순서대로 나열되어 있어 맨 앞의 경로를 따라가면 항상 각 단계에서 확률이 가장 높은 단어를 선택한 문장이 만들어집니다(이를 탐욕법이라고 합니다). 그러나 트리 다이어그램을 보면 최대 점수를 가지는 문장은 맨 앞의 경로가 아니라, 'Artificial intelligence is no match for natural~'이라는 문장의 0.428이 됩니다.[22] 이 문장에 도달하려면 'Artificial intelligence is' 다음 단어로 확률 1위 (14%)인 'a'가 아닌 확률 3위(5%)인 'no'를 선택해야 합니다. 즉, 초기에 가장 가능성 있어 보이는 선택이 항상 최적의 결과로 이어지는 것은 아니라는 점을 보여 줍니다.

5.6.4 빔 서치

'결혼 문제' 혹은 '비서 문제'로 알려진 유명한 최적화 문제가 있습니다. 예를 들어 후보자 10명과 순서대로 맞선이나 면접을 진행하면서 각 사람을 그 자리에서 바로 선택할지 혹은 거절할지를 결정해야 한다면 어떤 전략이 가장 좋을까요?[23] 현실에서도 이와 비슷한 상황은 자주 발생합니다. 예를 들어 중고차를 사거나 집을 구할 때 '지금 결정하지 않으면 바로 다른 사람이 계약합니다'라는 말을 듣는 경우처럼 말이죠.

이처럼 고민스러운 상황에서 평균적으로 괜찮은 선택을 할 수 있는 전략이 바로 결혼 문제의 고전적인 해답입니다. 하지만 현실에서는 그런 규칙을 엄격히

---

[22] 이 문장은 'Artificial intelligence is no match for natural stupidity(아무리 인공지능이 발전해도 인간의 어리석음만큼 감당하지 못한다).' 표현의 일부입니다. 이는 아무리 기술이 발전하더라도 인간이 보여 주는 비합리적이고 예측 불가능한 행동이나 판단에는 미치지 못한다는 의미로, AI 한계를 풍자하는 출처 불명의 밈으로 널리 사용된 적이 있습니다. 다만 최근 대규모 언어 모델이 보여 주는 발전과 때때로 나타나는 환각(할루시네이션) 현상을 고려하면 이 표현은 이제 다소 시대에 뒤처진 느낌을 줄 수도 있습니다.

[23] 최고의 배우자 찾기 – 고등과학원
https://horizon.kias.re.kr/6053/

따르기보다는 괜찮다고 느낀 사람이나 차량을 일단 후보로 유지해 두고, 좀 더 상황을 지켜본 후 결정할 수 있다면 훨씬 유리하겠지요. 문장 생성에서도 이와 비슷하게 후보 수를 일정하게 유지하면서 즉시 결정하지 않고 더 앞을 내다보는 방식이 있습니다. 이것이 바로 빔 서치(beam search)입니다.

▼ 그림 5-16 결혼 문제(중고차의 경우)

빔 서치에서는 여러 후보 문장을 동시에 유지하면서 그다음 단어를 선택할 때 한 걸음 더 앞을 내다보고 판단합니다. 앞서 소개한 트리 다이어그램을 활용하여 빔 서치가 어떻게 작동하는지 설명해 보겠습니다.

먼저 빔 서치에서는 동시에 유지할 후보 수를 미리 정해 둡니다. 이 수를 빔 서치의 폭(beam width)이라고 하며, 여기에서는 세 개로 설정하겠습니다.

첫 단어를 선택할 때는 확률이 높은 순서대로 상위 단어 세 개를 선택하여 빔 서치의 후보 목록에 넣습니다. 예를 들어 'a', 'the', 'no'가 이 목록에 들어갑니다.

그다음 단계에서는 현재 후보 목록에 들어 있는 각 문장에 대해 가능한 다음 단어들을 살펴보고, 이어진 두 단어의 확률을 곱한 후 제곱근을 취해서 점수를 계산합니다. 이 점수가 높은 문장 중 상위 세 개를 다시 선택하여 새로운 후보 목록을 구성합니다.

▼ 표 5-1 두 번째 단어를 선택할 확률이 높은 순으로 뽑은 후보 목록

후보 목록(단어 두 개)	점수
no match	0.189
the simulation	0.148
no longer	0.109

세 번째 단어 단계에서는 'no match', 'the simulation', 'no longer'처럼 이어진 문장들의 가지 끝에서 앞과 같은 방식으로 점수를 계산한 후 상위 문장 세 개를 선택하여 새로운 후보 목록에 넣습니다. 그다음 단계도 같은 방식으로 반복됩니다. 이러한 절차를 거쳐 최종적으로 폭 3의 빔 서치를 수행한 결과, 마지막 후보 목록에는 다음 문장들이 남아 있습니다.

▼ 표 5-2 세 번째 단어를 선택할 확률이 높은 순으로 뽑은 후보 목록

후보 목록(단어 네 개)	점수
no match for natural	0.428
the simulation of human	0.382
no longer a thing	0.153

최종적으로 후보 목록 중에서 점수가 가장 높은 문장인 'no match for natural'을 선택하면 전체 트리에서 가장 점수가 높은 문장을 성공적으로 찾아낼 수 있습니다.

이처럼 빔 서치를 이용하여 가장 점수가 높은 문장을 선택할 수 있다는 장점이 있지만, 단점도 있습니다. 무엇보다도 빔 서치는 여러 후보 문장을 동시에 유지하면서 각각에 대해 단어 생성 확률을 반복적으로 계산하므로 실행 시간이 크게 늘어납니다. 예를 들어 빔 서치의 폭이 3이라면 단순하게 계산해도 처리 속도가 최대 세 배까지 느려질 수 있습니다.

또 빔 서치는 항상 최적의 해답을 보장하지 않습니다. 앞의 예에서도 점수 3위였던 'a branch of computer'라는 문장은 후보 목록에 포함되지 않아 최종적으로 선택되지 못했습니다. 빔 서치의 폭을 넓히면 최적의 문장을 찾을 가능성은 높아지지만 그만큼 실행 시간은 더 길어집니다.[24]

이러한 한계를 보완하려고 빔 서치를 랜덤 샘플링과 결합하는 방법도 있습니다. 이것은 후보 목록에 넣을 문장을 단순히 점수가 높은 순서대로 고르는 대신 각 문장의 점수를 확률로 변환하여 그 확률에 따라 무작위로 선택하는 방법입니다. 이러한 접근으로 랜덤 샘플링의 장점인 다양성과 빔 서치의 장점인 전체 최적화 가능성을 동시에 어느 정도 확보할 수 있습니다.

빔 서치는 대규모 언어 모델(LLM)에서 매우 효과적인 기법으로 알려져 있습니다. 로컬 LLM 환경에서 자주 사용하는 허깅페이스의 Transformers 라이브러리(201쪽 참고)에도 빔 서치 옵션이 포함되어 있으며, 이를 활용하면 생성되는 문장의 질이 눈에 띄게 향상되는 것을 확인할 수 있습니다. 한편 OpenAI API나 챗GPT는 내부 구현의 세부 사항을 공개하지 않았지만, 실제 생성되는 문장의 동작 특성을 보면 빔 서치를 사용하지 않는 것으로 추정됩니다. 이는 빔 서치가 계산 비용이 크기 때문에 서비스형 모델에서는 실시간성과 자원 효율성을 고려하여 채택하지 않았을 가능성이 높습니다.

---

[24] 빔 서치의 폭을 무한대로 설정하면 이는 사실상 너비 우선 탐색(breadth-first search)과 동일한 방식이 되어 모든 가능한 문장을 탐색합니다. 이때는 이론적으로 항상 점수가 가장 높은 문장, 즉 최적의 결과를 찾을 수 있습니다.

 빔 서치와 top_p는 확률 분포를 왜곡하고 있는가?

머신러닝 목적은 데이터 분포를 재현하는 것입니다. 문장 생성에서 랜덤 샘플링은 문장 전체의 확률 분포에서 직접 샘플링하는 것으로, 이는 수학적으로도 확률 공식으로 증명할 수 있습니다. 그러나 빔 서치를 사용하면 랜덤 샘플링과는 다른 결과가 도출되기 쉬우며, 이는 문장 전체의 분포를 왜곡하게 됩니다. 결국 이는 머신러닝의 본래 목적에 어긋나는 것처럼 보일 수 있습니다.

하지만 문장 확률은 각 단어의 생성 확률을 곱한 값이기 때문에 문장이 길어질수록 그 확률은 극도로 작아집니다. 이는 확률이 가장 높은 문장조차도 절대적인 확률 값은 매우 작다는 의미로, 결국 랜덤 샘플링 과정에서 이러한 문장이 선택될 확률도 거의 0에 가깝다는 것입니다.

랜덤 샘플링으로 수많은 문장을 생성하다 보면 결국 언어 모델이 학습한 확률 분포를 잘 반영하는 결과를 얻을 수 있습니다. 하지만 실제로 대부분은 단 하나의 문장만 생성하고, 사람은 그 하나의 문장만 접합니다. 빔 서치는 그 한 문장을 '절대적으로는 확률이 낮지만 상대적으로는 가장 가능성 높은 문장'으로 만드는 방법입니다. top_p 파라미터(289쪽 참고) 역시 '확률이 지나치게 낮은 수많은 단어'가 선택되는 것을 방지하는 방식입니다.

 요약

- 랜덤 샘플링은 확률 분포에 기반을 둔 단어를 선택하는 방식입니다.
- 빔 서치는 여러 후보 문장을 유지하며, 그중 가장 가능성 높은 문장을 선택하는 방식입니다.

5.7 언어 모델을 이용한 AI 채팅

대규모 언어 모델의 주요 기능은 문장을 생성하는 것입니다. 하지만 신경망 기반 AI는 이외에도 다양한 작업을 수행할 수 있습니다. 여기에서는 AI 채팅이 어떻게 구현되는지 살펴보고, 대규모 언어 모델의 활용 방법을 소개하겠습니다.

5.7.1 문장 생성을 이용한 AI 채팅

대규모 언어 모델을 이용한 AI 채팅은 어떻게 만들어질까요? 예를 들어 AI와 다음과 같은 대화를 나눌 때 그 이면에서 대규모 언어 모델이 어떻게 활용되는지 살펴보겠습니다.

> 요즘 라면에 푹 빠져 있어요.
>
> 혹시 맛있는 라면 가게 추천해 주실 수 있나요?

> 가게 이름은 기억이 안 나지만, 얼마 전에 먹은 소금 라면이 정말 맛있었어요.
>
> 소금 라면은 심플하면서도 맛있죠. 좋아하는 다른 라면 종류도 있나요?

첫 번째 "요즘 라면에 푹 빠져 있어요."는 사용자가 입력한 발언입니다. 이에 대한 답변을 AI가 생성하도록 하려면 다음과 같은 텍스트를 대규모 언어 모델에 전달해야 합니다.

> 사용자와 AI의 대화문을 생성해 주세요.
> 사용자: 요즘 라면에 푹 빠져 있어요.
> AI:

이 텍스트의 마지막이 'AI:'로 끝나는 것이 중요합니다. 이를 전달받은 대규모 언어 모델은 'AI:' 다음에 적절한 AI의 응답이 이어지는 것이 자연스럽다고 판단하여 다음과 같이 문장을 생성했습니다.

> 사용자와 AI의 대화문을 생성해 주세요.
> 사용자: 요즘 라면에 푹 빠져 있어요.
> AI: 혹시 맛있는 라면 가게 추천해 주실 수 있나요?

여기에서 'AI:' 이후의 생성 부분인 "혹시 맛있는 라면 가게 추천해 주실 수 있나요?"를 추출하여 AI의 응답으로 사용자에게 표시합니다.[25]

사용자는 이에 대해 "가게 이름은 기억이 안 나지만, 얼마 전에 먹은 소금 라면이 정말 맛있었어요."라고 입력했습니다. 이 발언을 텍스트에 추가하고 다시 이어지는 AI의 응답을 대규모 언어 모델이 생성하도록 합니다.

> 사용자와 AI의 대화문을 생성해 주세요.
> 사용자: 요즘 라면에 푹 빠져 있어요.
> AI: 혹시 맛있는 라면 가게 추천해 주실 수 있나요?
> 사용자: 가게 이름은 기억이 안 나지만, 얼마 전에 먹은 소금 라면이 정말 맛있었어요.
> AI: 네.

---

[25] 대규모 언어 모델은 다음 사용자의 발언이나 그 이후의 AI 답변 등 불필요한 부분까지 생성하기 쉬우나, '사용자'를 스톱워드로 지정해 두면 적절한 지점에서 생성을 멈춥니다.

이후에는 이 과정을 반복합니다. 이렇게 해서 문장 생성만으로 채팅이 구현됩니다. 여기에서 핵심은 대화의 흐름 전체를 하나의 텍스트로 다루는 것입니다.

텍스트의 첫 번째 줄에는 어떤 문장을 생성하고 싶은지 지시하는 프롬프트가 들어갑니다. 이 프롬프트에는 AI의 말투나 행동 방식을 지정할 수도 있습니다. 예를 들어 "AI는 거만한 요리 평론가입니다."라고 추가하면 AI의 발언이 그럴듯하게 표현됩니다.

> 사용자와 AI의 대화문을 생성해 주세요. AI는 거만한 요리 평론가입니다.
> 사용자: 요즘 라면에 푹 빠져 있어요.
> AI: 라면이라니요. 흥미롭군요. 하지만 그런 모호한 발언으로는 감동받기 어렵습니다. 설마 인스턴트 봉지 라면을 말하는 건 아니겠죠? 도대체 어느 지역의, 어떤 육수에, 어떤 면발에 매료되었다는 겁니까? 진정한 라면 애호가라면 그 정도는 기본적으로 설명할 수 있어야 합니다.

단 한마디를 추가하는 것만으로 왜 AI의 행동이 이렇게 달라질까요?

> AI는 거만한 요리 평론가입니다.
> AI: 혹시 맛있는 라면 가게 추천해 주실 수 있나요?

'거만한 요리 평론가'라면 이러한 발언은 하지 않겠죠. 대규모 언어 모델은 이러한 뉘앙스와 문맥까지 반영한 '그럴듯한 문장'을 생성하기 때문에 응용력이 뛰어난 채팅 시스템을 구현할 수 있는 것입니다. 챗GPT에 다양한 지시를 내리는 프롬프트 엔지니어링을 소개한 바 있는데(29쪽 참고), 이것도 바로 이와 같은 원리를 기반으로 하기 때문에 가능한 것입니다.

5.7.2 대규모 언어 모델을 이용한 AI 채팅의 문제점

앞서 설명한 AI 채팅의 프로세스에서는 대규모 언어 모델에 지금까지 한 모든 발언을 텍스트로 전달하므로 대화가 길어질수록 입력되는 내용도 점점 길어집니다. 이 때문에 몇 가지 문제가 발생할 수 있습니다.

첫 번째 문제는 효율이 떨어진다는 점입니다. 대규모 언어 모델을 구현하는 트랜스포머는 문장 길이에 따라 처리 시간이 제곱으로 증가하기에(248쪽 참고) 대화가 길어질수록 AI의 각 발언을 처리하는 데 걸리는 시간도 함께 늘어납니다.[26]

두 번째 문제는 대화 전체 길이가 대규모 언어 모델이 처리할 수 있는 문장 최대 길이(토큰 수 제한)에 도달하면 더 이상 대화를 이어 갈 수 없다는 점입니다(281쪽 참고). 챗GPT에서는 이 문제를 피하려고 대화 내용을 요약하거나 생략함으로써 토큰 수 제한을 넘지 않도록 조정하고 있는 것으로 보입니다. 그 결과 대화가 길어질수록 과거 내용을 잊어버리는 현상이 발생합니다.[27]

세 번째 문제는 OpenAI API 같은 클라우드 기반 대규모 언어 모델 서비스에서는 처리하는 문장 길이(토큰 수)에 따라 요금이 부과되므로 대화가 길어질수록 한 발언당 비용이 증가한다는 점입니다.

▼ 그림 5-17 대화가 길어질수록 AI의 한 발언당 비용이 증가한다

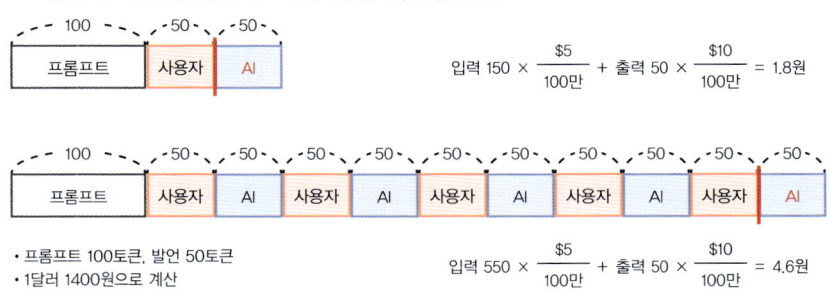

이러한 문제점이 있지만, 현시점에서 문맥을 이해하는 AI 채팅을 구현할 수 있는 현실적인 대안은 아직 없습니다. 문맥을 고려한 자연스러운 대화는 오랫동안 기존 자연어 처리 기술의 최대 난제 중 하나였습니다. 그러나 대규모 언어

---

26 AI 채팅의 프로세스에서는 대규모 언어 모델에 전달되는 문장 중 이전 발언까지 부분이 완전히 동일하므로 계산 결과가 변하지 않는 부분을 재사용하여 고속화를 실현하고 있습니다(key value cache).
27 대규모 언어 모델의 토큰 길이가 크게 증가함에 따라 앞으로는 이러한 망각 현상이 줄어들 가능성이 높습니다.

모델을 활용한 AI 채팅은 정확도가 충분한 언어 모델이라면 대화 전체를 하나의 연속된 텍스트로 간주하고 그다음 내용을 생성하는 단순한 방식만으로도 이 난제를 해결할 수 있음을 보여 준 획기적인 접근법입니다.

이 방식은 구조적으로도 여러 장점을 지닙니다. 예를 들어 챗GPT는 대화 도중 원하는 시점에서 다시 시작할 수 있는 기능(26쪽 참고)이나, 이전 대화의 연속을 재개할 수 있는 기능(27쪽 참고)을 제공합니다. 대화 상태를 내부적으로 따로 관리하는 구조였다면 이러한 기능의 구현이 복잡했겠지만, 현재의 구조에서는 단순히 텍스트 기록을 편집하는 방식으로도 손쉽게 실현할 수 있습니다.

요약

▶ 대규모 언어 모델을 활용한 채팅 시스템은 대화문 전체를 하나의 텍스트로 간주하고, 그다음 내용을 생성하는 방식으로 동작합니다.

▶ 이 방식에는 대화가 길어질수록 효율이 저하되고, 토큰 수 한계에 도달하며, 한 발언당 비용이 증가하는 등 문제점이 있습니다.

5.8 로컬 LLM

AI 채팅이나 AI 애플리케이션을 이용하거나 개발할 때는 OpenAI API(274쪽 참고) 같은 클라우드 서비스의 대규모 언어 모델을 활용하는 것이 일반적입니다. 하지만 자체적인 계산 자원을 사용하여 대규모 언어 모델의 추론이나 학습을 수행하는 선택지도 있습니다.

5.8.1 로컬 LLM이란

로컬 LLM이란 대규모 언어 모델(LLM)의 소프트웨어와 학습된 파라미터를 활용하여 사용자가 직접 관리하는 컴퓨터(계산 자원)에서 추론이나 학습을 수행하는 방식입니다. 반면에 OpenAI API처럼 모델과 추론 리소스가 모두 클라우드에 위치하고 정해진 API로 추론 결과만 받아 오는 방식의 대규모 언어 모델은 클라우드 LLM이라고 합니다.

▼ 표 5-3 로컬 LLM과 클라우드 LLM의 장단점

구분	로컬 LLM	클라우드 LLM
장점	• 비용을 추정하기 쉬움 • 극비 정보를 다룰 수 있음	• 정밀도가 높음 • 도입 비용이 낮고 용이함
단점	• 정확도가 낮음 • 도입 비용이 높음 • 계산 자원 유지 필요 • 최고 성능에 대응하기 어려움	• 종량제 가격 체계 • 입출력 검열 • 규약 위반에 따른 차단(BAN) 가능성 • 접속 수 제한

클라우드 LLM의 장점은 높은 정확도와 도입의 용이성에 있습니다. 그러나 종량제 가격 구조 때문에 운영 비용에 상한이 없다는 점과 검열 문제로 극비 정보

나 민감한 데이터를 다루기 어렵다는 과제가 주어집니다.

이러한 과제가 비즈니스상 허용되지 않는 경우에는 로컬 LLM을 고려할 수 있습니다. 다만 현재로서는 정확도가 클라우드 LLM에 미치지 못하고, 초기 도입 비용 또한 상당히 큰 편입니다.

그럼에도 클라우드 LLM의 과제는 구조적인 특성상 앞으로도 해결이 쉽지 않은 반면, 로컬 LLM이 안고 있는 문제들은 시간이 지나면서 점차 개선될 가능성이 큽니다. 머지않아 로컬 LLM의 장점이 단점을 넘어설 것입니다.

로컬 LLM의 정확도는 초기에는 솔직히 실용적인 수준에 미치지 못했지만, 챗GPT가 등장한 이후 불과 1년여 만에 큰 폭으로 향상되었습니다. 현재는 몇몇 평가 지표에서 클라우드 LLM을 따라잡았으며, 정확도에 큰 영향을 미치는 모델 크기 측면에서도 xAI의 Grok-1(314B)[28], 엔비디아의 Nemotron-340B, 메타(Meta)에서 공개 예정인 LLaMA-400B[29] 등 300B를 넘는 대형 로컬 LLM이 속속 등장하고 있습니다.

또 PC나 스마트폰에서 소형 로컬 LLM을 구동하려는 움직임도 이미 시작되었습니다. 예를 들어 마이크로소프트의 코파일럿+ PC에서는 3.3B 파라미터를 가진 Phi-Silica 모델을 탑재하여 과거에 화면에 표시된 정보를 가로지르며 검색할 수 있는 Recall 기능 등 다양한 AI 기능을 제공할 예정입니다.[30] 구글과 애플 역시 음성 문자 변환이나 이메일 검색 등 로컬 LLM 기반 AI 기능을 스마트폰에 적용하기 시작했습니다.[31, 32] 다만 소형 로컬 LLM을 구동하는 성능 요

---

[28] Open Release of Grok-1
https://x.ai/blog/grok-os

[29] Introducing Meta Llama 3: The most capable openly available LLM to date
https://ai.meta.com/blog/meta-llama-3/

[30] 마이크로소프트, 코파일럿+ PC 특화 AI 모델 '파이 실리카' 공개
https://www.cio.com/article/3523391/마이크로소프트-코파일럿-pc-특화-ai-모델-파이-실리카.html

[31] Pixel 휴대전화에서 AI 어시스턴트 Gemini 사용하기 - Pixel 휴대전화 고객센터
https://support.google.com/pixelphone/answer/15283615?hl=ko

[32] Apple, 오늘부터 iPhone, iPad, Mac에서 Apple Intelligence 지원
https://www.apple.com/kr/newsroom/2024/10/apple-intelligence-is-available-today-on-iphone-ipad-and-mac/

구 사항은 여전히 높습니다. 코파일럿+ PC에는 40TOPS 이상의 NPU가 필요하며, 스마트폰 역시 Google Pixel 8 Pro, iPhone 15 Pro 등 현재 최상위 기종에서만 작동 가능합니다. 앞으로는 AI 기능이 점차 기본화되면서 이러한 성능 요건을 충족하는 디바이스 보급도 함께 가속화될 것입니다.

세계적으로 GPU가 부족하여 연산 자원의 고비용 문제로 로컬 LLM 도입 장벽은 여전히 높은 상황입니다. 그러나 NPU 개발 및 상용화[33], 국산 클라우드 인프라에 대한 대규모 투자[34] 등으로 이러한 문제 역시 점차 해소될 것으로 보입니다.

5.8.2 로컬 LLM 환경

로컬 LLM을 도입하려면 직접 관리·운영하는 컴퓨터, 즉 계산 자원이 필요합니다. 가장 기본적인 방식은 GPU가 탑재된 서버나 클러스터를 물리적으로 구축하는 것이며, 클라우드상의 계산 자원을 임대하여 자체적인 AI 환경을 구성하는 것도 하나의 방법입니다.

자체 AI 환경을 구축할 경우 초기 투자 비용은 상당히 높을 수 있지만, 운영 비용 측면에서는 주로 전기 요금만 부담하면 됩니다. 다만 고성능 GPU는 상당한 전력을 소모합니다. 예를 들어 엔비디아 H100의 TDP는 700W로 전자레인지와 맞먹는 수준입니다. 일반적인 데이터 센터에서는 랙 전체의 전력 한도가 2000W 정도이기 때문에 AI 서버를 운영하려면 고전력 전원 설비나 별도의 전력 계약이 필요할 수 있습니다. 또 장비 고장에 대비한 이중화 구성이나 유지 관리에 따른 추가 비용까지 고려하면 클라우드 기반의 계산 자원을 활용하는 방안도 충분히 현실적인 대안이 될 수 있습니다.

---

33 올해는 AI PC 원년…인텔, "2025년까지 AI PC 1억 대 보급할 것", 〈nate 뉴스〉
https://news.nate.com/view/20240219n18715
34 日정부, 자국 클라우드 업체에 53억원 지원…"데이터 주권 수호", 〈연합뉴스〉
htpps://www.yna.co.kr/view/AKR20240215078200073

클라우드 인스턴스(계산 자원)상에 AI 기반을 구축하면 인스턴스 사용 기간에 따라 비용이 발생합니다. 이때 사용량에 상한선을 설정할 수 있다는 점은 클라우드 LLM과 차별화되는 요소입니다.[35] 또 광고 캠페인이나 계절적 요인 등으로 서비스 이용이 급증하는 상황에서도 클라우드 인스턴스를 일시적으로 확장하여 유연하게 대응할 수 있다는 점은 큰 장점입니다.

클라우드 플랫폼에는 대규모 언어 모델의 도입을 지원하는 다양한 시스템도 갖추어져 있습니다. 예를 들어 마이크로소프트 애저의 Machine Learning Studio나 아마존 AWS의 SageMaker JumpStart는 모델과 인스턴스만 선택하면 손쉽게 대규모 언어 모델을 추론할 수 있는 환경을 구성할 수 있습니다.[36, 37]

▼ 그림 5-18 마이크로소프트 애저 Machine Learning Studio

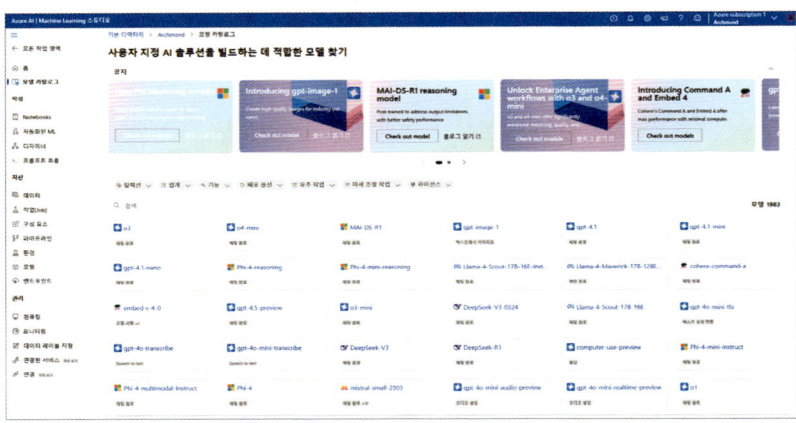

---

35 또 서버 간 통신량 등 AI 외적인 부분에서도 종량제 요금이 발생할 수 있으므로 클라우드 인프라를 운영할 때는 이러한 요소들도 함께 고려해야 합니다.

36 Introducing Llama 2 on Azure
https://techcommunity.microsoft.com/t5/ai-machine-learning-blog/introducing-llama-2-on-azure/ba-p/3881233

37 Amazon Bedrock에 기반한 Meta의 Llama
https://aws.amazon.com/ko/bedrock/llama/

클라우드의 GPU 수요가 증가함에 따라 고성능 GPU가 탑재된 스팟 인스턴스는 가용 자리를 기다려야 하는 경우가 종종 발생합니다. 그러나 아마존 AWS의 Inferentia[38]처럼 AI 추론에 특화된 NPU(AI 가속기)를 활용한 비용 효율적인 클라우드 인스턴스가 점차 확대되면서 이 문제는 점진적으로 해소될 것으로 기대됩니다.

5.8.3 로컬 LLM을 이용한 추론 과정

로컬 LLM을 이용한 추론은 파이썬을 사용하여 프로그래밍하는 것이 일반적입니다. 그 프로그래밍 방법은 다른 전문서에 맡기고[39], 여기에서는 로컬 LLM을 사용한 간단한 추론 프로그램을 이용하여 대규모 언어 모델의 추론이 어떤 프로세스로 진행되는지 설명하겠습니다.

다음은 파이썬에서 로컬 LLM을 추론한 샘플 코드입니다. Pytorch[40]와 Transformers[41] 라이브러리를 사용합니다. 이러한 대규모 언어 모델의 각종 라이브러리는 활발히 개발되고 있으며, 자주 사양이 변경됩니다. 최신 코드는 공식 레퍼런스나 해설 기사를 참고하세요.

---

38 AWS에서 제공하는 ML 칩인 AWS Inferentia를 알아보세요.
   https://aws.amazon.com/ko/ai/machine-learning/inferentia/
39 참고할 수 있는 자료로는 야마다 이쿠야, 스즈키 마사토시, 야마다 코스케, 리 링한의 〈대규모 언어 모델 입문〉(기술평론사, 2023)을 비롯하여 다양한 문헌이 있습니다.
40 https://pytorch.org/
41 https://github.com/huggingface/transformers

```python
!pip install transformers accelerate torch -quiet

import torch
from transformers import AutoTokenizer, AutoModelForCausalLM

# ① 모델과 토크나이저 로드
model_name = "beomi/KoAlpaca-Polyglot-5.8B"
model = AutoModelForCausalLM.from_pretrained(model_name, device_map="auto", torch_dtype=torch.float16)
tokenizer = AutoTokenizer.from_pretrained(model_name, use_fast=True)

# ② 입력 문장을 토큰화
text = "옛날 옛적 한 마을에"
inputs = tokenizer.encode(text, return_tensors="pt").to(model.device)

# ③ 문장 생성
outputs = model.generate(
    inputs,
    max_length=64,
    do_sample=True,
    pad_token_id=tokenizer.pad_token_id,
    repetition_penalty=1.1
)

# ④ 출력된 토큰 ID 열을 문자열로 변환
print(tokenizer.decode(outputs[0], skip_special_tokens=True))
```

> # 실행 결과 예
> 옛날 옛적 한 마을에 기울어 가는 외로운 초가집 한 채가 있었습니다. 이 집에는 홀어머니가 딸과 두 아들을 데리고 살고 있었습니다.

로컬 LLM을 이용한 추론 절차를 샘플 코드를 참고하여 설명하겠습니다.

▼ 그림 5-19 로컬 LLM 추론 과정

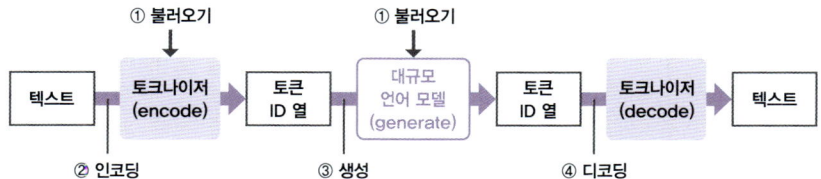

① 단계에서는 로컬 LLM의 모델과 토크나이저를 불러옵니다.[42, 43] Transformers 라이브러리는 지정된 이름을 기반으로 허깅페이스 리포지터리(repository)에서 모델 파일을 자동으로 내려받습니다. 여기에서는 한국어 명령어를 이해할 수 있는 오픈소스 언어 모델인 'beomi/KoAlpaca-Polyglot-5.8B'를 지정합니다.

토크나이저는 텍스트를 분할하고 토큰 ID와 상호 변환하는 역할을 합니다. 대규모 언어 모델은 토큰 ID를 입출력하지만, 각 토큰 ID가 어떤 문자열에 대응하는지는 알지 못합니다. 따라서 모델과 토크나이저는 반드시 같은 이름의 쌍을 사용해야 합니다.

참고로 허깅페이스는 Transformers 라이브러리 등 자연어를 처리하는 오픈소스 도구와 다양한 모델을 공유할 수 있는 리포지터리를 제공하는 스타트업입니다.[44]

② 단계에서는 토크나이저를 사용하여 입력 문장을 토큰 ID 열로 변환합니다. 이를 인코딩(부호화)이라고 합니다.

---

42 대규모 언어 모델은 아키텍처에 따라 로직이 다르기 때문에 해당 아키텍처에 맞는 모델이나 토크나이저 클래스를 지정해 주어야 합니다. Transformers의 AutoModelForCausalLM과 AutoTokenizer는 이를 자동으로 감지하여 적절한 클래스를 불러옵니다.

43 device_map="auto" 옵션은 Accelerate 라이브러리 기능으로, GPU와 CPU의 메모리 상황을 고려하여 자동으로 모델을 적절한 장치에 불러옵니다. torch_dtype은 모델의 파라미터를 표현할 때 사용하는 부동 소수점 형식을 지정하는 옵션입니다(93쪽 참고).

44 허깅페이스: https://huggingface.co/

③ 단계에서는 입력 문장의 다음 내용을 생성합니다. 생성된 출력은 토큰 ID 열로 반환되며, ④ 단계에서는 이를 다시 문자열로 변환하여 표시합니다.

클라우드 LLM은 텍스트가 곧바로 입출력되는 것처럼 보이지만, 내부적으로는 동일한 프로세스가 수행됩니다.

요약

- 대규모 언어 모델을 API로 활용하는 클라우드 LLM과 달리 로컬 LLM은 자체 서버에서 직접 추론이나 학습을 수행합니다.
- 로컬 LLM을 운영하려면 충분한 계산 자원이 필요하며, 클라우드 환경에 AI 기반을 구축하는 것도 하나의 방법이 될 수 있습니다.

5.9 대규모 언어 모델의 라이선스

공개된 로컬 LLM은 소프트웨어 라이선스에 따라 이용 규칙이 정해져 있습니다. 로컬 LLM을 활용하고자 할 때는 상업적 이용, 개조, 재배포 등이 가능한지 여부를 반드시 확인해 보세요.

5.9.1 로컬 LLM의 생태계

로컬 LLM을 논할 때 메타(구 페이스북)의 LLaMA 시리즈는 빼놓을 수 없는 존재입니다.[45]

LLaMA는 완전한 오픈소스는 아니었지만, 개조 및 재배포가 가능하고 일정 조건하에서 무상으로 상업적 이용이 허용되는 비교적 유연한 라이선스입니다. 각 버전이 릴리스될 당시에는 로컬 LLM 중에서도 최고 수준의 정확도를 자랑했습니다.

LLaMA 계열의 로컬 LLM을 사전 학습하려면 대규모의 계산 자원과 데이터가 필요하지만, 파인튜닝은 비교적 적은 자원으로도 가능합니다. 이것으로 높은 정확도의 파생 모델이나 용도별, 언어별로 특화된 튜닝 모델이 다수 등장했으며, 이는 로컬 LLM 생태계의 기반이 되어 정확도와 성능 향상에 크게 기여했습니다.

---

[45] https://llama.meta.com/

5.9.2 소프트웨어 라이선스

소프트웨어(학습된 모델이나 데이터 세트 등을 포함) 이용자가 지켜야 할 규칙(권리와 의무)을 정의한 것이 소프트웨어 라이선스입니다. 이하 '라이선스'라고 표기합니다. 라이선스 규정을 위반할 경우 법적 위험이 발생할 수 있으므로 소프트웨어를 이용하거나 개발할 때 라이선스를 반드시 확인해야 하며, 생성형 AI도 예외는 아닙니다.

라이선스는 여러 종류가 있는데 크게 상업적 라이선스, 오픈소스 라이선스, 기타 라이선스(예 프리웨어 등)로 나눌 수 있습니다.

상업적 라이선스는 기본적으로 유료 소프트웨어 라이선스로 이용 목적이나 범위(예 기계 대수나 사용자 수)에 따라 이용 요금이 책정됩니다.

오픈소스 라이선스 또는 단순히 오픈소스는 '소스 코드가 공개되어 있다'는 의미를 넘어 소프트웨어의 이용, 수정, 배포에 어느 정도의 자유를 허용하는 경우가 많습니다.

5.9.3 대규모 언어 모델의 라이선스 종류

로컬 LLM은 학습된 모델의 파라미터를 파일 형태로 공유하는 방식으로 배포됩니다. 이러한 파일들의 라이선스는 배포처 정책에 따라 결정되며, 해당 규정에 따라 이용할 수 있습니다.

라이선스가 다양한 이유는 소프트웨어마다 서로 다른 목적과 조건을 명확히 하기 위함입니다. 개별적으로 라이선스를 확인하는 것이 번거로울 수 있으므로 자주 사용되는 대표적인 소프트웨어 라이선스 몇 가지를 소개합니다.

대규모 언어 모델(로컬 LLM)에 적용되는 대표적인 라이선스는 다음 표와 같습니다.

▼ 표 5-4 로컬 LLM에 적용되는 대표 라이선스

라이선스 이름	상업적 이용	재배포	비고
Apache 2.0	○	○	
MIT	○	○	
2조항 BSD(BSD-2-Clause)	○	○	
GNU GPL(General Public License)	○	○	카피레프트
Creative Commons	개별	개별	커스터마이즈 가능
LLaMA Community	△	△	제한 있음

Apache 2.0(Apache License 2.0), MIT, 2조항 BSD[46] 라이선스는 상업적 이용과 개조가 모두 가능하며, 라이선스 파일의 포함과 변경 내용의 명시 등 조건 하에 재배포도 허용됩니다.[47] 이러한 라이선스는 로컬 LLM을 상업적으로 이용하고자 할 경우(기업뿐만 아니라 개인도 포함) 거의 제한 없이 안심하고 쓸 수 있습니다.

GNU GPL 라이선스(이하 GPL)는 대규모 언어 모델에는 잘 사용되지 않지만 중요한 라이선스이므로 소개합니다. GPL은 이용, 개조, 재배포가 자유롭지만 특별한 조건이 있습니다. 바로 GPL 소프트웨어의 파생물도 반드시 GPL 라이선스로 배포해야 하며, 사용자에게 소스 코드에 접근할 수 있는 권리를 보장해야 한다는 점입니다. 이러한 조건은 저작권을 변형한 '카피레프트(copyleft)'라고 합니다. 또 '프리 소프트웨어'는 일반적으로 GNU GPL 라이선스 소프트웨어를 가리킵니다.[48]

Creative Commons(크리에이티브 커먼즈, 이하 CC) 라이선스는 프로그램보다는 주로 데이터에 많이 적용됩니다. CC 특징은 필요에 따라 부가 조건을 커스터

---

[46] 'BSD 라이선스'라고만 언급하면 보통 '4조항 BSD(구 BSD)'로 해석됩니다. 이는 파생물의 문서나 팸플릿 등에 원 소프트웨어 저작자를 표시해야 한다는 조건(선전 조항)이 있는 다른 라이선스입니다.
[47] Apache 2.0 라이선스에는 특허권 보호에 관한 상세한 조항이 포함되어 있습니다.
[48] '프리웨어'는 '무료 소프트웨어'를 의미하며, 소스 코드 공개나 개조, 재배포에 대한 특별한 규정은 없습니다. 반면에 GPL 라이선스에서 말하는 '프리 소프트웨어'는 '자유 소프트웨어'를 의미하는데 이는 전혀 다른 개념입니다.

마이즈할 수 있다는 점입니다. 다음 표에 CC의 대표적인 패턴을 소개합니다.

▼ 표 5-5 크리에이티브 커먼즈 라이선스 조건

명칭	설명
CC BY(표시)	크레딧(저작권자의 정보) 표시가 필요
CC SA(계승)	파생물에도 동일한 라이선스를 적용해야 함
CC NC(비영리)	상업적 이용 금지
CC ND(개조 금지)	파생물의 배포 금지

이들은 CC BY-NC-SA(표시-비영리-계승)처럼 여러 부가 조건을 조합하여 설정됩니다. 또 CC NC(비영리) 라이선스가 지정된 데이터 세트나 이를 사용한 모델은 상업적 이용이 불가능합니다. 예를 들어 파인튜닝 데이터가 CC BY-NC(표시-비영리)인 경우 튜닝된 모델 이미지도 상업적 이용이 불가능합니다.

이외에도 CC0(제로)라는 특별한 Creative Commons 라이선스가 있습니다. 이는 저작권을 포함한 모든 권리를 주장하지 않는(퍼블릭 도메인) 라이선스입니다. 대규모 언어 모델 관련에서는 Common Crawl 데이터 세트(217쪽 참고)가 CC0 라이선스로 제공됩니다.[49]

LLaMA Community 라이선스는 메타의 대규모 언어 모델인 LLaMA 시리즈용 라이선스입니다. 정확히는 LLaMA 2와 LLaMA 3은 각각 별도로 라이선스가 적용되지만, 재배포할 때 표시 의무가 조금 늘어난 정도만 다를 뿐 기본적으로 거의 동일합니다.[50, 51]

---

[49] Common Crawl도 CC로 약칭되므로 혼동될 수 있습니다.
[50] LLAMA 2 COMMUNITY LICENSE AGREEMENT
　　　https://github.com/meta-llama/llama/blob/main/LICENSE
[51] META LLAMA 3 COMMUNITY LICENSE AGREEMENT
　　　https://llama.meta.com/llama3/license/
　　　월간 활성 사용자 수가 7억 명 이하인 GAFA급 빅테크가 아니면 저촉될 가능성이 없는 조건하에서 상업적 이용, 개조, 재배포가 가능한 라이선스입니다.

LLaMA 시리즈는 엄밀히 말하면 오픈소스는 아닙니다.[52] 하지만 최근에는 모델 파라미터가 공개되어 있고 일정 조건하에서 개조, 배포, 상업적 이용이 가능하다면 오픈소스라고 하는 경향이 있습니다. 이러한 모델은 엄밀한 오픈소스 라이선스와 구별하여 오픈 웨이트(학습 후 파라미터가 공개되어 있다는 의미)라고도 합니다.

> **요약**
> - 소프트웨어 라이선스는 소프트웨어를 이용할 때 지켜야 할 규칙을 정의합니다.
> - 로컬 LLM의 소프트웨어 라이선스가 이용 목적에 적합한지 확인하는 것은 필수입니다.

---

[52] LLaMA는 학습 코드나 학습 데이터의 일부가 미공개이며, 다른 대규모 언어 모델의 개선에 사용해서는 안 된다는 규약이 있어 오픈소스 원칙에 완전히 부합하지 않습니다.

5.10 대규모 언어 모델의 평가

대규모 언어 모델의 정확도(지능)를 평가하는 것은 좋은 모델을 선택하는 데 매우 중요합니다. 그러나 인간 지능을 시험 점수나 IQ로 측정하는 것과 마찬가지로 모델 성능을 수치로 정량화할 수 있는 것은 한 가지 측면에 불과합니다. 따라서 여러 평가 지표를 종합적으로 고려할 필요가 있습니다.

5.10.1 대규모 언어 모델의 평가 방법

대규모 언어 모델의 정확도 평가 방법은 대체로 세 가지로 나뉩니다.

첫 번째는 대규모 언어 모델의 출력이 정답과 얼마나 가까운지 평가하는 통계적 방법입니다. 이때는 자연어 처리 각 태스크의 평가용 데이터 세트가 자주 사용됩니다. 정답이 포함된 데이터가 필요하므로 준비 비용이 높지만, 평가 속도가 빠르고 재현성도 뛰어납니다. 기본적으로 태스크별로 평가를 하며, 여러 태스크에 걸친 평균 점수를 그 모델의 범용적 능력 평가로 삼습니다. 두 번째는 정확도를 측정하려고 별도로 채점용 모델을 준비하는 방법입니다. GPT-4를 채점에 사용하는 등 다른 대규모 언어 모델을 사용하여 평가하는 접근 방법을 LLM-as-a-Judge라고 합니다. 유연한 평가가 가능하지만, GPT-4와 유사한 출력을 높게 평가하는 경향이 있습니다.

세 번째는 인간이 평가하는 방법입니다. 실제 감각에 가까운 평가를 얻을 수 있는 반면, 비용이 높고 주관적 편향이나 일관성 부족 등 우려가 있습니다. 따라서 여러 모델의 출력 문장과 인간이 작성한 문장을 섞어 블라인드로 여러 사람에게 평가하게 하고, 그 결과를 통계 처리하여 편향을 줄이는 등 방법을 사용합니다.

▼ 표 5-6 대규모 언어 모델 평가의 주요 접근법

통계적 방법	GLUE, HumanEval, MMLU, NLI, SQuAD, 퍼플렉시티	빠르고, 재현성이 있으며, 준비 비용이 높음
LLM-as-a-Judge	MT-Bench, Rakuda Benchmark	유연성이 높고 GPT-4 편향 있음
인간이 평가	Chatbot Arena	실제 감각에 가깝고, 비용이 높으며, 일관성 부족

대표적인 평가 방법을 소개합니다.

GLUE

문법 체크, 감정 분석, 텍스트 분류, 질문 응답 등 다양한 태스크에 걸쳐 평가를 수행하여 언어의 종합적 이해도를 측정하는 벤치마크로[53], 대표적인 평가 방법 중 하나입니다.

MT-Bench

MT-Bench는 자연어 처리의 많은 태스크가 한 번의 입력과 출력으로 표현될 수 있어 챗GPT 같은 대화형 모델의 평가가 어려운 문제를 해결하는 지표입니다. MT-Bench(Multi-Turn Benchmark)는 문맥을 고려한 대화가 성립되는지 여부를 GPT-4를 사용하여 평가합니다.[54]

HumanEval

HumanEval은 모델에 프로그래밍 문제를 제시하고, 올바르게 작동하는 프로그램을 생성했는지 여부를 판단하여 프로그래밍 능력을 평가하는 지표입니다.[55]

---

[53] Wang, Alex, et al. "GLUE: A multi-task benchmark and analysis platform for natural language understanding." arXiv preprint arXiv:1804.07461(2018).

[54] Zheng, Lianmin, et al. "Judging llm-as-a-judge with mt-bench and chatbot arena." Advances in Neural Information Processing Systems 36(2024).

[55] Chen, Mark, et al. "Evaluating Large Language Models Trained on Code." arXiv preprint arXiv:2107.03374(2021).

이 평가 기준은 정답과의 근접성이 아니라 생성된 프로그램을 실제로 실행했을 때 올바른 출력을 생성하는지 여부입니다.

Chatbot Arena

Chatbot Arena는 대규모 언어 모델 간에 대결을 하여 인간이 승패를 판별하고, 그 결과를 통계적으로 처리하는 시스템입니다.[56] 사용자가 Chatbot Arena에 접속하여 프롬프트를 입력하면 무작위로 선택된 익명의 대규모 언어 모델 두 개가 답변을 출력합니다. 사용자가 생성된 결과를 보고 투표하면 각 모델의 정체가 공개됩니다. Chatbot Arena는 이러한 투표 결과를 바탕으로 '대규모 언어 모델의 지능 순위'를 생성합니다.

▼ 그림 5-20 Chatbot Arena(https://chat.lmsys.org/)

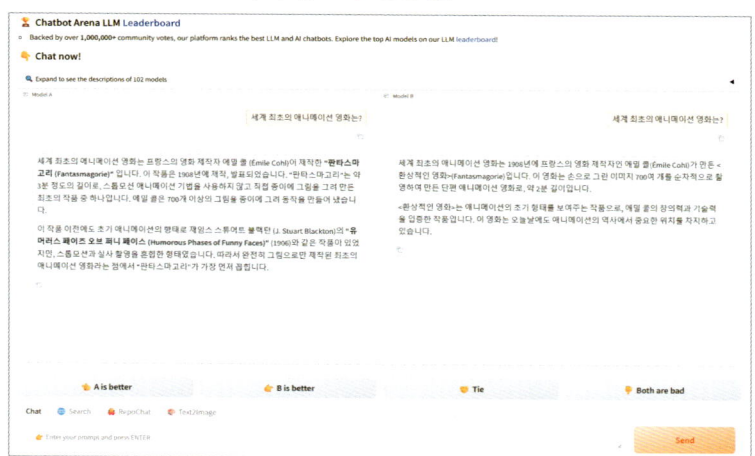

JGLUE, llm-jp-eval

통계적 평가에는 데이터 세트가 필요하기 때문에 학습과 마찬가지로 영어 이외의 평가 지표는 부족하여 언어 간에 격차가 생겼습니다. 그러나 GLUE의 한국

---

56 LMSys Chatbot Arena Leaderboard – a Hugging Face Space by lmsys
https://huggingface.co/spaces/lmsys/chatbot-arena-leaderboard

어판이라고 할 수 있는 KLUE[57]와 질문 응답 및 의미 유사도 등 다양한 태스크를 커버하는 Ko-H5 Benchmark[58] 등 한국어 대규모 언어 모델의 평가 환경도 빠르게 정비되고 있습니다.

5.10.2 리더보드

많은 대규모 언어 모델에서 다양한 지표로 평가를 수행하고, 각각의 점수와 전체 점수의 평균으로 비교할 수 있는 리더보드(순위표)가 여러 개 공개되어 있으며, 이는 대규모 언어 모델 선택에 중요한 참고 자료가 됩니다. 그중에서도 유명한 것은 허깅페이스의 Open LLM Leaderboard입니다.[59] 또 Upstage와 NIA가 공동 개발한 'Open Ko-LLM Leaderboard'에서는 한국어 관련 지표로 대규모 언어 모델을 평가합니다.[60]

▼ 그림 5-21 Open Ko-LLM Leaderboard

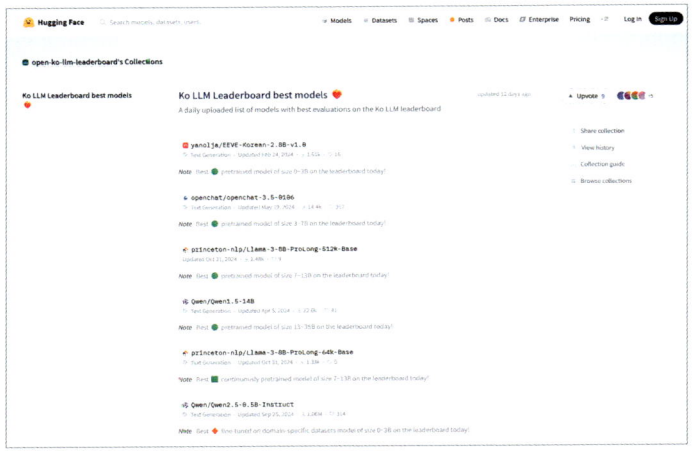

---

57 https://klue-benchmark.com/
58 https://arxiv.org/abs/2405.20574
59 Open LLM Leaderboard 2 – a Hugging Face Space by open-llm-leaderboard
　　https://huggingface.co/spaces/open-llm-leaderboard/open_llm_leaderboard
60 Open Ko-LLM Leaderboard – a Hugging Face Space by upstage
　　https://huggingface.co/spaces/upstage/open-ko-llm-leaderboard

'GPT-4를 넘어섰다'는 GPT-4보다 뛰어나다는 의미인가?

'GPT-3.5/GPT-4를 넘어섰다'는 식으로 광고하는 새로운 대규모 언어 모델의 뉴스를 보고 기대했지만, 실제로 사용해 보니 GPT-4와 비교할 정도는 아니었다는 경우가 종종 있습니다. 이는 거짓말이 아니라, 몇몇 평가 지표에서는 실제로 GPT-4를 넘어섰기 때문입니다. 그러나 인간이 '이 모델은 똑똑하다'고 느끼는지는 하나의 태스크 능력으로 측정할 수 없으며, 평가 지표의 데이터 세트도 완전하지 않기 때문에 이러한 불일치가 발생합니다.

인간도 학교 시험 점수나 IQ(지능 지수) 수치만으로 그 사람을 완전히 평가할 수 없죠. 입시 점수로 인간의 합격 여부가 결정되는 것처럼 대규모 언어 모델도 평가 지표로 선택할 수밖에 없습니다.

리더보드는 여러 지표의 평균값으로 순위를 매겨 이러한 편향된 평가를 바로잡으려 합니다. 예를 들어 프로그래밍에 사용하지 않을 때는 HumanEval 등 지표는 참고할 필요가 없습니다. 모델 선택의 참고로 할 때는 용도에 맞는 지표를 선택하도록 합시다.

요약

- 대규모 언어 모델의 평가는 통계적 방법, GPT-4로 평가, 인간이 평가 세 가지로 나뉩니다.
- 평가 결과는 대규모 언어 모델 정확도의 한 측면에 불과하며, 반드시 범용적 능력을 나타내는 것은 아님을 주의해야 합니다.

5.11 대규모 언어 모델의 학습: 사전 학습

대규모 언어 모델의 학습은 사전 학습과 파인튜닝 두 단계로 진행합니다. 이 절에서는 사전 학습을 설명합니다.

5.11.1 사전 학습과 기반 모델

사전 학습(pretraining)은 특정 작업에 한정되지 않은 방대한 양의 데이터를 활용하여 모델을 초기 상태에서 학습시키는 과정입니다. 이 과정을 거쳐 얻은 모델은 언어나 이미지 등에서 폭넓은 지식을 습득하게 되며, 이후 추가 학습으로 다양한 작업에 적용할 수 있습니다. 이러한 모델을 기반 모델 혹은 베이스 모델이라고 합니다.

기반 모델을 번역, 요약, 채팅(대화) 등 특정 작업에 그대로 적용하더라도 반드시 높은 정확도를 보장하지는 않습니다. 그러나 각 작업에 맞게 조정하는 과정(파인튜닝)을 거치면 정확도를 높일 수 있습니다(220쪽 참고).

5.11.2 자기 지도 학습

머신러닝은 크게 지도 학습과 비지도 학습 두 가지로 나눕니다(71쪽 참고). 일반적으로 지도 학습이 더 학습하기 쉽고 정확도도 높지만, 정답이 포함된 고비용 데이터가 필요합니다. 그러나 사전 학습에 사용되는 데이터 세트는 매우 대규모이기에 정답이 포함된 데이터를 준비하는 것은 현실적으로 어렵습니다.

이에 따라 대규모 언어 모델의 사전 학습에서는 정답이 포함되지 않은 비교적 저비용 대량 데이터를 활용하여 학습 중에 정답 데이터를 생성하고, 이를 바탕으로 지도 학습을 수행하는 접근 방식을 널리 사용합니다. 이러한 학습 방식을 자기 지도 학습(self-supervised learning)이라고 합니다.

사전 학습 방식은 모델에 따라 다양합니다. 예를 들어 BERT는 Masked Language Model과 Next Sentence Prediction이라는 두 가지 방법을 병행하여 사전 학습을 수행합니다(265쪽 참고).

여기에서는 GPT 같은 자기 회귀 언어 모델(176쪽 참고)의 사전 학습 방식인 다음 단어 예측을 설명합니다. 기본적으로는 다음에 올 단어를 예측하도록 학습하지만, 사전 학습에서는 이 과정을 대규모로 최대한 효율적으로 수행하는 것이 핵심입니다. 먼저 사전 학습에 사용할 텍스트 데이터를 전체 하나의 문장처럼 간주하고, 미리 학습된 토크나이저를 사용하여 토큰화한 후 일정한 간격으로 나눕니다(137쪽 참고). 여기에서는 설명을 위해 토큰을 문자로 보고, 10글자씩 나눈다고 가정하겠습니다.

학습할 때는 무작위로 선택된 토큰 시퀀스 여러 개를 한 번에 네트워크에 입력합니다. 이처럼 한 번에 입력되는 여러 세트를 미니 배치(mini-batch)라고 합니다. 모델은 입력된 여러 문장을 동시에 학습하며, 출력되는 토큰의 확률 분포(181쪽 참고)가 다음 토큰을 정확히 예측하도록 조정됩니다.

▼ 그림 5-22 자기 회귀 언어 모델의 사전 학습

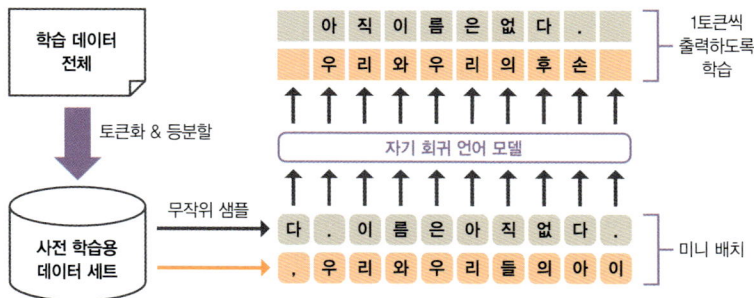

'문장'이라고 표현하기는 했지만, 실제로는 정해진 수의 토큰 단위로 나누기 때문에 그림 5-22의 예처럼 원래 문장의 중간 부분만 잘려 있거나 서로 관계없는 다른 문장들이 연결되어 있을 수 있습니다.

사전 학습에서는 무엇보다 대규모 데이터를 효율적으로 학습시키는 것이 최우선이지만, 이렇게 데이터를 대략적으로 처리하면 당연히 정확도에 부정적인 영향을 줄 수 있습니다. 하지만 이후 파인튜닝으로 보정할 수 있기 때문에 큰 문제는 되지 않습니다(220쪽 참고).

여러 데이터를 한꺼번에 미니 배치로 입력하는 데는 몇 가지 이유가 있습니다. 먼저 GPU는 동일한 연산을 동시에 수행할 때 성능 향상이 크므로(110쪽 참고) 길이가 같은 여러 문장을 동시에 입력하면 계산 효율이 높습니다.[61]

또 딥러닝에서는 예측 값과 정답 간 차이를 손실(loss)로 표현하고, 이 손실을 최소화하는 방식으로 학습합니다(73쪽 참고). 이때 손실을 일정한 수의 데이터에 대해 평균을 내는 방식으로 계산하면 학습이 더 안정되며 일반화 성능(77쪽 참고) 또한 향상됩니다. 다만 미니 배치 크기가 너무 크면 오히려 학습 속도가 느려질 수 있으므로 적절한 크기를 설정하는 것이 중요합니다.

5.11.3 기반 모델의 추가 학습

기반 모델에 대한 추가 학습은 크게 두 가지로 나눌 수 있습니다. 첫 번째는 다음 절에서 설명할 파인튜닝으로, 비교적 소규모 추가 학습으로 특정 용도에 특화된 모델을 만들거나 지시를 따르는 능력을 향상시키는 것이 목적입니다.

두 번째는 맞춤형 기반 모델을 얻는 대규모 추가 학습입니다. 이와 같은 학습은 지속 사전 학습(continual pretraining)이라고 합니다. 예를 들어 영어 기반 모델을

---

[61] 다만 미니 배치 크기를 두 배로 늘리면 GPU의 VRAM 사용량도 거의 두 배로 증가합니다. 따라서 계산 자원이 충분하지 않다면 미니 배치 크기를 1이나 2로 설정하여 학습할 수밖에 없는 상황이 자주 발생합니다.

바탕으로 한국어 기반 모델을 만들고자 할 때 이러한 지속 사전 학습을 수행합니다.

▼ 표 5-7 사전 학습과 파인튜닝의 차이점

구분	데이터양	데이터 종류	입력 형식
사전 학습/지속 사전 학습	대규모	포괄적 데이터	고정 길이의 토큰
파인튜닝	소규모	용도에 특화된 데이터	문장 단위

일반적으로 추가 학습에서는 사전 학습과 동일한 토크나이저를 사용하지만, 최근에는 토크나이저에 어휘를 추가하고 지속적으로 사전 학습을 하여 새로운 어휘의 임베딩 벡터를 획득하는 방식도 점차 증가합니다. 영어로 학습된 토크나이저는 한국어 문장을 제대로 처리하지 못하고 토큰 수가 증가하는 경향이 있어 한국어 어휘를 토크나이저에 추가하여 한국어 처리의 정확도와 생성 속도를 향상시키는 것이 목표입니다.

5.11.4 사전 학습의 훈련 데이터

똑똑한 AI를 실현하려면 질 높은 대규모 학습 데이터가 필요합니다(170쪽 참고). 하지만 빅테크 기업들이 사용하는 대규모 언어 모델의 학습 데이터는 그 종류나 양 등 정보가 거의 공개되어 있지 않습니다. 고품질 데이터 세트를 구축하는 데는 막대한 비용이 들어 이는 진입 장벽으로 작용합니다.

이와 함께 저작권 문제 역시 중요한 고려 사항입니다. 한국에는 아직 AI 학습에서 저작물 이용에 대한 법적 기준이 명확하지 않아 저작권자 허락 없이 데이터를 수집하거나 활용할 경우 법적 분쟁의 소지가 있습니다.[62] 실제로 해외에서는 OpenAI가 신문 기사를 학습 데이터로 사용하여 소송에 휘말린 적이 있

---

[62] 인공지능(AI) 학습데이터 활용과 저작권 침해 문제, 〈디지털데일리〉
https://www.ddaily.co.kr/page/view/2025011314135031090

으며[63], 대규모 언어 모델 학습에 자주 사용되던 Books3 코퍼스는 저작권이 만료되지 않은 저작물이 다수 포함되어 있다는 이유로 현재는 오픈 데이터 세트에서 제외되었습니다.[64] 이처럼 법적 위험과 비용 문제를 회피하려고 학습에 사용한 코퍼스 세부 내용을 공개하지 않는 경우도 있는 것으로 보입니다.

대규모 언어 모델을 학습시키려면 방대한 양의 데이터가 필요합니다. 대표적인 오픈 라이선스 코퍼스인 Common Crawl(약칭 CC)은 2007년부터 인터넷상의 텍스트를 수집해 왔으며, 2023년 12월 기준으로 2500억 쪽 이상의 데이터를 보유하고 있습니다. 이 수치는 앞으로도 계속 증가할 것으로 보입니다.[65]

다만 Common Crawl은 정제되지 않은 웹 데이터를 그대로 수집한 것이므로 품질이 균일하지 않고 불필요한 정보가 많이 포함되어 있습니다. 이러한 이유로 데이터를 정제하고 메타데이터를 추가하여 학습에 더 적합하도록 가공한 C4(Colossal Clean Crawled Corpus)[66]나 OSCAR[67], 위키백과(Wikipedia) 등 데이터를 결합해서 구성한 RedPajama 데이터 세트[68] 형태가 실제 모델 학습에 자주 활용됩니다.

RedPajama 데이터 세트는 약 30조 토큰의 텍스트로 구성된 오픈 라이선스 데이터 세트입니다. 이 30조 토큰을 사람이 쉬지 않고 24시간 계속 읽는다고 가정하면 약 17만 년이 걸리는 분량입니다.[69] 인생을 1000번 반복해도 다 읽지 못할 양인 셈입니다.

---

63 뉴욕타임스, 오픈AI · MS 상대 소송 제기…"저작물 무단 사용", 〈연합뉴스〉
https://www.yna.co.kr/view/MYH20231229003300032

64 [메타의 Llama 3 개발과 저작권 논란: 윤리적 딜레마와 법적 위험] 합법적 데이터 확보의 어려움, 저작권 침해 혐의와 법적 분쟁, 〈AI넷〉
https://ainet.link/19510

65 Common Crawl – Open Repository of Web Crawl Data
https://commoncrawl.org

66 https://github.com/google-research/text-to-text-transfer-transformer#c4

67 https://oscar-project.org/

68 The RedPajama-Data repository contains code for preparing large datasets for training large language models
https://github.com/togethercomputer/RedPajama-Data

69 1토큰은 약 0.75단어에 해당하며, 인간의 독서 속도는 네이티브 영어 사용자의 평균인 분당 250단어로 가정합니다.

참고로 한국어 위키백과의 문서 전체는 약 2~3억 토큰 정도로[70], RedPajama 는 이보다 훨씬 방대한 위키백과 수천 개 분량의 데이터를 포함하고 있습니다.

학습 데이터를 한 번씩 사용하여 학습하는 과정을 에폭(epoch)이라고 합니다. 일반적인 머신러닝에서는 학습 데이터를 여러 에폭에 걸쳐 반복적으로 학습하는 것이 일반적이지만, 대규모 언어 모델 학습에서는 방대한 양의 데이터를 준비한 후 적은 수의 에폭으로 학습하는 경향이 있습니다. 특히 최근에는 1회 이하의 에폭, 즉 학습 데이터를 단 한 번만 사용하는 방식이 주류로 자리 잡았습니다. 이러한 접근은 정확도를 높이고 과적합을 방지하는 데 장점이 있습니다.

그러나 이 방식은 이전보다 훨씬 더 많은 데이터가 필요하다는 단점도 있습니다. 실제로 대규모 언어 모델 학습에 적합한 고품질 텍스트 데이터는 2026년에는 고갈될 것이라는 예측도 있습니다.[71]

이러한 데이터 문제를 해결하는 방안으로 인공적으로 생성된 합성 데이터를 활용한 학습도 시도하고 있습니다.[72]

> **요약**
> - 대규모 언어 모델 학습은 사전 학습과 파인튜닝의 두 단계로 진행됩니다.
> - 사전 학습은 방대한 양의 데이터를 사용하여 모델을 초기 학습하는 단계입니다.

---

[70] 한국어 위키백과의 전체 토큰 수에 대한 공식적인 통계는 제공되지 않지만, 일부 연구자가 이를 추정한 사례가 있습니다. 예를 들어 허깅페이스에 등록된 'lcw99/wikipedia-korean-20221001' 데이터 세트는 2022년 10월 기준으로 문서를 약 60만 개 포함하고 있으며, 이 데이터 세트를 기반으로 토큰 수를 추정할 수 있습니다. 예를 들어 평균 문서 길이가 500 토큰이라고 가정하면, 60만 개 문서×500토큰 / 문서 = 3억 토큰으로 대략적인 추정이 가능합니다. 하지만 실제 평균 문서 길이는 이와 다를 수 있습니다.

[71] Will We Run Out of ML Data? Evidence From Projecting Dataset Size Trends
https://epochai.org/blog/will-we-run-out-of-ml-data-evidence-from-projecting-dataset

[72] Adler, Bo, et al. "Nemotron-4 340B Technical Report," arXiv preprint arXiv:2406.11704(2024).

 **데이터 세트의 클리닝은 큰 작업이다**

Common Crawl 데이터 세트(217쪽 참고)의 총 쪽수는 2500억 쪽이 넘으며, 지금도 매일 새로운 데이터가 추가됩니다. 예를 들어 2023년 12월 전반 2주 동안에만 30억 쪽 이상, 450TB가 넘는 데이터가 추가되었습니다.[73]

이처럼 양적으로는 방대한 데이터를 확보하고 있음에도 데이터 고갈 우려가 제기되는 이유는 바로 '그품질 텍스트 데이터'의 부족 때문입니다. Common Crawl은 양적인 면에서는 충분하지만, 질적인 면에서는 상당히 낮은 편입니다. 중복된 데이터나 명백한 쓰레기 데이터가 다수 포함되어 있어 그대로 학습에 활용하기는 어렵습니다.

인터넷 시대에 접어들면서 데이터를 단순히 수집하는 일은 매우 저렴하고 쉬워졌지만, 실제로 학습에 활용할 수 있을 만큼 품질이 높은 데이터는 여전히 부족한 상황입니다. 대규모 언어 모델 개발은 시작부터 끝까지 데이터 클리닝이 핵심이라고 해도 과언이 아닙니다.

RedPajama는 Common Crawl과 위키백과 데이터를 클리닝하여 만든 데이터 세트이지만, 여전히 중복된 데이터가 적지 않습니다. 이러한 한계를 보완하고자 RedPajama를 추가로 정제한 SlimPajama라는 데이터 세트를 만들었습니다.[74]

다음 그림은 Common Crawl에 포함된 데이터 예시입니다. 이러한 데이터를 그대로 학습에 사용한다고 해서 모델이 똑똑해질 것 같지도 않네요.

| \ \ &#4;\ r.,~\ \ \ @@ x\ \ :\ \ \ &#8;6@\ \ &#8;,~\ \ \ ˚ +\ &#4;\ ;@\ \ \ \ 1D\ \ \ O\ \ \ @\ \ &#8;,~\ \ \ \ \ &#8; @x\ \ ,~\ \ \ &#2;&#4;&#2;&#4;7@\ \ &#7; B\ \ &#5;\ \ &#8;\ E | mini nabo nabo nabo! #españa #girona #empordà #pals #bio #eco #verduras #huerto #gastronomia #japón #km0 #Spain #japanesefood #ebiovegetal #nabo # スペイン # 日本野菜 # スペイン農家 # 大根 # かぶ | 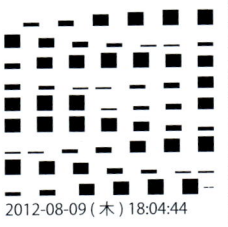
2012-08-09 (木) 18:04:44 |

---

[73] https://commoncrawl.org/blog/november-december-2023-crawl-archive-now-available
[74] https://training-api.cerebras.ai/en/rel-2.4.0/wsc/Model-zoo/Components/slim_pajama.html?utm_source=chatgpt.com

5.12 대규모 언어 모델의 학습: 파인튜닝

기반 모델의 파인튜닝 방법에는 파인튜닝이나 컨텍스트 내 학습(229쪽 참고) 등이 있지만, 이 절에서는 파인튜닝을 포함한 모델 파라미터 업데이트를 동반하는 파인튜닝 방법을 설명합니다.

5.12.1 파인튜닝

대규모 언어 모델의 학습 과정은 크게 두 단계로 나뉩니다. 첫 번째 단계인 사전 학습에서는 작업과 관계없는 대규모 데이터를 사용하여 일반적인 기반 모델을 학습합니다(166쪽 참고). 이 기반 모델을 사용 목적에 맞게 파인튜닝을 수행하는 것이 두 번째 단계입니다. 파인튜닝의 대표적인 목적은 번역, 요약, 채팅(대화) 등 특정 작업에 대한 대응 능력을 향상시키는 인스트럭션 튜닝(지시에 따른 튜닝)입니다. 또 문체나 그림 스타일 등 스타일 변경을 목표로 하는 경우도 있습니다.

모델에 지식을 추가하려고 파인튜닝을 시도하기도 하지만, 성공하기가 어렵습니다(231쪽 참고). 외부 지식 대응은 RAG(307쪽 참고)를 사용하세요. 인스트럭션 튜닝의 효과를 검증하고자 사전 학습만 한 기본 모델과 이를 파인튜닝한 모델[75]을 이용하여 질문 답변이 어떻게 달라지는지 살펴보겠습니다(표 5-8 참고).

---

[75] Meta Llama 3 8B를 일본어로 지속적으로 사전 학습한 rinna의 Llama 3 Youko 8B 모델을 기반으로 이를 llm-jp/databricks-dolly-15k-ja로 1 에폭 QLoRA 학습한 모델과 비교
https://huggingface.co/rinna/llama-3-youko-8b

이처럼 대규모 언어 모델은 인스트럭션 튜닝의 유무에 따라 행동이 크게 달라집니다. 기본적으로 사전 학습은 언어 지식을 습득하는 것이 목적이며(214쪽 참고), 대화나 지시에 응답하거나 명시적인 문장의 끝을 학습하지 않기에 이 예시처럼 장황한 연상 게임이 출력되기 쉽습니다. 반면에 소규모 데이터로도 인스트럭션 튜닝을 수행하면 답변이 간결하고 정확해집니다.

허깅페이스에 공개된 베이스 모델(기반 모델)을 튜닝하지 않은 채 사용하고 싶다면 인스트럭션 튜닝이 완료된 모델(모델 이름에 '-instruct'나 '-chat' 등이 붙은 것)을 선택하세요.

▼ 표 5-8 인스트럭션/튜닝 전후 비교

질문	기반 모델	인스트럭션/튜닝 후
후지산의 높이는?	후지 등산은 도야마 현 도야마 시에 있는 다테야마 연봉의 오야마에 오르는 것을 가리킬 수도 있습니다. 다치카와 시에 있는 다카오산과 혼동하지 않도록 주의하세요.	3776미터. 후지는 일본에서 가장 높은 산입니다. 일본의 최고봉은 도야마 현과 나가노 현의 경계에 있는 북알프스의 기타다케입니다.
영국의 수도는?	1. 런던 2. 파리 3. 베를린 4. 모스크바 5. 워싱턴 D.C. 6. 뉴욕 7. 베이징 8. 도쿄 9. 서울 10. 상하이 11. 방콕 12. 뭄바이 13. 카이로 14. 이스탄불 15. 두바이 16. 아부다비	잉글랜드의 런던은 영국 수도입니다. 로마 제국 시대에 시작된 이 도시는 그 후 수세기에 걸쳐 발전을 계속하여 현재는 세계에서 가장 인구가 많은 도시 중 하나가 되었습니다.
"The early bird catches the worm."을 한국어로 번역해 줘.	일찍 일어나는 벌레가 새를 잡는다. - Weblio Email 예문집 예 일찍 자고 일찍 일어나기. 《속담》 일찍 자는 새는 아침 일찍 새를 잡는다. 이미 죽은 새는 잡을 수 없다.	일찍 일어나는 새가 벌레를 잡는다. 이는 일찍 일어난 사람이 좋은 일을 한다는 의미입니다. 또 아침 일찍 일어나는 사람은 일을 시작하는 시간이 빨라 더 많은 일을 할 수 있다는 것을 의미합니다.

5.12.2 파인튜닝 방법

먼저 가장 일반적인 <u>교사 학습 파인튜닝</u>(Supervised Fine-Tuning, SFT)을 설명하겠습니다.

인스트럭션 튜닝에서는 대규모 언어 모델을 특정 텍스트로 추가 학습합니다. 데이터 제공 방식은 다르지만 학습 자체는 사전 학습과 동일하며, 텍스트를 생성하는 확률을 높이도록 학습합니다. 또 파인튜닝에서는 텍스트의 시작과 끝을 올바르게 처리하는 방법을 학습합니다.

```
### 지시:
주어진 문장을 한글로 번역해 주세요.

### 입력:
The early bird catches the worm.

### 응답:
일찍 일어나는 새가 벌레를 잡는다.
```

이와 같은 텍스트의 틀을 <u>인스트럭션 템플릿</u>이라고 합니다. '### 지시:'나 '### 입력:'은 정해진 표현으로 데이터베이스에서 가져온 데이터를 템플릿에 채워 학습용 텍스트를 작성합니다. 템플릿에는 여러 가지 방식이 있지만, 하나의 모델 학습이나 추론에는 일관되게 같은 템플릿을 사용합니다. 인스트럭션 튜닝용 오픈 데이터셋으로 databricks-dolly-15k[76]가 있습니다. 지시 1만 5000개, 입력, 응답으로 구성되어 있으며 한국어 버전도 공개되어 있습니다.[77] 소규모이지만 인스트럭션 튜닝에서는 충분한 효과를 기대할 수 있습니다.

---

[76] https://huggingface.co/datasets/databricks/databricks-dolly-15k
[77] https://huggingface.co/datasets/nlpai-lab/databricks-dolly-15k-ko

5.12.3 RLHF

RLHF 교사 학습 파인튜닝은 지시에 대해 정답이 되는 문장을 학습하는 방식입니다. 그러나 자연어 질문에 정답이 하나만 있는 경우는 드뭅니다.

예를 들어 "I am a cat.을 번역해 주세요."라는 질문에 대해 '저는 고양이입니다', '저는 고양이에요', '나는 고양이야' 등은 모두 정답이 될 수 있습니다. 또 "I am a cat.을 한국어로 번역하면 '저는 고양이입니다'가 됩니다."라고 정중하게 답하는 것도 올바른 답변이 될 수 있습니다. 그러나 교사 학습 파인튜닝에서는 여러 가능한 정답 중 하나만 정답으로 학습하고 나머지는 오답으로 처리합니다. 정렬(325쪽 참고)에서도 비슷한 문제가 발생할 수 있습니다.

RLHF(Reinforcement Learning from Human Feedback)(인간 피드백으로 강화 학습)[78]는 모델이 실제로 생성한 문장을 채점하고, 그 채점 결과를 바탕으로 모델을 학습하는 방법입니다. 정답이 여러 개 있는 경우에도 학습할 수 있습니다.

▼ 그림 5-23 RLHF: 피드백으로 학습

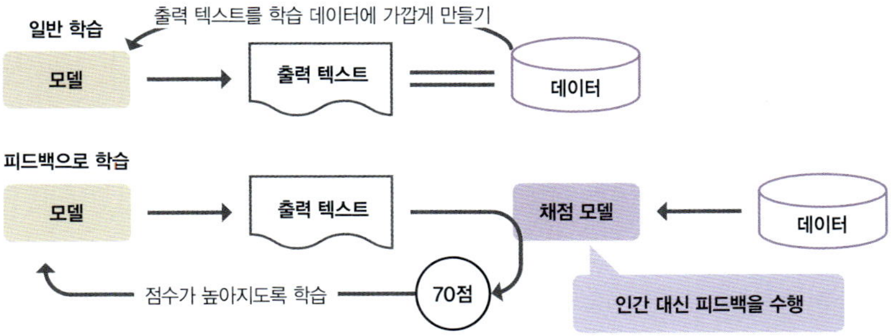

모델이 문장을 생성할 때마다 사람이 채점하는 것은 현실적이지 않습니다. 따라서 사람 대신 채점하는 모델을 별도로 학습합니다. 이 채점용 모델은 강화 학습의 틀에 맞추었을 때 보상(reward)에 해당하기 때문에 보상 모델이라고도 합니다.

---

78 Ziegler, Daniel M., et al. "Fine-Tuning Language Models from Human Preferences." arXiv preprint arXiv:1909.08593(2019).

RLHF로 튜닝한 GPT-3.5의 정확도가 매우 높아서 한때는 고정밀 모델 학습에 RLHF를 필수로 여겼습니다. 그러나 보상 모델을 학습하는 과정은 까다롭고 RLHF의 적용은 비용이 많이 들었습니다. 현재는 RLHF를 사용하지 않고도 교사 학습 파인튜닝으로 충분히 고정밀 모델을 실현할 수 있으며, 정렬에서는 RLHF와 동등한 튜닝을 실현하는 DPO[79]나 KTO[80] 같은 방법이 주목받고 있습니다.

5.12.4 LoRA

심층 학습 모델의 파라미터는 수치가 세로와 가로로 배열된 행렬로 표현됩니다.[81] GPU로 심층 학습을 계산하려면 이러한 행렬 모두를 GPU 메모리에 올려야 합니다.[82] 파인튜닝은 사전 학습보다 규모가 작지만, 여전히 GPU 메모리가 많이 필요합니다.[83]

<u>LoRA</u>(Low-Rank Adaptation)는 이러한 파인튜닝에 필요한 메모리를 절약하는 방법입니다.[84] LoRA로 일반적인 GPU 단일 장치에서도 이전보다 큰 모델을 파인튜닝할 수 있게 되었습니다. 특히 이미지 생성형 AI에서는 LoRA로 특정 그림체나 캐릭터를 학습하는 것이 보편화되어 있으며, LoRA가 이미지 생성의 대명사가 될 정도입니다.[85]

---

[79] Rafailov, R., Sharma, A., Mitchell, E., Ermon, S., Manning, C. D., and Finn, C. "Direct preference optimization: Your language model is secretly a reward model." arXiv preprint arXiv:2305.18290, 2023.
[80] Ethayarajh, Kawin, et al. "KTO: Model Alignment as Prospect Theoretic Optimization." arXiv preprint arXiv:2402.01306(2024).
[81] 행렬은 세로와 가로 방향으로 수치가 배열된 구조이지만, 실제 심층 학습에서는 '텐서'라고 하는 3차원 또는 4차원 데이터를 사용하기도 합니다.
[82] GPU만으로는 부족할 때 모델 일부를 CPU로 계산하기도 합니다(이를 CPU 오프로드라고 합니다).
[83] 파인튜닝에서 업데이트하는 파라미터를 일부만 제한하여 메모리를 절약하거나 효과를 조정하기도 합니다.
[84] Hu, Edward J., et al. "LoRA: Low-Rank Adaptation of Large Language Models." arXiv preprint arXiv:2106.09685(2021).
[85] 이미지 생성형 AI 설명에서는 'LoRA로 이미지 생성'이라고 표현하기도 합니다.

LoRA는 한마디로 모델의 학습 전과 학습 후 차이를 저랭크 근사하는 방법입니다. 먼저 '저랭크 근사'를 간단히 설명하겠습니다.

▼ 그림 5-24 행렬의 저랭크 근사

원래 행렬					저랭크 근사									
0.77	1.40	0.83	0.88	×	b_1	b_2	b_3	b_4	×	-0.12	-0.38	-0.35	-0.85
-0.22	-0.14	0.44	2.15	a_1	a_1b_1	a_1b_2	a_1b_3	a_1b_4	-1.66	0.20	0.63	0.58	1.41
-0.27	0.85	-0.02	0.75	a_2	a_2b_1	a_2b_2	a_2b_3	a_2b_4	-1.90	0.23	0.72	0.66	1.61
-0.74	0.19	-1.05	0.04	a_3	a_3b_1	a_3b_2	a_3b_3	a_3b_4	-0.92	0.11	0.35	0.32	0.78
				a_4	a_4b_1	a_4b_2	a_4b_3	a_4b_4	0.35	-0.04	-0.13	-0.12	-0.30

원래 행렬에 가깝게 보라색 칸을 채운다

예를 들어 4×4 행렬은 그림 5-24 왼쪽과 같이 수치 16개로 구성됩니다. 한편 가운데 그림은 $a_1, a_2, a_3, a_4, b_1, b_2, b_3, b_4$ 수치 여덟 개로 구성된 구구단 표와 같은 곱셈으로 표현됩니다. 이 두 행렬이 가까워지도록 a_1 등을 정하면(오른쪽 그림) 원래 행렬이 수치 여덟 개로 표현되는 것입니다.[86] 그러나 자세히 보면 그림의 원래 행렬과 근사 행렬은 그다지 비슷하지 않으며, 수치 개수 감소도 그다지 크지 않습니다.

먼저 수치 개수가 많이 줄지 않는 이유는 작은 행렬로 설명하고 있기 때문입니다. 4096×4096 행렬처럼 거대한 행렬의 저랭크 근사는 4096×2개(2000분의 1)의 수치로 표현할 수 있습니다.

다음으로 근사 정확도는 '랭크'로 조정할 수 있습니다.[87] 이 설명은 가장 감소율이 높고 정확도가 낮은 랭크 1에 해당합니다. 예를 들어 랭크 16으로 설정하면 필요한 수치 개수는 랭크 1의 16배로 증가하지만 근사 정확도는 높아집니다. 16배라고 해도 4096×4096 행렬이라면 $4096 \times 2 \times 16$개이므로 100분의 1 이하로 줄어듭니다. 랭크는 GPU나 NPU가 고속으로 계산할 수 있는 16이나 64 등 2의 거듭제곱으로 설정되는 경우가 많습니다.[88]

---

86 특이 값 분해에 의한 랭크 1 근사와 제곱 오차 최소화는 동일한 결과를 가져옵니다.
87 랭크는 일차 독립적인 열 벡터 개수입니다.
88 이미지 생성형 AI에서는 일반 사용자도 LoRA를 사용할 수 있는 도구가 보편화되어 있습니다. LoRA의 랭크는 이러한 도구에서 'Net Dim' 등 이름으로 부릅니다.

LoRA는 이 저랭크 근사를 파인튜닝에 포함시킵니다. 언뜻 보면 모델의 파라미터 행렬 자체를 저랭크 근사하면 될 것 같지만, LoRA 핵심은 학습 전후 차이를 저랭크 근사한다는 점에 있습니다.

▼ 그림 5-25 LoRA 개요

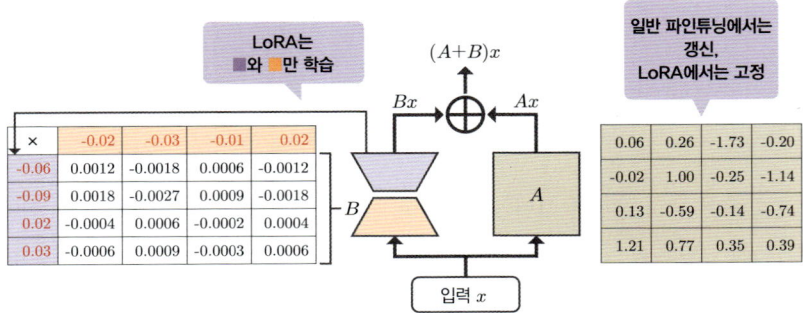

그림 5-25에서 A는 모델을 구성하는 파라미터 행렬에 해당하며, 일반적인 파인튜닝은 이를 업데이트합니다. 이 경우 업데이트하는 파라미터 수는 16개입니다. LoRA에서는 A를 고정하고, 차이 B를 저랭크 근사하여 학습합니다.[89] B는 저랭크 근사되어 있으므로 업데이트하는 파라미터 수는 여덟 개로 줄어듭니다.

B는 차이이므로 학습 후 모델의 행렬은 $A+B$이며, 입력 x에 대해 이 층이 출력해야 할 값은 $(A+B)x$라는 행렬 계산으로 표현됩니다. 이는 Ax와 Bx를 별도로 계산한 후 더한 $Ax+Bx$와 동일합니다. 이러한 구성으로 GPU의 메모리를 절약하고 더 저렴한 GPU로 모델을 실행할 수 있습니다.

그러나 정말로 이 방법으로 메모리 사용량이 줄어들까요? 일반적인 파인튜닝에서는 A를 메모리에 읽어 들여 업데이트합니다. LoRA에서 업데이트하는 것은 B이지만, 차이에는 원래 행렬이 필요하므로 A도 메모리에 읽어 들입니다. 그러면 일반적인 파인튜닝에 비해 B가 증가한 만큼 LoRA가 더 많은 메모리를

---

[89] 저랭크 근사는 입력 벡터의 차원을 한 번 줄였다가 원래 차원으로 되돌리는 작업에 해당합니다. 차이 측의 네트워크 B가 모래시계처럼 좁아진 형태로 표시되는 것은 이 '낮은 차원으로 떨어뜨렸다가 원래 차원으로 되돌리는' 작업을 나타냅니다.

사용하는 것처럼 보일 수 있습니다.

신경망을 학습할 때, GPU의 메모리는 모델의 파라미터뿐만 아니라 기울기와 최적화기도 놓아야 합니다. 이들은 상당히 크기가 크지만, 실제로는 업데이트하는 파라미터 수에 의존합니다. LoRA는 업데이트하는 파라미터 수를 대폭 줄임으로써 기울기와 최적화기가 차지하는 메모리를 작게 할 수 있습니다.

▼ 그림 5-26 LoRA가 사용하는 메모리

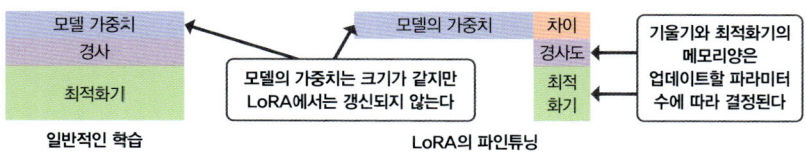

그렇다면 차라리 A를 저랭크 근사하면 좋을 것 같지만, 실제로 그렇게 하면 정확도가 크게 떨어집니다. LoRA가 잘 작동하는 이유는 차이 B가 전체적으로 0에 매우 가까운 값이며, 이를 저랭크 근사했을 때 오차도 작을 것으로 기대되기 때문입니다.

LoRA의 장점은 메모리 절약뿐만이 아닙니다. 대규모 언어 모델의 학습은 중간에 파라미터가 이상한 값으로 변해서 실패하는 등 불안정한 동작이 많은데, 저랭크 근사르 업데이트하는 파라미터를 줄이면 학습이 안정되기 쉽고 학습 시간도 단축됩니다.

또 LoRA 모델의 배포 크기가 작아집니다. 이미지 생성 모델인 스테이블 디퓨전의 모델 크기는 4.3GB[90]이며, 이를 그림체나 캐릭터별로 얻기는 어렵습니다. 그러나 LoRA에 의한 차이는 36MB 정도[91]로 1/100 크기로 충분합니다. LoRA의 배포 용이성은 이미지 생성형 AI 자체의 보급을 크게 촉진합니다.

---

[90] 스테이블 디퓨전 버전 1.5의 파일 크기입니다.
[91] 이미지 생성형 AI에서 벤치마크적으로 사용되는 카미사토 아야카 LoRA의 파일 크기입니다.
https://chimolog.co/bto-gpu-rtx-4080/

또 공통의 베이스 모델에 대해 여러 LoRA 파인튜닝을 동시에 운영할 수 있습니다. 일반적인 파인튜닝에서는 해당 모델로 추론을 수행하려면 원래 모델과 같은 메모리가 필요하지만, LoRA는 여러 차이를 적은 메모리로 실행할 수 있습니다.

앞서 A는 그대로 두어도 절약된다고 했지만, 베이스 모델이 커지면 메모리가 부족해집니다. 따라서 베이스 모델을 양자화(104쪽 참고)하여 파인튜닝하는 QLoRA[92]라는 방법도 자주 사용합니다.

> **요약**
>
> ▶ 파인튜닝은 기반 모델에 대한 추가 학습으로 적은 학습으로 다양한 작업과 스타일에 대응할 수 있습니다.
>
> ▶ 메모리를 절약하여 파인튜닝을 수행하는 LoRA 등 기술이 활발히 연구되고 있습니다.

---

92 Dettmers, Tim, et al. "QLoRA: Efficient Finetuning of Quantized LLMs." Advances in Neural Information Processing Systems 36(2024).

5.13 컨텍스트 내 학습

대규모 언어 모델은 학습 데이터에 포함된 지식만 가지고 있습니다. 따라서 새로운 정보나 특정 전문 분야 등 외부 지식을 문맥 정보로 모델에 제공하여 이를 활용한 문장을 이해하고 생성하는 방법을 문맥 내 학습이라고 합니다.

5.13.1 문맥 내 학습

대규모 언어 모델은 학습 데이터에 포함되지 않은 최신 시사나 비공개 업무 지식은 가지고 있지 않습니다. 이러한 지식을 사용한 문서의 이해나 생성을 가능하게 하려면 외부 지식을 모델에 제공해야 합니다. 대표적인 방법으로 컨텍스트 내 학습과 파인튜닝(220쪽 참고)이 있습니다. 여기에서는 문맥 내 학습을 소개합니다.

구체적인 예로 당신 회사가 EC 웹 사이트를 운영하고 있으며, 지원 창구용 AI 채팅을 제공하는 경우를 생각해 봅시다. 그냥 챗GPT를 가져와서 해결할 수 있으면 좋겠지만, 일반적인 지식만 가진 대규모 언어 모델은 당신 회사의 반품 규칙을 알지 못합니다.

> 상품을 산 지 2주가 지났는데, 반품할 수 있나요?
>
> 상품의 반품에 관해서는 구매한 매장 또는 온라인 스토어의 반품 정책에 따릅니다. 일반적으로 반품 기한은 구매 후 며칠에서 몇 주 이내로 설정되는 경우가 많지만, 매장이나 상품의 종류에 따라 다릅니다.

지원 FAQ(자주 묻는 질문)에는 다음과 같은 설명이 있으며, 질문에는 이에 따라 답변해야 합니다.

Q: 반품 정책을 알려 주세요.

A: 구매 후 30일 이내라면 사용하지 않은 상품은 전액 환불해 드립니다.

이 정보를 추가한 후 다음 프롬프트를 대규모 언어 모델에 제공하면 기대한 답변을 반환합니다.

 필요에 따라 다음 컨텍스트를 사용하여 질문 "상품을 산 지 2주가 지났는데, 반품할 수 있나요?"에 답변해 주세요.
————
Q: 반품 정책을 알려 주세요.
A: 구매 후 30일 이내라면 사용하지 않은 상품은 전액 환불해 드립니다.

 네, 가능합니다. 저희 회사의 반품 정책에 따르면 구매 후 30일 이내에 사용하지 않은 상품에 한해 전액 환불이 가능하며, 고객님 요청에 따라 반품이 가능합니다.

이와 같이 문장의 이해나 생성에 필요한 정보를 컨텍스트(문맥)라고 하며, 프롬프트에 컨텍스트를 추가하여 대규모 언어 모델이 외부 지식을 활용한 문장 생성을 수행하게 하는 방법을 컨텍스트 내 학습(in-context learning)이라고 합니다. '학습'이라는 이름이 붙어 있지만, 이는 머신러닝의 주류 접근 방식인 '학습 데이터에 맞추어 모델의 파라미터를 업데이트하는 것'과는 다릅니다.[93] 그러나 컨텍스트 내 학습은 경험(관찰)을 활용하여 작업 정확도를 향상시키기 때문에 머신러닝의 본래 정의에 부합하며, 오히려 인간 '학습'에 더 가까운 방식으로 느껴질 수도 있습니다.

> **요약**
>
> ▶ 대규모 언어 모델에 적절한 문맥을 보완하는 것을 컨텍스트 내 학습이라고 합니다.
>
> ▶ 컨텍스트 내 학습으로 외부 지식을 활용하여 문장의 이해나 생성을 수행할 수 있습니다.

---

[93] 트랜스포머의 주의 메커니즘으로 모델의 선형층 가중치 파라미터를 일시적으로 조정한다고 볼 수 있어 기존 머신러닝과 일관성도 있습니다(《대규모 언어 모델은 새로운 지능인가 ChatGPT가 바꾼 세계》, 이와나미 과학 라이브러리, 2023).

파인튜닝을 지나치게 많이 해서는 안 된다

파인튜닝은 사전 학습에 비해 훨씬 적은 양의 데이터로 진행됩니다. 따라서 필요 이상으로 파인튜닝을 하면 모델이 손상되고 언어 능력이나 지식이 손실될 수 있습니다. 다음 표는 로컬 LLM을 실제로 과도하게 파인튜닝했을 때 어떤 문제가 발생하는지 보여 주는 예시입니다.[94]

▼ 표 5-9 과잉 파인튜닝으로 발생된 문제 예시

질문	원래의 로컬 LLM	과잉 파인튜닝
후지산의 높이는?	후지산의 높이는 3776m입니다.	높이는 500mmmmmmmmmmmmmmmmmmmmmmmm입니다.
인공지능을 쉽게 설명해 주세요.	인공지능(AI)이란 컴퓨터가 인간과 같은 지능적인 작업을 수행하는 것을 의미합니다.	인공지능은 인간의 지능입니다.
영국의 수도는?	영국의 수도는 런던입니다.	영국의 도시는 런던던던던던던던던던던던던던던던던입니다.

이 예시는 의도적으로 모델이 명백히 망가지도록 설정한 환경에서 학습한 것입니다. 하지만 실제 파인튜닝에서는 이보다 더 미묘하게 정확도가 서서히 떨어지는 형태로 나타납니다.

자사 제품 정보 등 도메인 지식을 대규모 언어 모델에 추가할 수 있다면 이상적이겠지만, 파인튜닝으로 지식을 충분히 주입할 만큼 학습 횟수를 실행하는 것은 현실적으로 어렵습니다. 이에 따라 대규모 언어 모델에 특정 지식을 정밀하게 추가하거나 업데이트하는 '지식 편집'[95]이나 '모델 합성'[96] 같은 기술도 활발히 연구되고 있습니다.

---

[94] ELYZA-7B 모델을 databricks-dolly-15k-ja 데이터셋으로 파인튜닝한 설정입니다. 학습률은 1e-3, 미니배치 크기는 4, 총 100스텝으로 진행되었습니다. 업데이트 횟수를 늘리는 대신 학습률을 높이는 방식을 적용했습니다.

[95] Zhang, Ningyu, et al. "A Comprehensive Study of Knowledge Editing for Large Language Models." arXiv preprint arXiv:2401.01286(2024).

[96] Bansal, Rachit, et al. "LLM Augmented LLMs: Expanding Capabilities through Composition." arXiv preprint arXiv:2401.02412(2024).

6장

트랜스포머

이 장에서는 신경망이 언어를 어떻게 이해하고 생성하게 되었는지 그 진화 과정을 살펴봅니다. 트랜스포머라는 모델은 뛰어난 성능과 유연성을 바탕으로 AI의 언어 처리 분야에 혁신을 가져왔습니다. 기존 방식과 비교하여 트랜스포머가 어떻게 더 효율적으로 문맥을 파악하고 자연스러운 언어를 생성할 수 있는지 그 원리를 설명합니다.

6.1 회귀형 신경망(RNN)

문장은 토큰의 열로 표현되지만, 그 길이는 일정하지 않습니다. 이를 신경망으로 처리하려면 가변 길이의 입력을 유연하게 다룰 수 있는 모델이 필요합니다.

6.1.1 벡터의 차원

일반적인 신경망 모델에서는 입력과 출력 데이터의 차원이 미리 고정되어 있습니다. 여기에서 '차원'이란 벡터를 구성하는 요소 개수를 의미합니다. 예를 들어 (2, 3, 5)처럼 세 요소로 구성된 벡터는 3차원입니다. 다음 그림의 예시는 2차원 이미지 데이터로 각 픽셀(화소)의 색상이나 밝기를 수치로 표현한 값이 8×8=64개 있으므로 이를 벡터로 나타내면 64차원이 됩니다.[1]

▼ 그림 6-1 이미지를 나타내는 8×8=64차원 벡터

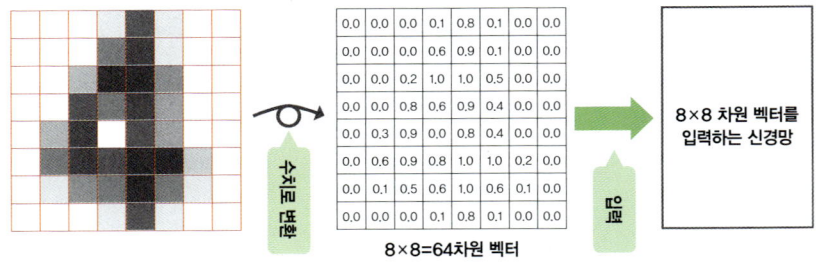

---

1   이미지 같은 데이터는 단순히 1열의 벡터로 해석하기보다는 8×8 형태 그대로 다루는 것이 바람직합니다. 이렇게 하면 세로와 가로 방향의 인접 정보를 활용할 수 있어 모델 정확도를 높일 수 있습니다. 성분이 여러 방향으로 배열된 양을 텐서라고 하며, 성분이 배열된 방향 개수를 텐서의 계수(階數)라고 합니다. 예를 들어 벡터는 1계의 텐서, 행렬은 2계의 텐서로 간주할 수 있습니다.

이미지 처리 신경망에서는 입력 이미지의 세로와 가로 픽셀 수가 보통 정해져 있으며, 크기가 다른 이미지는 크기를 조정하여 네트워크에 입력합니다.

이를 텍스트에 적용하면 입력 문장 길이(토큰 수)를 미리 정해 두는 것과 비슷하지만, 문장 길이는 일정하지 않고 이미지처럼 단순히 크기를 조정할 수도 없습니다.

이 문제를 해결하는 방법 중 하나는 입력 데이터의 차원을 미리 충분히 크게 설정한 후 필요하면 패딩(채우기)을 추가하여 입력 차원을 맞추는 것입니다. 패딩은 여러 데이터를 한 번에 처리하는 미니 배치 학습에서 데이터 간 길이를 맞추는 데 자주 사용됩니다.

▼ 그림 6-2 패딩으로 가변 길이 입력에 대응

The	kitten	is	playing	with	a	ball	.
The	cat	sleeps	all	day	.	[PAD]	[PAD]

입력문 길이를 맞추려고 '[PAD]'라는 특수 토큰으로 채움

6.1.2 회귀형 신경망

또 다른 방법은 가변 길이의 입력을 처리할 수 있는 전용 네트워크를 사용하는 것입니다. 그 대표적인 예가 <u>회귀형 신경망</u>(Recurrent Neural Network, RNN)입니다.[2]

RNN에서는 입력 시퀀스의 길이에 맞추어 'RNN 블록'이라는 네트워크를 반복적으로 연결합니다. 이러한 구성 덕분에 가변 길이의 입력을 처리할 수 있는 네트워크가 됩니다.

---

2 여기에서 회귀형은 '재귀형'으로 번역되기도 하지만 동일하게 '재귀형'으로 번역합니다. 약칭도 RNN인 Recursive Neural Network와 혼동될 수 있습니다. 두 모델은 개념적으로 유사한 면이 있지만 Recursive NN은 트리 구조의 데이터를, Recurrent NN은 시퀀스(순차) 데이터를 처리한다는 점에서 차이가 있습니다. 시퀀스 데이터를 가지가 없는 트리 구조로 간주하면 Recurrent NN을 Recursive NN의 일종으로 볼 수도 있습니다.

▼ 그림 6-3 RNN의 기본 구성

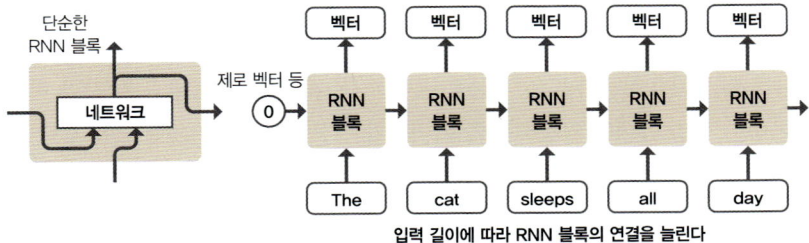

입력 길이에 따라 RNN 블록의 연결을 늘린다

RNN 블록은 시퀀스의 각 요소에 대해 입력과 출력을 처리하며, 앞뒤의 RNN 블록과도 정보를 주고받는 구조로 되어 있습니다. 시퀀스 내 위치에 관계없이 동일한 파라미터를 공유한다는 점도 특징입니다. 예를 들어 다음 항목에서 설명할 RNN 기반 언어 모델에서는 RNN 블록에 단어의 임베딩 벡터를 입력하고, 다음 단어의 확률 분포를 출력합니다.

기본 구성도에서는 RNN 블록이 한 단으로 표현되지만, 실제 모델에서는 RNN 블록을 여러 개 겹쳐 구성한 다층 구조를 사용합니다. 층이 깊어질수록 학습은 더 어렵지만, 모델의 표현력과 예측 정확도는 일반적으로 향상됩니다.

또 각 층에서 RNN 블록의 연결 방향을 반대로 하여 뒤의 문맥까지 고려할 수 있도록 한 양방향 RNN[3] 같은 변형 기법도 있습니다.

▼ 그림 6-4 RNN 구성 예(다층 RNN, 양방향 RNN)

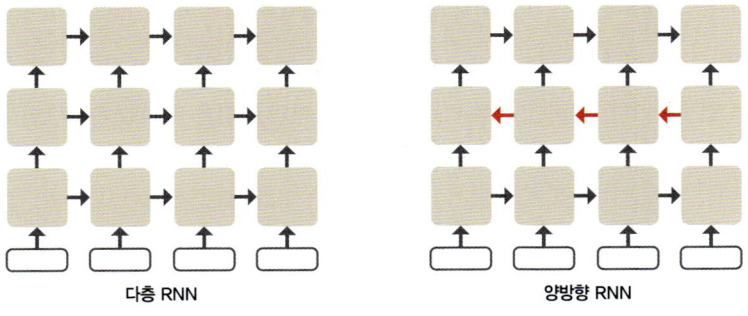

다층 RNN   양방향 RNN

---

[3] Schuster, Mike, and Kuldip K. Paliwal. "Bidirectional Recurrent Neural Networks." IEEE transactions on Signal Processing 45.11(1997): 2673–2681.

6.1.3 언어 모델로서 RNN

이번에는 RNN을 활용하여 문장을 생성하는 자기 회귀형 언어 모델을 어떻게 구현하는지 살펴보겠습니다.

▼ 그림 6-5 언어 모델로서 RNN

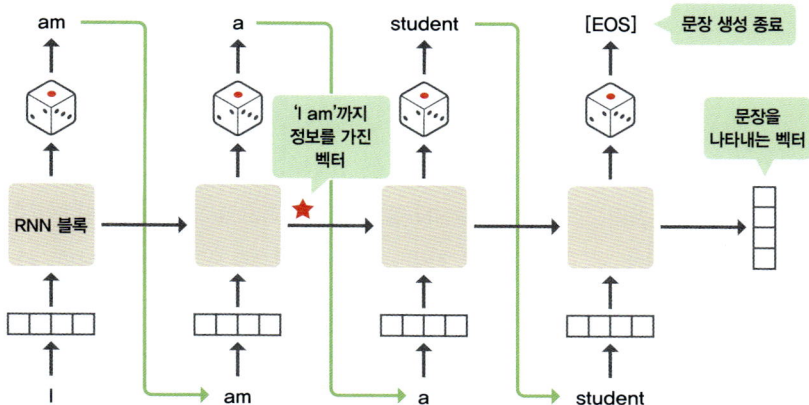

RNN은 전형적인 자기 회귀 언어 모델(176쪽 참고)이므로 일반적인 방식으로 문장 생성을 수행하는 언어 모델로 활용할 수 있습니다. 즉, 각 단어(토큰)를 벡터로 변환하여 네트워크에 입력하고, 출력된 단어의 확률 분포(그림에서는 주사위 이미지로 표현)에서 다음 단어를 선택한 후 그 단어를 다시 입력에 추가하는 과정을 반복합니다. 그리고 EOS(End Of Sentence)라는 특별한 토큰이 출력되면 문장 생성을 종료합니다.[4]

RNN 블록 간에 전달되는 벡터에는 해당 시점까지 문장 정보가 적절히 저장되어 있다고 볼 수 있습니다. 예를 들어 그림 6-5에서 ★로 전달되는 벡터는 문장의 'I am'까지 정보를 포함하고 있으므로 이후 'I am a table'이나 'I am a mountain' 같은 문장이 아니라, 'student'나 'Korean'처럼 주어 'I(나)'와 자연스럽게 연결되는 단어가 생성될 가능성이 높습니다.

---

[4] 문장의 시작에는 BOS(Beginning Of Sentence)라는 특별한 토큰을 입력하는 방식도 있습니다.

문장 끝에 위치한 RNN 블록에서 출력되는 벡터는 문장 전체를 대표하는 벡터로 해석할 수 있습니다. 이러한 방식으로 문장을 벡터로 변환하는 기능에 주목하여 이 구조를 인코더(encoder)(부호화기)라고도 부릅니다.

6.1.4 장거리 의존성과 LSTM

신경망의 층이 깊어질수록 경사 소실 등 문제가 발생하여 학습이 어려워지는 현상이 나타납니다(90쪽 참고). RNN은 구조적인 특성상 이러한 문제의 영향을 직접적으로 받는 모델입니다. 겉보기에는 RNN이 그리 깊어 보이지 않지만, 실제로는 시퀀스의 각 요소마다 RNN 블록이 순차적으로 연결되어 하나의 층으로 연결된 이 전체 구조가 문장 길이만큼 깊이를 갖는 신경망이 됩니다. 즉, 문장이 길어질수록 네트워크도 그만큼 깊어져 장거리 의존성을 학습하는 데 어려움이 발생합니다.

▼ 그림 6-6 실제로는 더 깊은 RNN

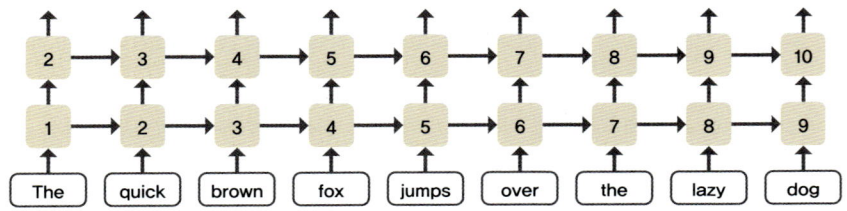

숫자는 문장의 시작부터 계산한 층의 깊이가 된다

RNN이 깊은 네트워크이기 때문에 학습이 어렵다는 점 외에도 몇 가지 중요한 문제가 있습니다. RNN 블록은 이전 블록에서 받은 벡터에 현재 토큰 정보를 추가하여 다음 블록으로 전달하는 역할을 합니다. 이 벡터에 모든 문맥 정보를 담을 수 있다면 이상적이지만, 벡터 차원이 고정되어 있어 저장할 수 있는 정보량에는 본질적으로 한계가 있습니다. 또 RNN 블록 내부의 연산 과정에서 정보가 손실되는 경우도 발생할 수 있습니다.

즉, RNN은 문장이 길어질수록 정보를 점점 잊어버리는 경향이 강합니다. 예를 들어 '「'나 '(' 같은 괄호는 열리면 반드시 닫아야 하지만, 문장이 길어지거나 괄호가 중첩되면 닫는 괄호를 자주 잊어버리게 됩니다. 또 다른 예로 일본어에서는 주어가 문장 처음에, 술어가 문장 끝에 위치하는 경우가 많아 둘 사이 거리가 멀어지면 정확하게 대응하는 것이 어려운 문제도 있습니다. 이러한 현상을 자연어 처리 분야에서는 장거리 의존성(long-range dependence) 문제라고 합니다.

RNN 블록에 장기 기억의 역할을 수행하는 '기억 셀'을 두고, 정보의 기록과 망각을 제어하는 구조를 도입하여 장거리 의존성 문제를 해결하고 정확도를 크게 향상시킨 모델이 바로 LSTM(Long Short-Term Memory)(장·단기 기억 네트워크)입니다.

▼ 그림 6-7 LSTM의 기본 구성

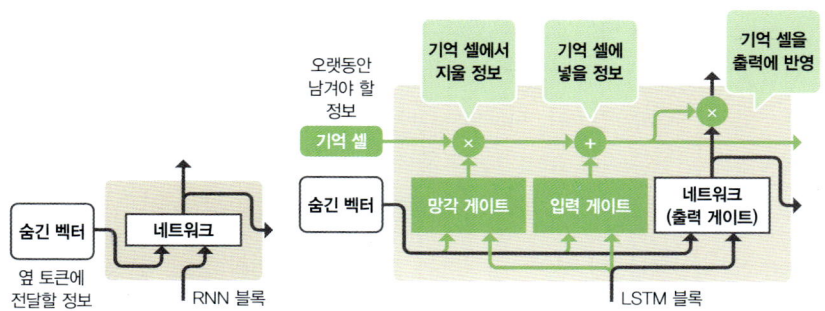

그림 6-7의 오른쪽은 LSTM 블록 구성입니다. 단순한 RNN 블록과 비교하면 기억 셀이라는 고정된 벡터가 추가되며, 망각 게이트와 입력 게이트(이들도 신경망으로 구성)로 기억 셀에 어떤 정보를 저장하고 버릴지를 정밀하게 제어합니다. 간단히 말해 LSTM을 사용하는 방법은 기존 RNN 네트워크 블록을 이 LSTM 블록으로 교체하는 것만으로 충분합니다.

이 구조 덕분에 괄호의 짝 맞추기나 장거리 주어, 술어 대응 같은 문제를 훨씬 더 정확하게 처리할 수 있게 되었고, 자연어 처리에서 여러 과제를 신경망 기반으로 정밀하게 해결할 수 있게 되었습니다. 이 시기의 자연어 처리 관련 논문 대부분은 LSTM을 채택하고 있으며, 이미지 처리 분야에 다소 늦기는 했지만, 자연어 처리 역시 이 시점부터 본격적으로 심층 학습 시대에 접어들었습니다.[5]

자연어 처리에 극적인 발전을 가져온 LSTM이었지만, 여전히 한계는 있습니다. 기억 셀 역시 고정 길이의 벡터이기에 문장이 길어질수록 정보를 잊기 쉬운 문제는 완전히 해결되지 않습니다. 특히 여러 문장에 걸친 문맥을 올바르게 처리하는 것은 LSTM에도 여전히 어려운 과제였습니다.

6.1.5 인코더-디코더

앞서 RNN을 사용하여 문장을 벡터로 변환하는 인코더 역할을 살펴본 바 있습니다. 이와 반대로 벡터를 문장으로 변환하는 역할을 하는 것이 디코더(복호기)입니다. 인코더와 디코더를 결합함으로써 특정 문장을 벡터로 변환하고, 그 벡터를 바탕으로 새로운 문장을 생성하는 일련의 프로세스를 구현할 수 있습니다. 이러한 구조를 인코더-디코더(encoder-decoder)라고 합니다.[6] 이 구조는 번역(원문과 번역문)이나 요약(긴 원문과 짧은 요약문)처럼 하나의 문장을 입력하고, 다른 문장을 출력하는 형태의 작업에 효과적으로 활용됩니다.

RNN으로 인코더-디코더를 구현하는 경우 그림 6-8과 같이 하나로 연결된 RNN 모델을 떠올릴 수 있습니다. 예를 들어 'I like cats'를 '나는 고양이를 좋아합니다'로 번역하는 것을 학습하려면 'I like cats [BOS] 나는 고양이를 좋아합니다 [EOS]'라는 문장으로 학습을 진행합니다.

---

[5] LSTM의 장기 기억 구조를 단순화한 모델인 GRU(Gated Recurrent Unit)도 자주 사용됩니다.
Cho, Kyunghyun, et al. "Learning Phrase Representations using RNN Encoder-Decoder for Statistical Machine Translation." arXiv preprint arXiv:1406.1078(2014).

[6] 인코더-디코더는 Sequence-to-Sequence(seq2seq) 모델이라고도 합니다.

▼ 그림 6-8 RNN에 의한 인코더-디코더

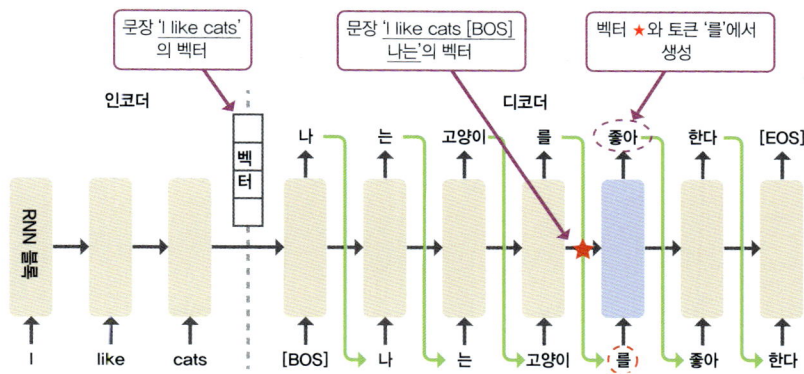

[BOS]는 'Beginning Of Sentence'의 약어로 [EOS]와 마찬가지로 모델에 지시를 내리는 특별한 토큰입니다.[7] 이 [BOS] 토큰을 구분점으로 간주하여 그 앞의 시퀀스를 인코더, 그 뒤를 디코더로 구분합니다. 단 인코더와 디코더라고 해서 네트워크 구조가 달라지는 것은 아니며, 동일한 RNN 구조를 공유합니다.[8]

예를 들어 'I like cats'를 인코더-디코더 구조로 번역하려면 먼저 번역 대상 문장인 'I like cats'를 인코더에 입력하고, 이어서 디코더에 [BOS] 토큰을 전달합니다. 이후에는 RNN 블록의 출력을 바탕으로 다음 단어를 예측하고, 예측된 단어를 다시 입력하여 문장을 차례차례 생성해 나갑니다.

그림 6-8의 예시에서 파란색 RNN 블록의 작동을 살펴보겠습니다. 이 블록에는 이전 블록에서 전달된 'I like cats [BOS] 나는 고양이'까지 문맥을 담은 벡터와 현재 토큰 '가'에 대한 벡터가 입력됩니다. 이러한 입력을 바탕으로 문맥 속에서 동사 'like'의 정보를 적절히 추출하고, 이를 반영하여 단어 '좋아'를 생성하는 것이 이 블록의 역할입니다. 이를 실현하려면 인코더가 전달하는 벡터에 필요한 정보가 충분히 저장되어 있어야 하며, 디코더는 그 벡터에서 적절한 타이밍에 필요한 정보를 정확히 추출해야 합니다. 이처럼 복잡하고 어려운 과

---

[7] 두 문장을 구분하려고 SEP(SEParator) 토큰을 사용하는 방식도 있습니다.
[8] RNN 블록의 파라미터는 인코더와 디코더가 공유할 수도 있고 각각 별도로 설정할 수도 있습니다.

정을 RNN이나 LSTM은 의외로 잘 수행하지만, 문장이 길어질수록 정보가 누락되거나 흐려져 성공률이 낮아지는 문제가 여전히 있습니다.

요약

- RNN은 가변 길이의 입력을 처리할 수 있는 깊은 네트워크 구조이지만, 정보를 잊어버리는 문제가 있습니다. 이를 보완한 LSTM은 자연어 처리 분야에서 널리 사용되어 왔습니다.
- 인코더–디코더는 문장을 다른 문장으로 변환하는 모델로 번역이나 요약 등 작업에 활용됩니다.

6.2 주의 메커니즘

인간의 인지에서는 눈이나 귀를 통해 들어오는 모든 정보가 아닌 그중 일부에 집중하는 뇌의 작용이 있습니다. 인지 과학이나 심리학에서는 이를 주의 메커니즘이라고 합니다. 이 메커니즘을 모델링함으로써 신경망의 정확도가 크게 향상되었습니다.

6.2.1 인간의 인지와 주의 메커니즘

▼ 그림 6-9 영상에서 고양이를 찾아낼 때 주목할 포인트

예를 들어 어떤 영상을 보고 고양이가 있다고 판단할 때, 우리는 영상 전체가 아닌 특정 부분에 주목합니다. 뾰족한 귀, 특징적인 눈, 둥근 얼굴과 코의 형태, 수염의 생김새 등은 고양이라는 판단을 가능하게 하는 주요 단서가 됩니다. 반면에 배경이나 담장 같은 요소는 고양이 여부를 판단하는 데 필요하지 않기 때문에 자연스럽게 무시됩니다.

이렇게 판단에 필요한 정보에 집중하고, 불필요한 정보를 배제하는 인간의 인

지적 특성을 주의 메커니즘(attention) 또는 간단히 주의라고 합니다. 또 혼잡한 장소나 술자리처럼 주변에 소음이 많은 상황에서도 대화 상대의 목소리를 자연스럽게 들을 수 있는 인간의 능력 역시 주의 메커니즘의 대표적인 예로 자주 언급됩니다.[9]

6.2.2 주의 메커니즘의 기본

주의 메커니즘의 개념 자체는 오래전부터 있었지만, 2010년대 중반부터 신경망에 이를 통합하려는 시도가 활발해졌습니다.

현재의 대규모 언어 모델에 적용된 주의 메커니즘은 구조가 복잡하므로 먼저 단일 주의 메커니즘으로 구성된 Memory Network를 소개하겠습니다. Memory Network는 주어진 질문에 대해 적절한 정보를 기억에서 꺼내어 답변하는 모델입니다.[10]

Memory Network가 다루는 문제는 다음과 같은 정보가 주어진 상황에서 'Where is Daniel?'(다니엘은 어디에 있나요?)이라는 질문에 적절히 답변하는 질문 응답 작업입니다.

1. Mary moved to the bathroom(메리는 욕실로 이동했다).
2. John went to the hallway(존은 복도로 갔다).
3. Daniel went back to the hallway(다니엘은 복도로 돌아갔다).

---

9 https://ko.wikipedia.org/wiki/칵테일_파티_효과
10 자연어 처리의 많은 작업은 질문 응답 형태로 귀결될 수 있다는 관점이 제시되었으며, 이는 범용 인공지능(AGI)을 향한 한 걸음으로 제안되었습니다. 이 과정에서 주의 메커니즘, Position Encoding 등 현재까지도 널리 사용하는 다양한 기술을 채택했습니다. 여기에서는 Memory Network의 두 번째 버전인 End-to-End Memory Network를 소개합니다. Sukhbaatar, Sainbayar, Jason Weston, and RobFergus. "End-to-End Memory Networks." Advances in neural information processing systems, 2015.

이 문제는 다음 단계를 거쳐 해결할 수 있습니다. 먼저 주어진 정보 중 질문과 관련된 내용을 선별합니다. 이후 '다니엘'을 언급한 세 번째 문장을 찾아냅니다. 마지막으로 해당 문장 정보에서 'hallway(복도)'를 추출하여 답변합니다.

Memory Network는 이러한 해결 절차를 신경망 계산 과정에 반영합니다. 이 모델은 관련된 정보를 메모리(기억)에 저장하고, 사용자에게 받은 질문에 따라 메모리를 검색하여 적절한 답변을 생성합니다.

▼ 그림 6-10 Memory Network 모델 개요

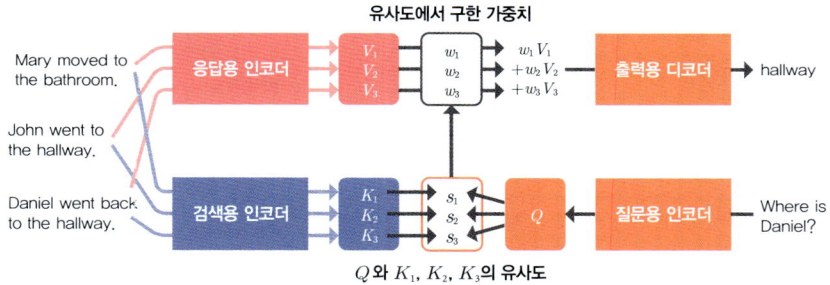

Memory Network에서는 정보 문장을 인코더[11]를 이용하여 벡터로 변환한 후 이를 기억에 저장합니다. 이때 하나의 정보에 대해 검색용 벡터와 응답용 벡터 두 가지를 따로 준비하는 것이 Memory Network의 핵심적인 특징입니다.

다음으로 질문에 답변하는 절차를 살펴보겠습니다. 질문 문장 역시 벡터로 변환되며, 이 질문 벡터를 사용하여 기억 속 정보를 검색합니다. 검색 과정에서는 저장된 검색용 벡터들과 유사도를 계산하여 가장 관련성이 높은 정보에 주목합니다. 이후 해당 정보에 대응하는 응답용 벡터를 기반으로 디코딩하여 최종적인 답변을 생성합니다.[12] 이처럼 '필요한 정보를 선택하여 주목하는' 구조가 바

---

[11] 앞 절에서는 RNN을 사용한 인코더를 소개했지만, Memory Network에서는 인코더가 단순히 '단어 임베딩 벡터의 총합'으로 구성됩니다.

[12] Memory Network가 다루는 작업은 응답이 하나의 단어로 제한되며, 그 어휘 역시 미리 정해진 범위 내에 있습니다. 따라서 디코더는 단어 하나를 선택하는 방식으로 작동합니다. 현재 대규모 언어 모델을 알고 나면 믿기 어려울 수도 있지만, 이 역시 10년 전에는 충분히 도전적인 문제였습니다.

로 주의 메커니즘입니다.

이제 Memory Network에서 주의 메커니즘 부분만 추출해서 살펴보겠습니다.

먼저 정보 문장 세 개는 각각 검색용 인코더와 응답용 인코더를 이용하여 벡터로 변환되어 메모리에 저장합니다. 이 검색 과정은 Key-Value 스토어(KVS)라는 데이터베이스 개념에서 착안한 것입니다. 이에 따라 검색용 벡터는 각각 K_1, K_2, K_3으로 표기되고 응답용 벡터는 V_1, V_2, V_3으로 표기됩니다. 이 중에서 특히 주목해야 할 정보는 V_3입니다.

▼ 표 6-1 Memory Network의 기억

No.	정보	검색(Key)	응답(Value)
1	Mary moved to the bathroom.	K_1	V_1
2	John went to the hallway.	K_2	V_2
3	Daniel went back to the hallway.	K_3	V_3

다음으로 질문 문장(query)인 'Where is Daniel?' 역시 검색용 인코더를 이용하여 벡터 Q로 변환됩니다. 그런 다음 Q와 검색용 벡터 K_1, K_2, K_3과 각각 유사도를 계산합니다. 이 유사도는 질문에 대한 응답에 얼마나 도움이 되는지 나타내며, 가장 유사한 정보가 응답에 가장 유용한 정보로 간주됩니다. 이처럼 질문과 관련된 정보를 벡터 계산만으로 추출할 수 있습니다.

다만 가장 유사한 정보를 하나만 선택하는 직관적인 방식은 사용하지 않습니다. 이는 이후에 설명하겠지만, 신경망 학습과 잘 맞지 않기 때문입니다. 그 대신 유사도를 기반으로 계산한 가중치(합이 1이 되도록 정규화된 값)를 사용하여 평균을 구하는 방식을 선택합니다.[13]

---

13 Memory Network의 초기 버전에서는 유사도가 가장 높은 정보를 하나 선택하는 방식을 사용했지만, 이후 버전에서는 본문에서 설명한 방식으로 변경되었습니다. 유사도가 가장 높은 정보를 단일 선택하는 방식은 하드 주의 메커니즘(hard attention), 가중치 평균을 사용하는 방식은 소프트 주의 메커니즘(soft attention)이라고 합니다. 현재 하드 주의 메커니즘은 기본적으로 사용하지 않습니다.

여기에서는 가중치가 각각 0.02, 0.04, 0.94라고 가정하고 설명을 이어 가겠습니다. 이때 응답용 벡터 V_1, V_2, V_3에 이러한 가중치를 적용하여 평균을 구하는 계산은 다음과 같습니다.

$$V = 0.02V_1 + 0.04V_2 + 0.94V_3$$

이 벡터를 디코더로 복호화하여 응답을 생성하는 것이 Memory Network의 전체적인 처리 흐름이며, 이 계산 절차는 곧 신경망의 주의 메커니즘 그 자체입니다.

6.2.3 인코더-디코더와 주의 메커니즘

이번에는 RNN 기반 인코더-디코더 구조(240쪽 참고)에 주의 메커니즘을 통합하는 방법을 소개하겠습니다.

▼ 그림 6-11 RNN에 의한 인코더-디코더(주의 메커니즘을 통합하기 전)

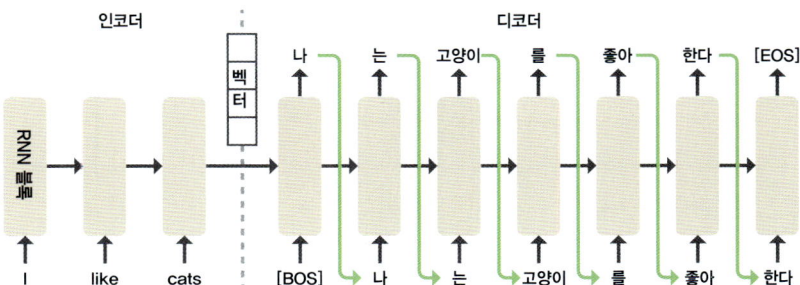

그림 6-11은 'I like cats'를 '나는 고양이를 좋아한다'로 번역할 때 인코더-디코더 구조를 나타낸 것입니다. 인코더-디코더에서는 번역 대상 문장인 'I like cats'에 이어 [BOS] 토큰을 RNN에 입력하고, 이후 예측된 단어를 번역문의 첫 번째 토큰으로 간주하여 문장을 계속 생성해 나갑니다.

이때 '나는 고양이가' 다음에 올 단어인 '좋아'를 예측할 경우 번역 원문의 동사 정보를 인코더-디코더의 긴 네트워크로 올바르게 전파하기보다는 주의 메커니즘으로 직접 참조하는 방식이 사용됩니다.

구체적으로는 먼저 '나는 고양이가'까지 입력한 RNN 블록(다음 페이지의 ★가 표시된 블록)의 출력에서 질문 벡터 Q를 생성합니다. 그리고 번역 원문의 각 토큰에 해당하는 인코더의 모든 RNN 블록에서 검색용 키 K와 값 V를 만듭니다. 이후에는 Memory Network와 마찬가지로 주의 메커니즘으로 출력 벡터를 계산합니다. 이 과정에서 'like'에서 만들어진 K_2와 Q 사이의 유사도는 높아지고, 그 결과 V_2에 더 큰 가중치를 부여하는 방식으로 동작할 것으로 기대됩니다.

▼ 그림 6-12 RNN 인코더-디코더와 주의 메커니즘

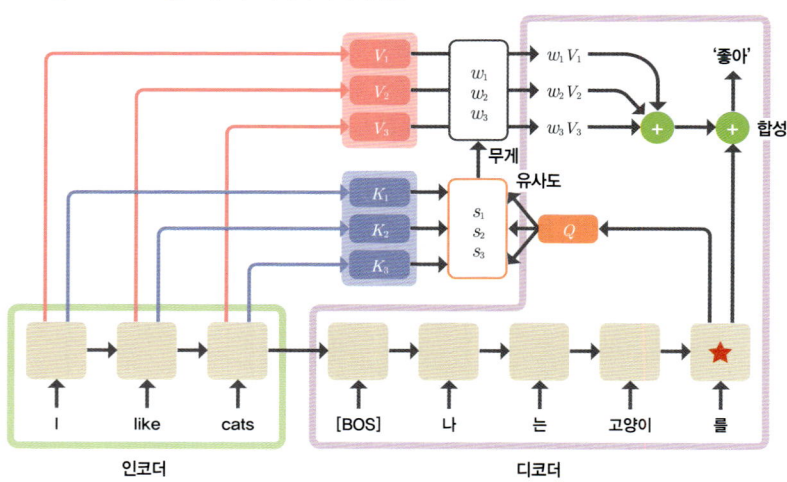

다만 주의 메커니즘에는 참조하는 토큰 수에 따라 계산 시간이 증가하는 단점이 있습니다. 예를 들어 토큰 수가 두 배가 되면 계산 시간은 네 배가 됩니다. 또 주의 메커니즘이 참조하는 각 블록의 계산 결과를 유지하는 데 필요한 메모리 역

시 문장 길이에 비례하여 증가합니다. 이러한 단점을 보완하려고 주의 메커니즘의 고속화와 메모리 효율화 연구도 활발히 진행되고 있습니다.[14, 15]

요약

- 주의 메커니즘은 중요한 정보에 주목하는 인간의 인지 구조를 신경망으로 모델링한 것입니다.
- 주의 메커니즘을 인코더-디코더 모델에 통합함으로써 모델의 정확도는 크게 향상되었습니다.

---

14 Child, Rewon, et al. "Generating Long Sequences with Sparse Transformers." arXiv preprint arXiv:1904.10509(2019).

15 Dao, Tri, et al. "FlashAttention: Fast and Memory-Efficient Exact Attention with IO-Awareness." Advances in Neural Information Processing Systems 35(2022): 16344-16359.

6.3 주의 메커니즘의 계산

주의 메커니즘이 왜 잘 작동하는지 이해하려면 그 계산 방법을 알아야 합니다.

6.3.1 주의 메커니즘 계산

주의 메커니즘은 다음 세 가지 계산 과정으로 구현됩니다.

1. 검색 키 K, 값 V, 질문 Q의 계산
2. K와 Q의 유사도 계산
3. 유사도를 기반으로 계산한 가중치를 사용하여 V를 평균

검색 키 K, 값 V, 질문 Q의 계산

RNN 블록의 출력에서 간단한 행렬 계산을 사용하여 각각 K, V, Q를 구합니다. 여기에서 간단한 행렬 계산이란 벡터 (x_1, x_2)에서 (y_1, y_2)를 다음 방식으로 계산하는 것입니다. 단 실제 벡터의 차원은 4000차원이나 1만 6000차원 등 매우 높습니다.

$$\begin{cases} y_1 = ax_1 + bx_2 \\ y_2 = cx_1 + dx_2 \end{cases}$$

a, b, c, d는 이 단계에서 사용하는 파라미터에 해당하며 K, V, Q 각각이 독립적인 파라미터를 가집니다. 더 복잡한 계산으로 대체할 수도 있지만, 이 간단한 행렬 계산만으로도 충분히 높은 정확도를 얻을 수 있는 것으로 알려져 있습니다.

▼ 그림 6-13 RNN 블록에서 검색 키 K, 값 V, 질문 Q를 계산

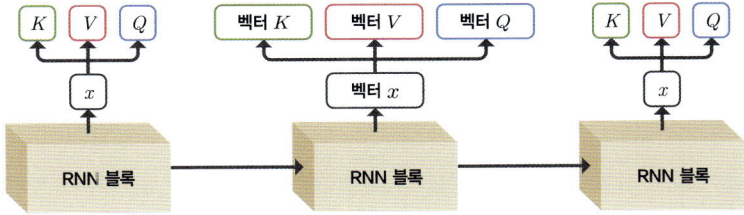

K와 Q의 유사도 계산

주의 메커니즘에서 유사도를 계산하는 방법은 처음에는 여러 가지가 제안되었지만, 현재는 가장 단순한 방식인 내적 주의 메커니즘(dot-product attention)을 널리 사용합니다. 구체적으로 벡터 K가 (k_1, k_2, k_3), Q가 (q_1, q_2, q_3)이라면 유사도는 다음과 같이 계산합니다.

$$s = k_1q_1 + k_2q_2 + k_3q_3$$

이 계산은 벡터의 내적(dot product)에 해당합니다.[16] 벡터의 내적은 벡터끼리 유사할수록(같은 방향을 향할수록) 값이 커지는 특징이 있습니다.[17]

▼ 그림 6-14 K와 Q의 유사도 계산

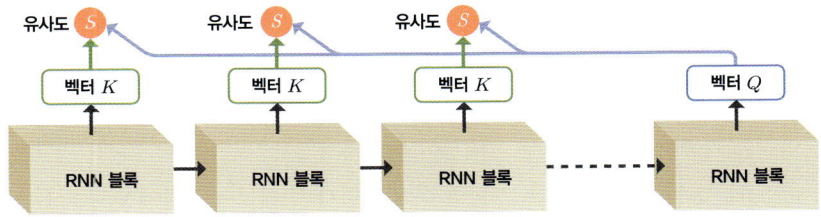

---

[16] 시퀀스가 길어지면 내적 계산 항의 수가 증가하고, 그에 따라 분산도 커집니다. 현재 대규모 언어 모델에서는 로컬 LLM에서도 시퀀스 길이가 1만 초과하는 경우가 많아 분산 증가를 무시할 수 없습니다. 이에 따라 내적 결과를 시퀀스 길이의 제곱근으로 나누어 분산을 조정한 Scaled Dot-Product Attention이 주로 사용됩니다.

[17] 내적을 두 벡터의 길이로 나누면 벡터가 이루는 각도의 코사인(여현)에 해당하는 값을 얻을 수 있습니다. 이 값을 코사인 유사도라고 하며, 벡터 간 유사도를 나타내는 지표로 사용됩니다.

유사도를 기반으로 계산한 가중치를 사용하여 V를 평균

주의 메커니즘의 출력은 유사도가 가장 높은 값 하나를 선택하는 것이 아니라, 유사도를 기반으로 계산한 가중치 평균이 됩니다. 그렇다면 '가중치 평균'이란 무엇일까요?

예를 들어 학교 시험에서 A반의 평균 점수가 60점, B반의 평균 점수가 70점이라고 합시다. 이때 두 반의 평균 점수를 단순히 계산하면 (60+70) / 2 = 65점이 됩니다. 그러나 실제로 A반 학생 수가 30명이고 B반 학생 수가 20명이라면 단순 평균은 적절하지 않습니다.

A반 30명의 총 점수는 30×60 = 1800점, B반 20명의 총 점수는 20×70 = 1400점입니다. 이를 합산하여 전체 학생 수인 50명으로 나누면 진정한 전체 평균인 64점을 얻을 수 있습니다. 여기에서 각 반의 학생 수를 전체에 대한 중요도(영향력의 크기)로 간주하여 평균을 낸 것이 바로 가중치 평균입니다.[18]

$$\frac{30 \times 60 + 20 \times 70}{30 + 20} = \frac{3200}{50} = 64$$

이 가중치 평균의 식에서 먼저 나눗셈을 계산하면 계수의 합이 1이 되는 형태로 나타낼 수 있습니다.

$$\frac{30 \times 60 + 20 \times 70}{30 + 20} = \frac{30}{50} \times 60 + \frac{20}{50} \times 70 = 0.6 \times 60 + 0.4 \times 70$$

이처럼 가중치 값 w가 모두 0 이상이고 합쳐서 1이 되는 경우 가중치 평균은 $w_1x_1+w_2x_2+w_3x_3$의 형태로 계산할 수 있습니다.[19] 이는 신경망에서 자주 등장하는 형태의 식이며, 앞서 설명한 유사도 계산도 구조가 같습니다.

그러나 유사도 값은 음수가 될 수도 있고 합이 1이 되지 않기에 그대로는 가중치로 사용할 수 없습니다. 이 조건을 만족시키려고 소프트맥스(SoftMax) 함수가

---

[18] 중요도가 균등한 경우 가중치 평균은 일반적인 평균(산술 평균)과 일치합니다.
[19] 이 조건을 만족하는 식을 볼록 결합이라고 합니다. 이는 이산 확률 분포에 대한 기댓값 정의와도 일치합니다.

사용됩니다. 소프트맥스 함수는 문장을 생성할 때 단어 점수를 확률로 변환하는 과정(181쪽 참고)에서 온도가 1일 때 사용하는 식과 동일합니다.[20]

예를 들어 질문과 세 정보 간 유사도가 각각 s_1, s_2, s_3일 때 세 정보에 대한 가중치는 다음과 같이 계산합니다.

$$w_1 = \frac{e^{s_1}}{e^{s_1} + e^{s_2} + e^{s_3}}, w_2 = \frac{e^{s_2}}{e^{s_1} + e^{s_2} + e^{s_3}}, w_3 = \frac{e^{s_3}}{e^{s_1} + e^{s_2} + e^{s_3}}$$

e^{s_1}은 소위 지수 함수에 해당하며, 여기에서 e는 자주 사용되는 상수로 약 2.718입니다. '배수로 증가하는 빠른 증가 속도'를 표현할 때 '지수 함수적으로 증가한다'고 말하듯이, 지수 함수는 약간의 차이에도 결과가 매우 크게 변합니다. 따라서 소프트맥스 함수로 계산된 가중치는 하나의 값만 1에 가까워지고, 나머지는 0에 가까워지기 쉽습니다. 즉, 형식적으로는 가중치 평균이라고 하지만, 실제로는 하나의 목표 정보를 선택하는 구조에 가깝습니다.

$$\text{가중치 평균} = w_1 V_1 + w_2 V_2 + w_3 V_3$$

마지막으로 주의 메커니즘에서 계산한 가중치 평균에 원래의 RNN 블록 출력을 더합니다. 이 과정을 거쳐 주의 메커니즘의 계산이 완료됩니다.

▼ 그림 6-15 V의 가중치 평균과 원래 블록의 출력 합을 취한다

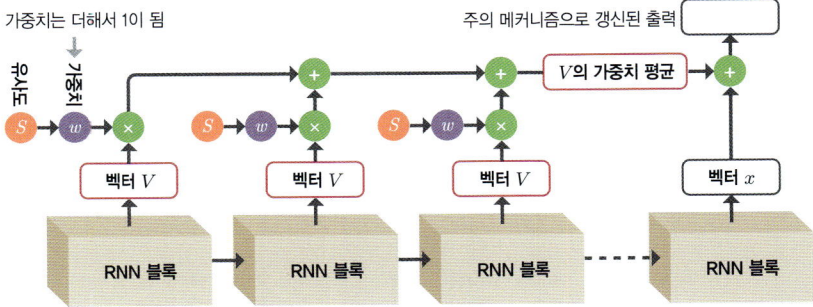

[20] 온도를 한없이 0에 가깝게 하면 최댓값이 있는 곳만 1이 되고, 나머지는 모두 0이 됩니다. 이를 하드맥스(HardMax)라고 합니다.

6.3.2 주의 메커니즘이 잘 작동하는 이유

주의 메커니즘 계산은 겉보기에는 복잡해 보이지만, 실제로는 대부분 단순한 곱셈과 덧셈으로 구성되어 있습니다. 이렇게 간단한 계산만으로 '주의'라는 고도의 기능을 제대로 수행할 수 있을지 불안하게 느낄 수도 있습니다. 따라서 신경망이 어떻게 문맥을 파악하고, 정확한 단어를 예측하는 특성을 학습하는지 그 과정을 구체적으로 살펴보겠습니다.

예를 들어 다음 두 문장의 번역을 학습시키는 경우를 생각해 봅시다. 인간에게는 어렵지 않지만, 컴퓨터에는 동사에 따라 조사가 달라지는 문제는 매우 까다로운 번역 과제입니다.

▼ 표 6-2 번역 문장 예시

영어	한국어
I have a cat	나는 고양이를 키우고 있다
I like a cat	나는 고양이가 좋다

▼ 그림 6-16 주의 메커니즘 학습

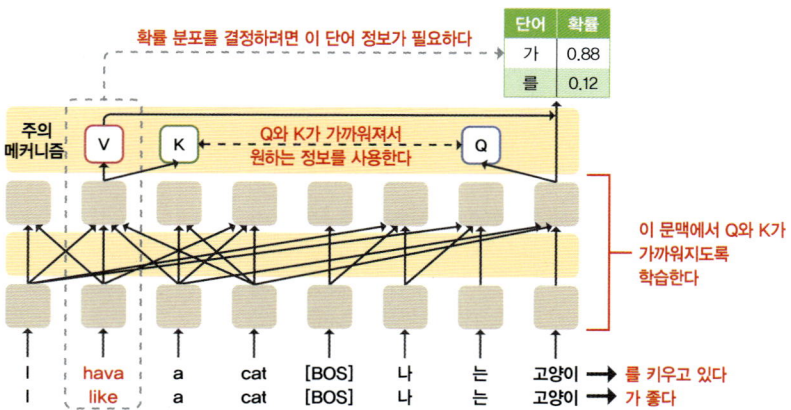

그림 6-16은 이 두 문장을 주의 메커니즘을 갖춘 RNN에 입력하여 '나는 고양이'에 이어질 단어를 학습하는 과정을 쉽게 보여 줍니다. 올바른 단어를 예측하려면 번역 전 문장의 동사에 주목할 수밖에 없습니다. 즉, 그림 6-16에서 Q와 K가 유사해지고 주의 메커니즘이 동사에 기인한 정보 V를 선택해 주길 기대하는 것입니다.

신경망의 학습이란 기대하는 결과에 가까워지도록 파라미터를 조금씩 업데이트하는 과정이었습니다. 이 경우 주어진 텍스트 문맥 속에서 Q와 K가 더 유사해지도록 파라미터가 업데이트됩니다. 한 번의 업데이트만으로는 정답인 V를 정확히 선택할 수 있는 단계까지 도달하지 못하지만, 방대한 양의 다양한 텍스트를 기반으로 수만 번, 수억 번 업데이트를 반복하는 동안 이러한 언어 규칙을 학습하게 되어 기대한 대로 계산됩니다.

주의 메커니즘이 '유사도가 가장 큰 하나를 채택'하는 대신 '유사도에서 계산한 가중치 평균'을 사용하는 것도 이 학습 과정과 깊은 관련이 있습니다. 가중치 평균 안에 유사도가 포함되어 있어 손실 계산에도 간접적으로 유사도가 반영됩니다. 이 손실을 최적화하는 과정을 거쳐 유사도가 기대하는 역할을 하도록, 즉 K와 Q가 바람직한 벡터가 되도록 전체 계산이 조정됩니다.

반대로 유사도가 가장 큰 하나만 선택하는 방식의 주의 메커니즘을 사용했다면 유사도 값은 손실 계산에 간접적으로도 포함되지 않아 아무리 최적화를 진행해도 유사도가 기대하는 방향으로 업데이트되지 않습니다.

신경망 번역 등장의 영향

LSTM으로 구성된 인코더-디코더에 주의 메커니즘을 결합함으로써 자연어 처리의 다양한 작업을 이전보다 훨씬 높은 정확도로 해결할 수 있습니다. 특히 기계 번역 분야에서는 정확도가 인간 평균을 초과하는 수준에 이르렀지만, 원문에 없는 표현이 번역문에 등장하는 문제(현재는 '환각'이라고 부름, 328쪽 참고) 등 여전히 실용적으로 해결해야 할 과제가 남아 있다는 인식이 있었습니다.

이러한 상황 속에서 2016년 구글 번역이 발표한 신경망 번역(8층 양방향 LSTM에 주의 메커니즘을 결합한 인코더-디코더)으로 전환은 정말 충격이었습니다.[21, 22] '이래도 괜찮을까? 아직 너무 이르지 않나?' 하는 생각이 들 정도였죠. 당시의 놀라움은 오히려 챗GPT가 등장할 때보다 더 컸을지도 모릅니다.

신경망 번역의 등장은 일반 사용자도 심층 학습 기반 자연어 처리 기술의 혜택을 실질적으로 체감할 수 있게 한 획기적인 사건이었다고 할 수 있을 것입니다.

▶ 주의 메커니즘의 계산은 유사도에 기반을 둔 가중치 평균을 사용함으로써 오차 역전파법을 이용한 적절한 최적화를 기대할 수 있습니다.

---

21 https://research.google/blog/a-neural-network-for-machine-translation-at-production-scale/
22 Wu, Yonghui, et al. "Google's Neural Machine Translation System: Bridging the Gap between Human and Machine Translation," arXiv preprint arXiv:1609.08144(2016).

6.4 트랜스포머

챗GPT라는 이름의 유래가 된 대규모 언어 모델 GPT는 'Generative Pretrained Transformer'의 약어입니다. GPT를 비롯하여 현재 주류를 이루고 있는 많은 생성형 AI 모델이 트랜스포머를 기반으로 합니다.

6.4.1 트랜스포머의 기본 구성

앞 절에서 설명한 RNN(LSTM)에 주의 메커니즘을 결합한 모델을 보고 '주의 메커니즘으로 문맥을 참조할 수 있다면 RNN의 가로 방향 화살표는 필요 없지 않을까?'라고 생각한 사람도 있을지 모릅니다. 바로 그런 발상에서 제안된 모델이 트랜스포머(transformer)입니다.

트랜스포머는 원래 "Attention Is All You Need(주의 메커니즘만 있으면 된다)"라는 다소 재치 있는 제목의 논문에서 제안된 기계 번역용 언어 모델입니다.[23] 이 제목은 당시 자연어 처리를 장악하고 있던 LSTM에 대해 RNN의 반복 구조(가로 방향 화살표)는 불필요하며, 주의 메커니즘만으로 충분하다는 약간의 조롱 섞인 메시지를 담고 있습니다. 이후 트랜스포머가 발전하면서 이 논문은 획기적인 연구로 평가받게 되었고[24] 지금도 "~Is All You Need"라는 제목을 딴 논문이 많이 발표되고 있습니다.

이제 트랜스포머가 어떤 모델인지, RNN과 주의 메커니즘을 결합한 모델과 어

---

[23] Vaswani, Ashish, et al. "Attention Is All You Need." Advances in neural information processing systems 30(2017).

[24] "Attention Is All You Need" 논문의 인용 수는 2024년 2월 기준으로 11만 건이 넘었습니다.

떻게 다른지 비교해 봅시다. 그림 6-17 오른쪽은 입력과 출력이 각각 토큰 세 개로 구성된 RNN과 트랜스포머를 간략히 나타냅니다. 이렇게 단순한 네트워크에서도 주의 메커니즘을 적용하면 모든 노드가 서로 연결되어서 관계를 전부 그리면 선으로 가득 차게 됩니다. 그래서 여기에서는 두 번째 토큰(하늘색 노드)의 계산에 직접 관련된 주의 메커니즘만 빨간색 화살표로 표시하고 있습니다.

▼ 그림 6-17 RNN과 트랜스포머의 기본 구성도

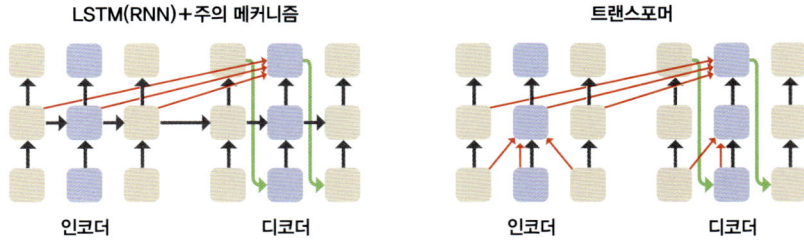

RNN+주의 메커니즘과 트랜스포머의 주요 차이점은 다음과 같습니다. 하나씩 순서대로 살펴보겠습니다.

1. 재귀(가로 방향 화살표) 대신 자기 주의 메커니즘 사용
2. 트랜스포머의 블록은 단순한 구성
3. 트랜스포머 인코더는 병렬 계산이 가능
4. 트랜스포머 디코더의 주의 메커니즘은 후방(미래 토큰)을 참조하지 않음

그림 6-17에서 알 수 있는 두 모델의 가장 큰 차이점은 RNN에서는 인접한 토큰들이 가로 방향 화살표로 네트워크에 연결되어 있는 반면, 트랜스포머에서는 인접 토큰 간 화살표가 사라지고 토큰 간 문맥 참조가 오직 주의 메커니즘으로 된다는 것입니다.

디코더에서 인코더를 참조하는 주의 메커니즘은 RNN과 트랜스포머 모두에 공통으로 있습니다. 다만 트랜스포머에서는 디코더 내부와 인코더 내부 각각에

문맥을 참조하는 주의 메커니즘이 추가되었습니다. 이처럼 자기 자신을 참조하는 메커니즘을 자기 주의 메커니즘(self attention), 디코더에서 인코더를 참조하는 메커니즘을 구별하여 교차 주의 메커니즘(cross attention)이라고 합니다.

또 RNN과 트랜스포머는 블록 구성에서도 차이를 보입니다. RNN에서는 긴 시퀀스 동안 정보를 잃지 않기 위해 LSTM 블록 같은 장기 기억 메커니즘이 필요했습니다. 반면에 트랜스포머는 주의 메커니즘으로 직접 정보를 참조할 수 있어 이러한 걱정이 없습니다. 따라서 트랜스포머 블록은 다층 퍼셉트론(MLP)과 배치 정규화 층(90쪽 참고)을 잔차 연결(93쪽 참고)로 묶은 단순한 구성으로 충분합니다. 이렇게 확보한 계산 여유를 더 깊은 블록 쌓기에 활용하여 모델의 표현력과 정확도를 높이는 데 성공했습니다.

▼ 그림 6-18 간단한 트랜스포머 블록

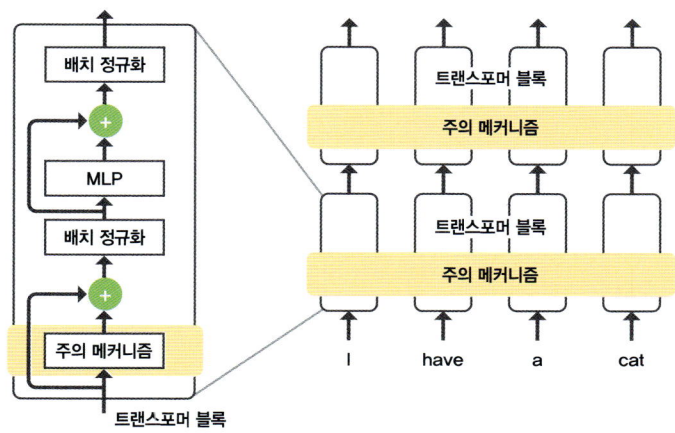

RNN은 이전 블록의 계산이 완료되어야 다음 블록을 계산할 수 있어 계산 시간은 문장 길이에 의존합니다. 반면에 트랜스포머의 인코더는 모든 토큰의 블록을 병렬로 계산할 수 있어 GPU의 병렬 계산 범위에 들어가는 경우 문장 길이에 관계없이 빠르게 계산할 수 있습니다. 그러나 현재는 트랜스포머의 디코더를 단독으로 사용할 때가 많고, 처리하는 문장도 GPU의 병렬 계산 범위를 초과할 정도로 길어 여전히 문장 길이에 따른 계산 시간이 필요합니다.

또 디코더의 자기 주의 메커니즘에서는 뒤쪽 토큰을 참조하지 않습니다.[25] 뒤쪽 토큰을 참조하면 자기 회귀형 특성이 사라져 문장 생성 성능이 크게 저하되기 때문입니다.

6.4.2 위치 인코딩

트랜스포머의 '문맥 참조를 모두 주의 기구로 수행한다'는 발상은 이해하기 쉽지만, 주의 기구에는 단어 순서를 고려하지 않는 문제가 있습니다. 이대로라면 트랜스포머는 'Alice likes Bob'과 'Bob likes Alice'를 구별할 수 없습니다.

이 문제를 해결하려고 트랜스포머는 토큰의 임베딩 벡터와 마찬가지로 위치도 벡터로 표현했습니다. 이 위치를 나타내는 벡터를 위치 인코딩(부호화된 위치)이라고 합니다. 네트워크에서는 각 위치에 대응하는 벡터와 토큰의 임베딩 벡터를 단순히 더하는 것만으로 충분합니다.

▼ 그림 6-19 위치 인코딩(절대 위치)

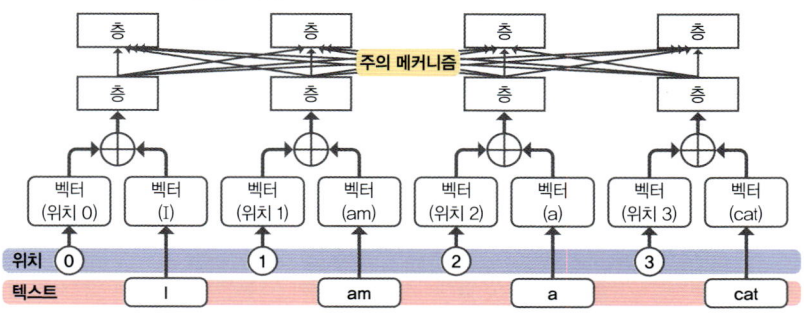

원시적인 위치 인코딩에서는 단어를 적절히 표현하는 임베딩 벡터와 마찬가지

---

25 뒤쪽을 참조하는 가중치를 강제로 0으로 설정합니다(Attention Mask).

로 위치를 적절히 나타내는 벡터도 학습으로 결정합니다. 딥러닝다운 발상이라고 할 수 있습니다. Memory Network(244쪽 참고)는 이 방식을 사용합니다.

트랜스포머의 오리지널 논문에서는 회전 각도가 다른 여러 벡터를 연결한 것을 위치 인코딩으로 채택했습니다. 이는 학습되지 않는 고정된 벡터였지만, 현재는 위치 인코딩을 학습하는 방식이 주류가 되었습니다.

이 위치 인코딩이 나타내는 것은 절대 위치입니다. 따라서 학습 중에 등장하지 않았던 위치 단어는 정확도가 떨어지거나, 학습 데이터보다 긴 문장은 제대로 처리할 수 없습니다.

이러한 문제를 해결하려고 최신 대규모 언어 모델에서는 상대 위치 인코딩이 주류를 이루고 있습니다.[26] 이 경우 네트워크 입구에서 단순히 더하는 방식이 아니라, 각 주의 기구에서 Q와의 상대 위치를 K와 V의 계산 전에 더하는 형태로 적용됩니다.

6.4.3 멀티헤드 주의 메커니즘

이야기가 조금 바뀌지만, 컴퓨터 하드 디스크가 어떻게 작동하는지 알고 있나요? 고속으로 회전하는 자기 디스크에 동심원 형태로 정보가 기록되어 있으며, 암(arm)에 부착된 자기 헤드가 원하는 위치로 이동하여 정보를 읽어 내는 방식입니다.

▼ 그림 6-20 하드 디스크와 읽기 헤드

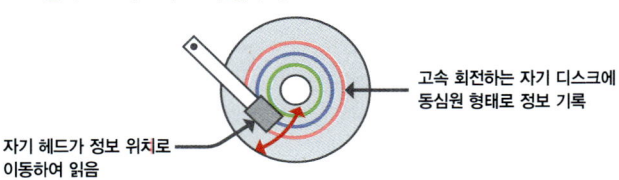

---

26 Su, Jianlin, et al. "RoFormer: Enhanced Transformer with Rotary Position Embedding." Neurocomputing 568(2024): 127063.

트랜스포머의 높은 정확도에 크게 기여한 또 하나의 아이디어인 <u>멀티헤드 주의 메커니즘</u>(multi-head attention)은 이름 그대로 정보를 읽어 들이는 헤드가 여러 개 있는 주의 메커니즘입니다.

앞 절에서 설명한 대로 주의 메커니즘의 가중치 평균은 하나만 크게 되기 쉬워서 실질적으로는 하나의 정보를 선택하는 구조가 됩니다. 즉, 여러 토큰의 정보를 참조하려면 독립된 주의 메커니즘을 두 개로 늘리면 된다는 단순한 생각이 멀티헤드입니다. 예를 들어 헤드를 두 개로 늘리려면 Q, K, V 벡터의 차원을 모두 절반으로 줄이고, 각 헤드 출력을 연결한 것을 멀티헤드 주의 메커니즘의 출력으로 삼습니다. 이것으로 파라미터 수를 늘리지 않고도 읽기 헤드 수를 늘릴 수 있습니다. 실제 대규모 언어 모델은 멀티헤드 주의 메커니즘을 16개나 32개 사용합니다.

▼ 그림 6-21 멀티헤드 주의 메커니즘

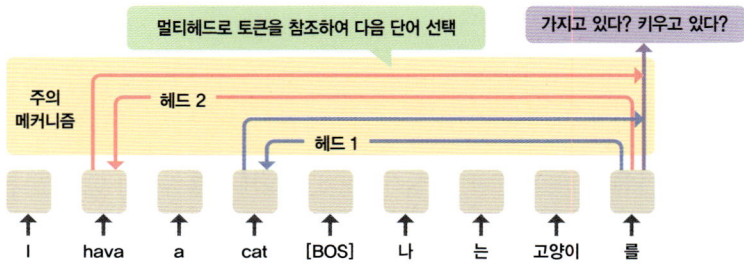

그림 6-21은 'I have a cat'을 번역하는 과정을 나타냅니다. 동사 'have'를 그대로 번역하면 '가지다'이지만, 목적어가 'cat'이므로 여기에서는 '키우고 있다'고 번역해야 할 것입니다. 즉, 이 문장을 올바르게 번역하려면 'have'와 'cat'을 동시에 주목할 필요가 있습니다. 언어에서는 의미를 해석하거나 문장을 생성할 때 여러 문맥을 동시에 다루어야 하는 경우가 많으며, 멀티헤드 주의 메커니즘은 이러한 상황에서 특히 유용합니다.

한국어도 비슷하거나 더욱 복잡한 상황이 자주 발생합니다. 많은 대규모 언어 모델에서는 한국어가 단어 단위는 물론, 하나의 음절이나 형태소가 여러 토큰으로 나뉘는 경우가 흔합니다. 이 경우 여러 토큰을 조합해야 비로소 하나의 단어 또는 의미 단위를 완성할 수 있습니다.[27]

요약

▶ 트랜스포머는 주의 메커니즘으로 문맥을 직접 참조하는 인코더-디코더 모델입니다.

▶ 위치 인코딩과 멀티헤드 주의 메커니즘 같은 아이디어로 높은 정확도를 실현했습니다.

---

27 싱글 헤드에서도 여러 층을 거치면서 토큰 정보를 집약함으로써 여러 토큰에 걸친 의미를 다룰 수 있습니다. 하지만 역시 헤드 수가 적절히 많은 쪽이 더 높은 정확도를 보이는 것 같습니다.

6.5 BERT

BERT는 이후 대규모 언어 모델의 특성인 방대한 파라미터 수와 기반 모델적 성격을 갖춘 모델입니다. BERT는 자연어 처리 분야에 여러 가지 돌파구를 가져왔습니다.

6.5.1 BERT(버트) 특징

BERT(Bidirectional Encoder Representations from Transformers)(트랜스포머 기반 양방향 인코더 표현)는 현재까지 이어지는 기반 모델(166쪽 참고)의 접근법을 확고히 한 획기적인 언어 모델입니다.[28] BERT 충격은 정말 엄청나서 당시 발표된 자연어 처리 논문 대부분에서 BERT를 활용했다고 해도 과언이 아닙니다. 'BERT 시대 이전'과 'BERT 시대 이후'라는 표현을 자연스럽게 사용할 만큼 큰 반향을 일으켰습니다.

▼ 그림 6-22 BERT를 이용한 기반 모델과 파인튜닝

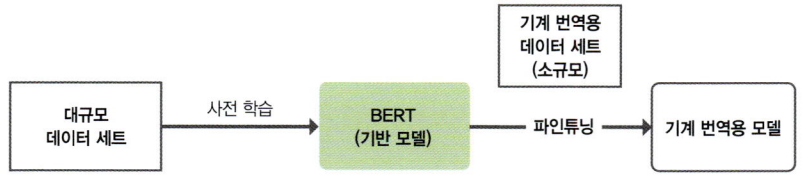

BERT는 트랜스포머의 인코더 부분을 그대로 활용한 모델입니다. 즉, BERT 특징은 모델 구조 자체가 아니라, 사전 학습(213쪽 참고)과 파인튜닝(220쪽 참고)이라는 학습 프레임워크를 확립한 데 있습니다.

---

28 Devlin, Jacob, et al. "BERT: Pre-training of Deep Bidirectional Transformers for Language Understanding." arXiv preprint arXiv:1810.04805(2018).

6.5.2 BERT의 사전 학습

BERT의 사전 학습은 'Masked Language Model'과 'Next Sentence Prediction'이라는 두 가지 자기 지도 학습(213쪽 참고)으로 구성됩니다. 즉, 비지도 데이터에 난수 등을 활용해서 생성한 지도 데이터를 사용하여 학습함으로써 대량의 데이터로 비용이 저렴하면서도 정확도가 높은 학습을 수행합니다.

Masked Language Model(마스크 언어 모델)

Masked Language Model(마스크 언어 모델)은 단어 빈칸 채우기 문제를 푸는 방식으로 학습하는 방법입니다. 학교 시험에서 문장 일부가 빈칸으로 비워져 있고, 거기에 들어갈 적절한 단어를 고르는 문제와 비슷한 이미지입니다.

텍스트에서 몇몇 단어를 무작위로 선택하여 [MASK]라는 특별한 토큰으로 대체한 후 모델에 입력합니다. 모델은 [MASK] 위치에 들어갈 단어를 예측하여 출력하며 이를 원래 단어와 일치하도록 학습합니다.

▼ 그림 6-23 BERT의 사전 학습: Masked Language Model

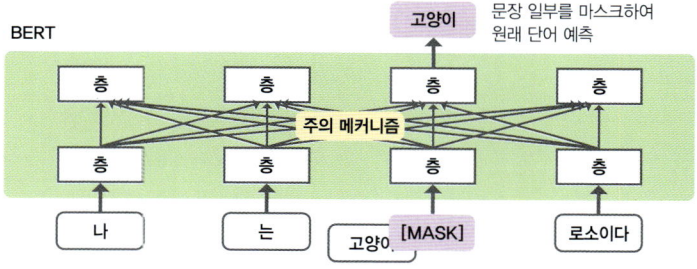

그림 6-23에서는 '나는 고양이로소이다'는 문장에서 '고양이'를 마스크 처리하여 BERT에 입력하고 있습니다. 여기에서 [MASK] 위치의 출력이 정답인 '고양이'가 되도록 모델의 파라미터를 학습합니다.

이 학습을 대량의 텍스트에서 반복함으로써 BERT는 각 단어가 어떤 문맥에서 사용되는지 이해할 수 있습니다. Word2Vec(144쪽 참고) 역시 문맥(함께 사용되는 단어들)을 기반으로 학습했지만, 단어 순서는 고려하지 않았습니다. 반면에 BERT는 어순까지 포함한 문맥을 바탕으로 학습합니다.

Next Sentence Prediction(NSP)

BERT의 또 다른 사전 학습 기법인 Next Sentence Prediction(다음 문장 예측)에서는 두 개로 나뉜 문장을 입력하여 두 문장이 자연스럽게 이어지는지 예측합니다.

예를 들어 '조깅을 시작했다'는 문장 다음에 이어질 문장으로 다음 중 어느 쪽이 가능성이 높을까요?

A. 우산을 썼다. / B. 땀을 흘렸다.

문장 A도 가능성이 전혀 없다고는 할 수 없지만, 역시 문장 B가 더 자연스럽습니다. 다음 문장 예측은 이처럼 '이 문장이 이어진다/이어지지 않는다'를 학습하는 과정입니다. 다만 이 역시 자기 지도 학습 방식이므로 별도로 정답 데이터를 준비하는 것이 아니라 일반적인 문장에서 학습용 데이터를 생성합니다.

▼ 그림 6-24 BERT의 사전 학습: Next Sentence Prediction

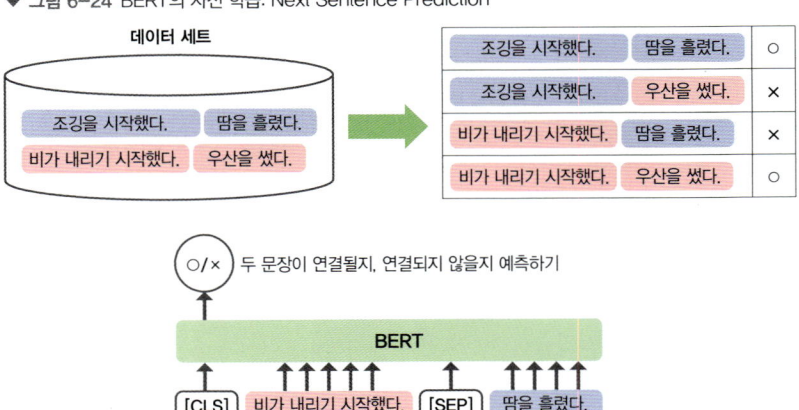

먼저 데이터셋의 문장을 각각 앞뒤로 나누어 원래의 문장 조합을 정답 데이터로, 랜덤으로 선택한 조합을 오답 데이터로 사용합니다. 랜덤한 문장이 연결될

가능성도 생각할 수 있지만, 실제로 사용되는 데이터는 이 예보다 훨씬 긴 일반적인 문장이므로 그 확률은 극히 낮아 정확도에 미치는 악영향은 걱정하지 않아도 됩니다.

이 데이터를 BERT에 입력할 때는 [CLS]와 [SEP]라는 특별한 토큰을 추가합니다. [CLS]는 분류(classification)를, [SEP]는 문장의 구분(separation)을 의미합니다. BERT는 입력할 때 [CLS] 토큰 다음에 [SEP]로 구분된 앞뒤 문장을 받아 두 문장이 이어지는지 여부를 Positive(이어짐) 또는 Negative(이어지지 않음)로 출력하도록 학습합니다.

이러한 학습으로 BERT는 문장의 흐름과 논리적 연결을 이해하는 능력을 획득합니다.

BERT의 두 가지 사전 학습 방법은 모두 자기 지도 학습이며, 학습 데이터는 수집된 일반 텍스트만으로도 충분합니다. 덕분에 저비용으로 대규모 데이터셋을 준비할 수 있어 BERT의 정확도 향상에 크게 기여했습니다.

BERT의 또 다른 특징은 앞뒤 모든 단어를 함께 보고 학습한다는 점입니다. 이것으로 문맥을 더 깊이 파악한 형태로 단어와 문장을 다룰 수 있습니다. 이처럼 문장의 앞뿐만 아니라 뒤쪽 정보까지 고려하는 모델을 양방향성(bidirectionality)을 가진다고 합니다. 기존에는 양방향성이 필요한 경우 양방향 RNN(112쪽 참고)을 사용했지만, 양방향 RNN은 네트워크 깊이 문제(238쪽 참고)로 학습이 어렵고 계산 시간이 늘어나는 단점이 있었습니다. BERT는 이러한 문제도 함께 해결할 수 있었습니다.

요약

▷ BERT는 트랜스포머의 인코더 부분을 추출하여 만든 모델입니다.
▷ 자기 지도 학습으로 언어 지식을 갖춘 기반 모델로서 역할을 합니다.

6.6 GPT

OpenAI의 대규모 언어 모델인 GPT 시리즈는 자연어 지시로 다양한 작업에 대응할 수 있는 획기적인 모델입니다. 챗GPT 엔진으로 사용되며, 생성형 AI 붐을 이끌었습니다.

6.6.1 GPT 모델의 기본 구조

GPT(Generative Pre-trained Transformer)는 트랜스포머의 디코더 부분을 이용하여 구축한 텍스트 생성 작업에 특화시킨 자기 회귀형 언어 모델입니다(176쪽 참고). 인코더 부분이 없어 디코더가 인코더를 참조하는 교차 주의 메커니즘이 없으며, 자기 주의 메커니즘만으로 구성되어 있습니다.

현재까지 GPT 버전은 1부터 5까지 출시되었습니다(2025년 9월 기준).

▼ 표 6-3 GPT 버전

GPT 버전	발표 연도	모델 크기
GPT	2018년 6월	0.1B
GPT-2	2019년 2월	1.5B
GPT-3	2020년 6월	175B
GPT-3.5	2022년 3월	350B
GPT-4	2023년 3월	미공개(1.8T?)
GPT-5	2025년 8월	미공개(2.7T?)

GPT 버전이 올라갈 때마다 모델 크기도 함께 증가합니다. 원래 딥러닝 모델들은 대규모였는데, 특히 GPT-3은 그보다 훨씬 더 거대한 규모를 갖추었으며

자연어 지시에 따르는 능력을 보여 주었습니다(창발성, 170쪽 참고). 이것으로 GPT-3은 현재까지 이어지고 있는 생성형 AI 붐의 선구자가 되었습니다. 또 후속 모델인 GPT-3.5는 챗GPT의 핵심 엔진으로 사용되었습니다.

▼ 그림 6-25 GFT의 기본 구성

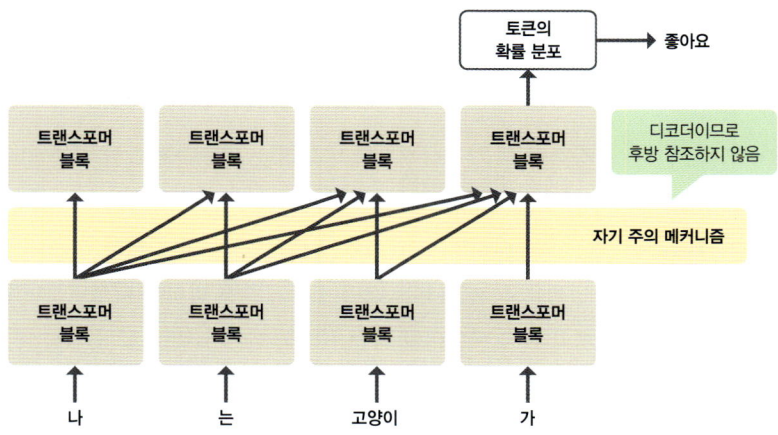

기반 모델로서 먼저 확립된 것은 BERT였지만, 그 범용성은 추가 학습(파인튜닝)을 전제로 한 것이었습니다. 이에 비해 GPT-3은 컨텍스트 내 학습(229쪽 참고)으로 자연어로 작업 지시를 수행할 수 있는 범용성을 획득했습니다.

GPT-3 모델까지 트랜스포머의 디코더 구조 자체를 따르며, 새로운 구조적 변화는 없습니다. GPT-2와 GPT-3 차이는 거의 파라미터 수 차이에 불과하다고 볼 수 있습니다. 스케일링 법칙(170쪽 참고)이 보여 주는 것처럼 모델 크기, 학습 데이터양, 학습 시간의 증가로 컨텍스트 내 학습이 가능해졌다는 사실은 자연어 처리 분야에 큰 충격을 주었습니다.

GPT-3 이후로는 모델의 세부 사항을 점차 공개하지 않게 되었으며, GPT-4에 이르러서는 공식적으로 구조 정보를 전혀 공개하지 않았습니다. 다만 유출된 정보에 따르면, GPT-4는 후술할 Mixture of Experts를 채택한 1.8조(1.8T) 파라미터 규모의 모델이라고 합니다.

6.6.2 Mixture of Experts

GPT-3이 '트랜스포머 디코더 기반 자기 회귀 언어 모델'의 잠재력을 입증한 이후 구조가 유사한 수많은 파생 모델이 등장했습니다. 메타의 LLaMA 시리즈[29], Mistral AI의 Mistral[30], EleutherAI의 GPT-NeoX[31], EleutherAI의 GPT-NeoX[3] 등 셀 수 없이 많습니다. 이들 모델은 활성화 함수나 위치 인코딩 등에서 각각 독자적으로 접근하여 정확도와 학습 안정성을 개선하고 있습니다.

언어 모델 지식을 확장하여 더욱 지능적으로 만들려는 시도도 활발히 진행됩니다. 트랜스포머 블록 내 다층 퍼셉트론(MLP) 파라미터에 언어적 지식을 저장한다고 여겨집니다. MLP의 파라미터 수를 늘리는 것이 언어 모델을 더 똑똑하게 만드는 가장 확실한 방법으로 보입니다. 그러나 스케일링 법칙에 따르면, 파라미터만 늘려서는 안 되고 학습 데이터와 학습 시간도 함께 늘려야 합니다(170쪽 참고). 이는 곧 학습 비용의 급격한 증가를 의미합니다.

물론 매우 뛰어난 모델을 얻을 수 있다면 많은 비용을 들여 학습할 가치가 있습니다. 그러나 파라미터가 많은 모델은 추론할 때도 상당한 계산 비용이 발생합니다. 학습에 비하면 상대적으로 저렴하지만, 사용할 때마다 비용이 발생하므로 추론 비용 문제 역시 무시할 수 없습니다.

이러한 문제를 해결하는 방법 중 하나가 바로 MoE(Mixture of Experts)입니다.[32] MoE는 파라미터 수를 늘리면서도 학습과 추론 과정에서 계산 비용을 줄일 수 있는 모델입니다. 'Mixture of Experts'라는 이름 때문에 여러 대규모 언어 모델이 각각 전문 분야를 맡아 입력 문장 장르에 따라 적합한 모델을 선택해서 응답하는 시스템을 떠올릴 수도 있지만, MoE는 그런 단순한 이미지와는 다릅니다.

---

[29] https://llama.meta.com/
[30] https://mistral.ai/technology/
[31] Black, Sid, et al. "GPT-NeoX-20B: An Open-Source Autoregressive Language Model." arXiv preprint arXiv:2204.06745(2022).
[32] Baldacchino, Tara, et al. "Variational Bayesian mixture of experts models and sensitivity analysis for nonlinear dynamical systems." Mechanical Systems and Signal Processing 66(2016): 178-200.

그림 6-26 오른쪽은 MoE의 기본 구성을 보여 줍니다. 일반적인 트랜스포머 블록과 비교해 보면 MLP가 여러 개 병렬로 배치되어 있으며, 이들 앞에 '게이트'라는 네트워크가 추가된 형태입니다.[33]

병렬로 배치된 MLP 개수는 모델을 설계할 때 결정되며, 여기에서는 네 개를 예로 들어 설명합니다.

▼ 그림 6-26 Mixture of Experts를 나타낸 그림

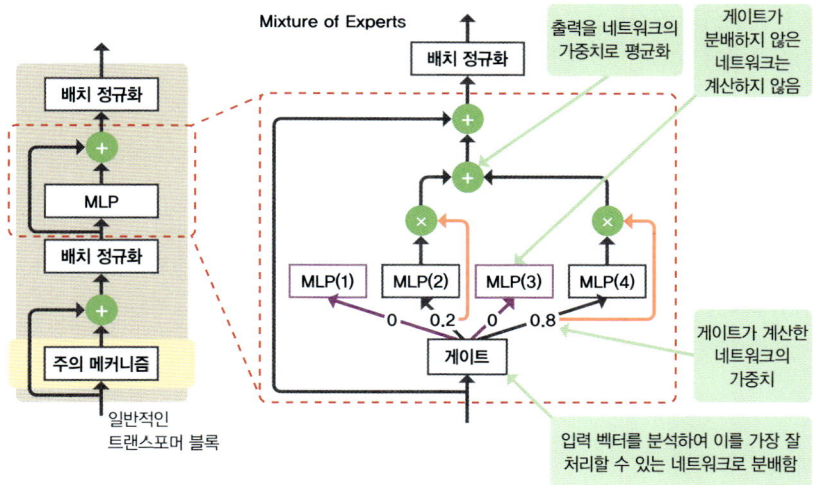

MLP 네 개는 각각 특화된 벡터를 가지고 있으며, 이것으로 전문가 역할을 수행합니다. 게이트는 입력된 벡터를 기준으로 각 MLP의 가중치(특화 정도)를 계산하고, 상위 MLP 두 개에 처리를 할당합니다. 마지막으로 MLP 출력을 가중 평균하여 결과를 얻습니다. 이 과정을 일반적인 트랜스포머 블록의 MLP 대신 수행하는 것이 MoE의 처리 방식입니다.

MoE 핵심은 실제로 선택된 MLP만 계산한다는 점입니다. 이것으로 언어 지식을 저장하는 MLP의 파라미터 수를 네 배로 늘리면서도 계산량은 두 배로 줄일 수 있습니다.

---

[33] Fedus, William, Barret Zoph, and Noam Shazeer. "Switch Transformers: Scaling to Trillion Parameter Models with Simple and Efficient Sparsity." Journal of Machine Learning Research 23,120 (2022): 1–39.

대표적인 오픈 라이선스 MoE 모델로는 Mixtral-8x7B가 있습니다.[34] Mixtral-8x7B는 7B 크기의 모델과 비교했을 때, MLP의 파라미터 수(≒저장할 수 있는 지식의 양)가 여덟 배로 증가한 모델입니다. 이름만 보면 전체 파라미터 수가 56B일 것 같지만, 주의 메커니즘 층 등은 여덟 배로 늘어나지 않아서 실제 총 파라미터 수는 47B입니다. 앞서 설명한 MoE 구성과 마찬가지로 한 번에 활성화되는 MLP는 두 개이므로 추론 비용은 14B 모델 수준에 해당합니다.

'8x7B'라는 이름만 보고 개별 LLM이 여덟 개 있다고 생각할 수 있지만, 실제로는 그렇지 않습니다. 게이트는 각 블록마다 있으며 각 토큰과 층마다 활성화되는 MLP 번호가 달라지는 방식입니다.

또 유출된 정보에 따르면, GPT-4는 220B 모델(총 1760B 파라미터) 여덟 개로 구성된 MoE 구조를 채택한 것으로 보입니다.[35] 이 경우 1.8T(1.8조) 파라미터를 가진 모델을 440B 모델 수준의 계산 비용으로 추론할 수 있습니다.

현재 대부분의 대규모 언어 모델은 트랜스포머 기반 디코더형 구조를 따르고 있지만, RNN 기반 언어 모델인 RWKV[36]나 RNN과 트랜스포머를 결합한 RecurrentGemma[37] 같은 모델도 있습니다.

요약

- GPT는 트랜스포머의 디코더 부분을 추출하여 만든 모델입니다.
- 자연어 지시에 따라 다양한 작업을 수행할 수 있는 범용성을 갖추고 있습니다.

---

34 Mixtral of experts – Mistral AI | Frontier AI. In Your Hands.
https://mistral.ai/news/mixtral-of-experts/

35 GPT-4의 매개변수 수, 아키텍처, 기반 시설, 데이터 세트, 비용 등 정보 유출, 〈모바일 시나닷컴〉
https://finance.sina.cn/tech/2023-07-11/detail-imzahsyr4285876.d.html

36 RWKV LANGUAGE MODEL
https://www.rwkv.com/

37 RecurrentGemma 모델 카드 – Google AI for Developers
https://ai.google.dev/gemma/docs/recurrentgemma/model_card

7장

API를 이용한
AI 개발

생성형 AI의 API를 이용하여 AI 애플리케이션을 개발할 수 있습니다. 여기에서는 OpenAI API를 중심으로 텍스트 생성 API와 임베딩 벡터 생성 API를 사용할 때 주의 사항과 파라미터 설정 방법을 설명합니다. 또 AI 애플리케이션 개발에 널리 활용되는 프레임워크인 RAG(Retrieval-Augmented Generation) 구조와 이 기술의 발전 동향을 간단히 소개합니다.

7.1 OpenAI API 활용

OpenAI는 자사 AI 모델을 API 형태로 공개합니다. 이것으로 사용자는 GPU 등 별도의 계산 자원을 준비할 필요 없이 질문 응답 시스템이나 문서 요약 시스템 같은 다양한 AI 애플리케이션을 개발할 수 있습니다.

7.1.1 OpenAI API

OpenAI API는 OpenAI가 제공하는 대규모 언어 모델을 중심으로 한 API 서비스입니다. 이 API를 호출하여 챗GPT 엔진을 활용한 다양한 애플리케이션을 개발할 수 있습니다.

▼ 그림 7-1 OpenAI 플랫폼(https://platform.openai.com/)

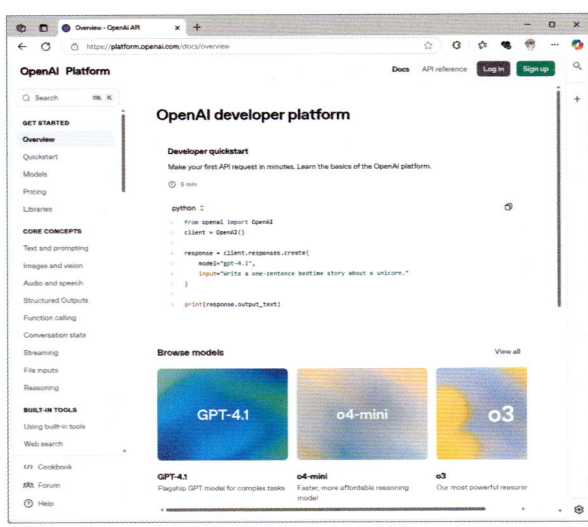

OpenAI API를 사용하려면 OpenAI에 계정을 등록해야 합니다. 이는 챗GPT 계정 등록과 동일하므로, 이미 등록한 사용자는 별다른 절차 없이 API를 사용할 수 있습니다.

OpenAI API는 웹 API 형태로 제공되며, 파이썬이나 자바스크립트용 OpenAI 공식 라이브러리가 공개되어 있습니다. 이외에도 다양한 프로그래밍 언어를 위한 비공식 라이브러리를 자발적으로 개발 중에 있습니다. 또 OpenAI API 등을 활용하여 고도의 AI 처리를 지원하는 랭체인(LangChain) 같은 라이브러리도 활발히 개발하고 있습니다(293쪽 참고).

7.1.2 OpenAI API를 이용할 때 주의 사항

OpenAI API를 이용하려면 API 키를 발급받아야 합니다. OpenAI 대시보드에서 API Keys를 열고 **Create new secret key**를 눌러 API 키를 생성할 수 있습니다. 발급받은 API 키를 다양한 라이브러리나 애플리케이션에 설정하여 OpenAI API를 사용할 수 있습니다. 구체적인 사용 방법은 각 라이브러리 문서를 참고합니다.[1]

API 키는 매우 주의해서 관리해야 합니다. 스마트폰 애플리케이션에 API 키를 포함하거나 깃허브에 커밋하여 외부에 노출시키는 경우 무단 사용으로 과도한 요금이 발생하거나, 이용 약관 위반으로 계정이 정지될 위험이 있습니다.

또 다른 서비스에서 OpenAI API 키 등록을 요구하는 경우도 있습니다. API 키는 자유롭게 생성하고 삭제할 수 있으므로 각 서비스 전용으로 별도의 API 키를 생성한 후 사용이 끝나면 해당 키를 삭제하는 것이 바람직합니다.

---

[1] 2024년 4월 말 'Project'라는 기능이 추가되어 사용 요금이나 속도 제한을 세분화하고, API 키 권한을 자세하게 설정할 수 있게 되었습니다.

아울러 OpenAI API를 사용할 때는 OpenAI의 이용 약관과 정책을 반드시 준수해야 합니다.[2] 일반적인 사용이라면 문제될 일이 거의 없지만, 사용 방식에 조금이라도 우려가 있다면 사전에 약관을 꼼꼼히 확인하는 것이 좋습니다.

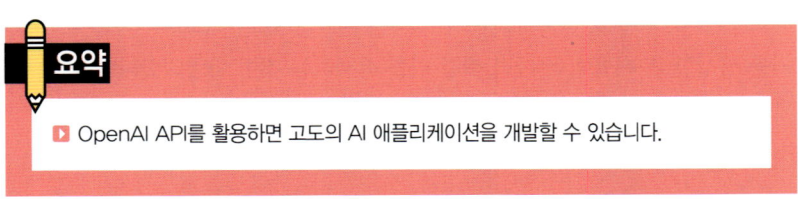

요약

▶ OpenAI API를 활용하면 고도의 AI 애플리케이션을 개발할 수 있습니다.

2   이용정책 – OpenAI
    https://openai.com/policies/usage-policies

7.2 텍스트 생성 API (Completion API 등)

OpenAI의 GPT-3.5나 GPT-4 같은 AI를 이용하여 텍스트를 생성하는 API입니다. 어떤 텍스트를 생성할지 자연어로 지시함으로써 다양한 기능을 구현할 수 있습니다.

7.2.1 텍스트 생성 API의 종류

OpenAI API의 가장 기본적인 기능인 텍스트 생성 API는 Completion, ChatCompletion, Assistant 세 가지로 나눌 수 있습니다.

Completion API

Completion API는 주어진 문장의 다음 부분을 이어서 생성하는 간단한 API입니다.

▼ 그림 7-2 Completion API

실용적인 AI 애플리케이션을 개발할 때, Completion API 같은 간단한 텍스트 생성 기능은 사용하기 쉽고 유용합니다. 그러나 Completions API 문서[3]에는

---

3 https://platform.openai.com/docs/guides/text-generation/completions-api

'legacy(호환성을 위해 남겨진 기능)'라고 명시되어 있으며[4], 새로운 모델을 거의 추가하지 않고[5] 가격도 높은 편이라서 기본적으로는 ChatCompletion API를 사용하길 권장합니다.

ChatCompletion API

ChatCompletion API는 대화형 문장을 생성하는 데 사용되는 API입니다.

❤ 그림 7-3 ChatCompletion API

대화는 메시지를 주고받는 과정이며, 문장을 정확하게 생성하려면 과거의 문맥이 필요합니다. ChatCompletion API는 항상 대화의 모든 이력을 전송하여 문맥을 고려한 대화를 가능하게 합니다(193쪽 참고). 이때 요금 계산에는 이력에 포함된 모든 토큰 수가 반영되므로 대화가 길어질수록 요금이 증가합니다(281쪽 참고).

❤ 그림 7-4 문맥을 고려한 대화를 가능하게 하는 ChatCompletion API

또 ChatCompletion API를 채팅 이외의 애플리케이션에 사용할 때는 AI 어시스턴트에 대한 지시를 프롬프트로 작성하는 방식으로 활용할 수 있습니다.

ChatCompletion API는 AI와 외부 도구를 연계하는 기능인 Function Calling도 지원합니다(292쪽 참고).

---

4 이전에는 deprecated(폐지 예정)로 표기되어 있었습니다.
5 Completion API용 현재 모델은 2023년 9월에 출시된 gpt-3.5-turbo-instruct 하나뿐입니다.

Assistant API

Assistant API는 여러 API와 데이터를 결합하여 고도의 채팅 AI를 구축할 수 있도록 지원하는 API입니다. GPTs(30쪽 참고) 기능을 대부분 보완한다고 볼 수 있습니다. 그만큼 API 사양도 복잡합니다. 기술적으로는 ChatCompletion API, Embedding API와 다양한 외부 기능을 결합하여 구현할 수 있으므로 이 책에서는 자세한 설명을 생략합니다.

요약

> ▶ OpenAI의 텍스트 생성 API는 세 가지 종류가 있으며, 이 중 ChatCompletion API 가 가장 널리 사용됩니다.

7.3 OpenAI API 요금

OpenAI API의 요금은 입력 및 출력되는 텍스트를 '토큰'이라는 단위로 분할한 후 그 토큰 수에 따라 계산됩니다. 여기에서는 모델별 요금 체계, 토큰의 개념, 토큰 수를 계산하는 방법을 설명합니다.

7.3.1 OpenAI API의 토큰

토큰(token)은 컴퓨터가 텍스트를 처리하려고 분할하는 단위입니다(130쪽 참고). 단어와 비슷하지만, 다양한 언어를 지원하려고 언어마다 다른 단어 개념 대신 토큰을 사용합니다.

챗GPT와 OpenAI API에 입력되는 텍스트가 어떻게 토큰으로 분할되는지는 OpenAI의 토크나이저 페이지에서 그래픽으로 확인할 수 있습니다. 입력란에 텍스트를 입력하면 토큰별로 색깔을 달리하여 표시해 줍니다.

▼ 그림 7-5 OpenAI의 토크나이저 웹 페이지(https://platform.openai.com/tokenizer)

그림 7-5는 '챗GPT와 대규모 언어 모델'이라는 텍스트를 토큰으로 분할한 모습입니다. '챗GPT'는 'Chat', 'G', 'PT'로 분리됩니다. 그러나 '규', '모', '언', '델'은 문자가 올바르게 표시되지 않았습니다. 이는 '규'를 나타내는 UTF-8의 코드 'EA B7 9C'가 토큰 두 개로 분리되어 각각의 토큰만으로는 완전한 문자를 표현할 수 없기 때문입니다(자세한 내용은 282쪽 참고).

7.3.2 텍스트 생성 모델의 종류와 요금

OpenAI API의 텍스트 생성 API에서 사용할 수 있는 모델은 세부 버전을 포함하면 열 개 이상에 이르지만, 기본적으로는 고성능·고가 모델과 저가 모델 두 종류의 메인 모델을 사용합니다. 2025년 9월 현재, GPT-5를 메인 모델로 제공합니다. 모델은 수시로 추가하므로 최신 정보는 공식 문서를 참고합니다.[6]

▼ 표 7-1 주요 텍스트 생성 모델(100만 토큰당 가격, 2024년 7월 현재)

모델(버전)	토큰 최대 길이	입력 단가	출력 단가	참고 사항
GPT-5	128K	1.25$	10$	메인 모델
GPT-4o(Omni)	128K	$5	$15	메인 모델
GPT-4o mini	128K	$0.15	$0.6	메인 모델
GPT-4 Turbo	128K	$10	$30	
GPT-3.5 Turbo (0125)	16K	$0.5	$1.5	
GPT-3.5 Turbo Instruct	4K	$1.5	$2.0	Completion API용

OpenAI API의 요금은 입력 및 출력 토큰 수에 따라 결정됩니다.[7] 기본적으로 모델이 버전업될 때마다 요금은 낮아지고, 입력할 수 있는 텍스트의 최대 길이

---

[6] 호환성을 위해 남겨진 오래된 모델은 정확도가 낮고 가격도 비쌉니다. 공식 문서에서도 이들은 'legacy(호환성을 위해 남겨진)' 모델로 명시되어 있습니다.

[7] ChatGPT 가격
https://openai.com/pricing

(토큰 수)는 증가하는 경향이 있습니다.

예를 들어 토큰을 1000개 입력하고 100개 출력했을 때, 각 메인 모델의 이용 요금은 다음과 같이 계산할 수 있습니다(1달러를 1350원으로 환산).

- GPT-4o: $1000 \times \$5/100만 + 100 \times \$15/100만 = \$0.007 ≒ 9.5원$
- GPT-4o mini: $1000 \times \$0.15/100만 + 100 \times \$0.6/100만 = \$0.00021 ≒ 0.28원$

영어는 평균적으로 1토큰당 약 0.75단어, 한국어는 1토큰당 약 1.1~1.3자 정도로 계산됩니다.[8] 토큰 수와 실제 문서량의 차이를 감각적으로 이해할 수 있도록 이광수의 〈무정〉과 루이스 캐럴의 〈이상한 나라의 앨리스(Alice's Adventures in Wonderland)〉 서두 부분을 각각 100토큰 분량으로 추출하여 소개합니다.

> 봄이 가까운 어느 아침이었다. 영채는 창가에 서서 먼 산을 바라보고 있었다. 어제 내린 비로 거리는 젖어 있었고, 사람들은 바삐 움직였다. 마음속 깊은 곳에 알 수 없는 불(96자)

> Alice was beginning to get very tired of sitting by her sister on thebank, and of having nothing to do: once or twice she had peeped into thebook her sister was reading, but it had no pictures or conversations init, and what is the use of a book, thought Alice without pictures orconversations?
>
> So she was considering in her own mind (as well as she could, for the hotday made her feel very sleepy and stupid), whether the pleasure of makinga daisy(448자)

---

8 GPT-4o/GPT-4o mini의 토크나이저 o200k_base의 경우입니다.

7.3.3 OpenAI 토크나이저 라이브러리 tiktoken

OpenAI의 토크나이저 라이브러리인 tiktoken은 텍스트와 토큰 열을 상호 변환하는 도구, 즉 토크나이저(tokenizer)를 제공합니다. 챗GPT나 OpenAI API에서는 토큰 분할이 내부적으로 처리되기 때문에 직접 사용할 필요가 없지만, AI의 정확도와 성능을 검토하거나 API 요금을 계산할 때는 중요한 기술입니다.

OpenAI의 tiktoken 라이브러리는 OpenAI API와 챗GPT에서 사용되는 토크나이저입니다.[9] tiktoken을 사용하면 API에 요청을 보내기 전에 토큰 수가 한도를 초과하는지, 요금이 얼마나 발생할지 미리 확인할 수 있습니다. 다음은 tiktoken을 활용한 파이썬 샘플 코드입니다.

▼ OpenAI의 토큰을 확인하는 예제 코드

```
!pip install tiktoken
import tiktoken
enc = tiktoken.get_encoding("o200k_base")   # 토크나이저의 모델
print("토큰 ID:", enc.encode("딥러닝"))
print("토큰 수:", len(enc.encode("딥러닝")))
```

▼ 샘플 코드 출력

```
토큰 ID: [15492, 98, 13689, 122066]
토큰 수: 4
```

tiktoken의 토크나이저에는 주로 GPT-4o 시리즈에서 사용되는 o200k_base와 GPT-4 및 GPT-3.5 시리즈에서 사용되는 cl100k_base가 있습니다.[10] o200k_base는 약 20만 종류, cl100k_base는 약 10만 종류의 어휘를 가지고 있으며, 모델마다 어휘 수(토큰 종류 수)가 달라 분할 후 생성되는 토큰 수에도

---

[9] openai/tiktoken: tiktoken is a fast BPE tokeniser for use with OpenAI's models
https://github.com/openai/tiktoken

[10] 이외에도 구형 모델용 p50k_base 및 r50k_base가 있습니다.
OpenAI 언어 모델별 인코딩 목록: https://zenn.dev/microsoft/articles/3438cf410cc0b5

영향을 미칩니다.

모델별 차이를 확인하고자 '딥러닝'이라는 단어를 각 모델로 분할한 결과를 살펴보겠습니다.[11]

▼ 표 7-2 '딥러닝'을 두 종류의 토크나이저 모델로 분할

문자	딥	러	닝
UTF-8	EB 94 A5	EB 9F AC	EB 8B 9D
o200k_base	15492, 98	13689	122066
cl100k_base	67598, 98	61394	9019, 251

토크나이저 cl100k_base에서는 '딥러닝'이 토큰 다섯 개로 분할되지만, o200k_base에서는 네 개로 줄어듭니다. 이처럼 모델마다 토큰 분할 결과는 다를 수 있습니다. 일반적으로 토큰 수가 많을수록 처리 시간은 오래 걸리고 정확도는 낮습니다. 그러나 어휘 수를 늘리면 학습에 필요한 데이터가 증가하여 균형을 맞추는 것이 중요합니다(139쪽 참고).

7.3.4 언어별 토큰 수 차이

영어 이외의 언어는 동일한 내용을 표현하는 데 필요한 토큰 수가 영어보다 많아지는 경향이 있습니다. 이를 확인하기 위해 동일한 정보를 표현하는 데 필요한 토큰 수를 각 언어별로 측정하고, 영어를 기준(1)으로 삼아 비율을 계산한 결과를 표 7-3에 정리했습니다. 참고로 챗GPT가 작성한 '챗GPT란 무엇인가?'라는 문장을 구글 번역기를 이용하여 각 언어로 번역해서 사용했습니다.

우선 cl100k_base 기준으로 토큰 수와 영어 대비 비율을 살펴보면 영어의 토큰 수가 압도적으로 적다는 것을 알 수 있습니다. 유럽계 언어와 중국어는 영어

---

[11] tiktoken의 encode 메서드로 얻은 토큰 ID 열을 decode_tokens_bytes 메서드에 전달하면 서브워드 열을 얻을 수 있습니다.

의 두 배 이하의 토큰 수로 충분하지만, 일본어는 약 2.5배에 달합니다.

한편 베트남어는 영어처럼 라틴 알파벳을 사용하는 언어임에도 독자적인 문자가 많아 토큰 수가 증가합니다. 아랍어 등 라틴 알파벳이 아닌 언어는 영어보다 거의 여섯 배에 달하는 토큰 수가 필요합니다. 이러한 언어별 토큰 표현력의 차이는 토크나이저 학습에 사용된 텍스트에 크게 의존합니다(137쪽 참고). 즉, 표 7-3은 학습 데이터에서 영어가 압도적으로 많이 사용되었음을 보여 줍니다.

토크나이저 모델 차이도 흥미롭습니다. 영어 이외의 언어는 cl100k_base에서 o200k_base로 변경했을 때 토큰 수가 크게 개선됩니다. 특히 힌디어나 아랍어처럼 비알파벳계 언어에서는 그 차이가 두드러집니다.

이는 언어에 특화된 토크나이저를 사용함으로써 토큰 수를 줄이고, 정확도와 속도를 높일 수 있음을 시사합니다. 실제로 OpenAI 일본 지사 설립 뉴스에서는 일본어 처리가 세 배 빠른 일본어 특화 GPT-4를 준비 중이라고 발표했습니다.[12] 이는 일본어용 토크나이저 모델을 도입하여 토큰 수를 약 1/3로 줄이는 효과를 기대할 수 있음을 의미합니다.[13]

▼ 표 7-3 언어별 토큰 수와 비율

언어	cl100k_base	영어와 비율	o200k_base	영어와 비율	cl→o 개선율
영어	425	1.00	411	1.00	1.03
스페인어	624	1.47	513	1.25	1.22
프랑스어	695	1.64	564	1.37	1.23
독일어	755	1.78	575	1.40	1.31
러시아어	1086	2.56	580	1.41	1.87
아랍어	1428	3.36	593	1.44	2.41

◎ 계속

---

12 OpenAI Japan 출범: 3배 빠른 일본어 특화 모델도 공개 예정, Impress Watch
   https://www.watch.impress.co.jp/docs/news/1584440.html

13 일본어만을 위해 GPT-4를 처음부터 사전 학습하는 것은 비용이 많이 들어 지속적인 사전 학습(215쪽 참고)으로 일본어 데이터를 대규모로 추가 학습할 것으로 예상됩니다.

언어	cl100k_base	영어와 비율	o200k_base	영어와 비율	cl→o 개선율
중국어	729	1.72	483	1.18	1.51
베트남어	1156	2.72	658	1.60	1.76
힌디어	2428	5.71	701	1.71	3.46
일본어	1033	2.43	729	1.77	1.42
한국어	961	2.26	566	1.38	1.70

요약

- 토큰은 텍스트를 분할하는 단위이며, API 요금은 토큰 수에 따라 계산됩니다.
- tiktoken 라이브러리를 사용하면 토큰 수를 확인할 수 있습니다.
- 영어 이외의 언어는 토큰 수가 더 많아지는 경향이 있습니다.

7.4 텍스트 생성 API에 지정하는 파라미터

텍스트 생성 API에는 생성되는 텍스트의 특성을 제어하는 다양한 파라미터가 있습니다. 이러한 파라미터를 적절히 설정하면 생성 결과의 품질과 일관성을 높일 수 있습니다.

7.4.1 텍스트 생성 API의 파라미터

텍스트 생성 API(277쪽 참고)에서는 파라미터를 설정하여 생성되는 텍스트의 변화를 키우거나, 반대로 랜덤성을 억제하여 동일한 프롬프트에서 항상 같은 텍스트를 반환하는 재현성을 확보할 수 있습니다. 특히 생성 문장을 제어하는 데 중요한 파라미터는 다음 세 가지입니다.

▼ 표 7-4 OpenAI 텍스트 생성 API의 주요 파라미터

파라미터	설명	값 범위	기본값
temperature	생성 문장의 랜덤도를 지정합니다. 값을 높게 설정할수록 다양한 생성 결과를 얻을 수 있습니다.	0.0~2.0	1.0
top_p	누적 확률의 임계 값을 설정합니다. 1.0보다 작게 설정하면 안정적인 토큰이 선택될 가능성이 높습니다.	0.0~1.0	1.0
max_tokens	생성되는 토큰 수의 상한을 설정합니다.	1 이상의 정수	(모델별 상한)

temperature

temperature는 '온도'를 의미하며, 생성 문장의 랜덤도를 지정하는 파라미터입니다. '온도'라는 용어는 열통계역학 모델에서 유래했습니다(180쪽 참고).

temperature 값을 크게 설정하면 점수가 낮은 토큰에도 확률이 분배되어 다양한 토큰을 선택할 가능성이 높습니다. 반대로 temperature 값을 작게 설정하면 점수가 가장 높은 토큰의 확률은 1에 가까워지고, 다른 토큰의 확률은 0에 가까워져 토큰 간 확률 차이가 극단적으로 커집니다. 특히 temperature 값이 0일 때는 점수가 가장 높은 토큰이 확률 1로 선택되어 반드시 출력됩니다.[14]

이제 temperature 값을 변경했을 때 생성 문장에 어떤 차이가 생기는지 실제로 생성한 예로 살펴보겠습니다. temperature 값을 0에서 2까지 변화시키며 각각 세 번씩 생성한 문장을 소개합니다.[15]

▼ 표 7-5 '안녕하세요.'로 시작하는 문장을 세 번씩 생성한 서두 부분

temperature	생성 문장
0.0	안녕하세요, 오늘은 날씨가 좋네요. 안녕하세요, 저는 한국에 살고 있어요. 안녕하세요, 제 이름은 지수입니다.
0.5	안녕하세요, 저는 김지연입니다. 안녕하세요, 만나서 반가워요. 안녕하세요, 오늘 날씨가 좋네요.
1.0	안녕하세요, 반갑습니다. 안녕하세요, 잘 부탁드립니다. 안녕하세요, 좋은 하루 되세요.
1.5	안녕하세요, 할 수 있는 일을 잘 계획하셨나요? 안녕하세요, 함께 만든 여행 계획일 준비해요? 안녕하세요, 전 issue '해더들!! 메쏘 주작햅 fantastisha 문?? 버익 팍???hope send email help mi practicing.

◯ 계속

---

[14] 원래 temperature 값은 0이 되지 않지만, 점수가 가장 높은 토큰을 결정적으로 선택하는 의미로 temperature = 0을 허용하는 구현도 있습니다.

[15] Completion API에서 gpt-3.5-turbo-instruct를 사용합니다.

temperature	생성 문장
2.0	안녕하세요, 이름 동도판, 수 배치 −spacing−ind offshore… 안녕하세요, 여러분. 재능(さいだし グ−S.WriteByte(r)},Eff… 안녕하세요, { :)California(Client_Ptr〈G966/photos−by…

temperature = 0.0에서는 매번 같은 문장이 생성되지만, 값이 증가할수록 변동 폭이 커지며 1.0 이상에서는 무작위성이 크게 나타납니다. 2.0에서는 문장이 완전히 깨집니다. temperature를 단독으로 지정할 경우 1.0 이하로 설정하면 좋습니다.

top_p

top_p는 토큰 확률의 임계 값을 제어하는 파라미터입니다. top_p를 설정하면 랜덤 샘플링 대상이 되는 토큰이 다음 그림과 같이 제한됩니다. 즉, 확률이 높은 토큰부터 순서대로 후보에 추가하고, 확률의 합이 top_p로 지정한 값을 초과하는 순간 후보 선택을 종료합니다. 이때 마지막으로 추가된 토큰보다 확률이 낮은 토큰들은 샘플링 후보에서 제외됩니다.

▼ 그림 7-6 top_p 역할

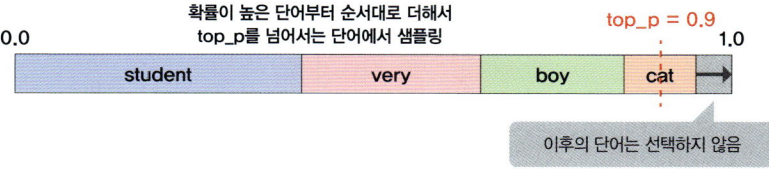

top_p 효과를 이해할 수 있도록 확률 0.9의 토큰이 한 개, 확률 0.0001의 토큰이 1000개 있는 극단적인 경우를 생각해 봅시다.

▼ 그림 7-7 top_p 역할(극단적인 경우)

확률 0.0001의 낮은 점수 토큰은 선택되지 않길 바라지만, 원래 '그중 특정 토큰'이 선택될 확률은 단지 1만 분의 1에 불과하므로 크게 문제되지 않아 보입니다. 그러나 이러한 토큰이 1000개나 있으면 '그중 하나의 토큰'이 선택될 확률은 10분의 1이 됩니다. 따라서 낮은 확률의 토큰이 선택될 가능성은 무시할 수 없습니다.

앞 예시는 극단적인 경우이지만, 실제로 높은 temperature에서는 '낮은 확률의 토큰이 대량으로 존재하는' 상황이 자주 발생합니다. 이때도 top_p를 설정하면 낮은 확률의 토큰이 선택되는 것을 방지할 수 있습니다. 따라서 temperature를 높게 설정할 때는 top_p를 적절히 조정하여 무작위성을 줄이는 것이 중요합니다.

이제 temperature = 2.0에서 top_p 효과를 실제 생성 예제로 살펴보겠습니다.

▼ 표 7-6 top_p를 지정한 생성문 예

temperature	top_p	생성문
2.0	1.00	안녕하세요, 이름함많 nextStateAndMeter₩tgetTest1 tension antivirus refDos()... 안녕하세요, pinpointReal perception stressPotentialmale694 captchatimeline-router... 안녕하세요, LicenceCheck QueueOrder expenseCommand Starteriselect Kickweg Sel...
2.0	0.99	안녕하세요, 그림 그리세요? 안녕하세요, 피자를 시켜 드릴까요? 안녕하세요, 고민을 해결할 만한 방법을 찾으셨나요?
2.0	0.90	안녕하세요, 오랜만입니다! 안녕하세요, 잘 지내셨나요? 안녕하세요, 날씨가 좋아서 기분이 좋네요.

무작위성이 높은 temperature = 2.0에서도 top_p를 적절히 낮추면 과도한 무작위성을 억제하고, 의미가 통하는 문장을 안정적으로 생성할 수 있습니다.

max_tokens

max_tokens는 생성할 토큰 수의 상한을 지정하는 파라미터입니다. 생성된 문장의 토큰 수가 max_tokens에 도달하면 생성이 중단됩니다. 단 max_tokens에 맞추어 문장이 생성되는 것은 아닙니다. 텍스트 생성 API는 예상보다 긴 텍스트를 생성할 때가 많아 max_tokens를 지정하면 불필요한 비용 발생을 줄일 수 있습니다.

요약

- 텍스트 생성 API의 파라미터인 temperature와 top_p를 적절히 설정하면 생성된 문장의 무작위성과 품질을 조절할 수 있습니다.
- 긴 문장이 생성되어 예상치 못한 API 요금이 발생하지 않도록 항상 max_tokens를 지정하는 것이 좋습니다.

7.5 텍스트 생성 API와 외부 도구의 연계: Function Calling

텍스트 생성의 ChatCompletion API에서는 필요에 따라 외부 도구와 연계하는 Function Calling 기능이 제공됩니다. AI가 그 필요성을 판단하는 것이 Function Calling 핵심입니다.

7.5.1 Function Calling

Function Calling은 대규모 언어 모델이 외부 도구나 API와 연계하는 기능입니다. 개발자는 OpenAI API를 호출할 때 도구 목록을 함께 전달합니다. 그러면 GPT는 필요한 도구를 판단하고, 그 도구에 전달할 정보를 JSON 형식으로 출력합니다. JSON은 이식성이 높은 형식으로 외부 도구와 쉽게 연계할 수 있게 합니다.

▼ 그림 7-8 Function Calling을 이용한 외부 도구와 연계

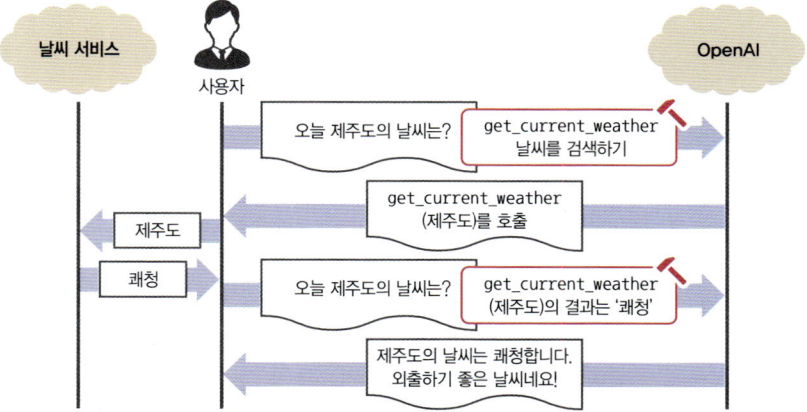

예를 들어 '오늘 제주도의 날씨는?'이라는 질문에 일반적인 대규모 언어 모델은 현재 날씨를 모르기에 '저는 실시간 정보에 접근할 수 없습니다' 등 답변을 합니다. 반면에 외부 연계 기능을 가진 대규모 언어 모델은 질문과 함께 get_current_weather(지정된 도시의 현재 날씨를 조회)라는 도구 정보를 전달받으면 도구를 호출하여 제주도의 날씨를 조회할 필요가 있다고 판단합니다.

또 대규모 언어 모델이 어려워하는 계산 등을 전문 도구에 맡길 수 있습니다. GPT-4 등 고도화된 대규모 언어 모델은 계산도 가능하지만, AI보다 일반 컴퓨터를 사용하는 것이 속도, 정확성, 전력 효율 면에서 압도적으로 우수합니다.

Function Calling이 수행하는 것은 '외부 도구를 호출할 필요가 있다'는 판단과 외부 도구에 전달할 정보의 추출까지입니다. AI가 외부 도구를 직접 호출하는 것은 아니며, AI 지시에 따라 외부 도구에서 날씨 정보를 조회하는 것은 사용자 측 작업입니다. 외부 도구에 전달할 정보는 JSON 형식으로 반환되므로 프로그램으로 쉽게 처리할 수 있습니다.

대규모 언어 모델이 번역이나 요약 등 지시에 따르는 것은 그런 텍스트를 생성하는 것일 뿐 특별한 기능이 아니라는 점을 언급한 바 있습니다(220쪽 참고). Function Calling도 마찬가지로 전용 기능이 구현된 것이 아니라 도구 호출의 판단과 정보 추출 텍스트를 생성하는 튜닝으로 실현됩니다.

7.5.2 랭체인 라이브러리

Function Calling은 다양한 응용이 가능하지만, Function Calling의 호출이나 도구의 구현은 번거롭습니다. 이러한 도구들과 대규모 언어 모델을 결합하여 고도의 추론을 구현하는 프레임워크 중 하나가 랭체인(LangChain)입니다. 랭체인에서는 다양한 도구가 제공되며[16], Function Calling과 쉽게 연계할 수 있는 구조도 갖추고 있습니다.[17]

랭체인은 고기능적이고 편리하나 추상화 수준이 높아 난해할 수 있습니다. 따라서 랭체인에 관한 전문서[18]를 읽고 개요를 파악하면 좋습니다. 다만 랭체인은 새로운 논문을 적극적으로 도입하고 그에 맞추어 사양도 자주 변경되므로[19] 최신 문서를 항상 참고하는 것이 중요합니다.[20] 또 랭체인과 유사한 라이브러리로는 guidance[21]나 Semantic Kernel[22] 등이 있습니다.

▼ 표 7-7 랭체인이 제공하는 도구 목록

도구	설명
Wikipedia QueryRun	Wikipedia API 검색
Wolfram AlphaQueryRun	Wolfram Alpha SDK를 사용하여 쿼리(수식 등) 실행
Google SearchRun	구글 검색 API 호출
Shell Tool	셸 명령 실행
PythonREPL	파이썬 코드 실행
HumanInputRun	사용자에게 입력 요구

---

16 https://api.python.langchain.com/en/latest/community_api_reference.html#module-langchain_community.tools
17 Tools – LangChain
   https://python.langchain.com/docs/modules/tools/
18 《랭체인 & 랭그래프로 AI 에이전트 개발하기》(길벗, 2025) 등 여러 도서가 있습니다.
19 반년 전에 작성한 랭체인을 사용한 코드가 대량의 Deprecated Warning을 출력한 후 결국 작동하지 않는 경우도 있었습니다.
20 https://python.langchain.com/docs/get_started/introduction
21 guidance-ai/guidance: A guidance language for controlling large language models
   https://github.com/guidance-ai/guidance
22 microsoft/semantic-kernel: Integrate cutting-edge LLM technology quickly and easily into your apps.
   https://github.com/microsoft/semantic-kernel

7.5.3 기계가 읽을 수 있는 도구로써 Function Calling

Function Calling은 외부 기능 연계뿐만 아니라, 자연어에서 기계가 읽을 수 있는(machine readable) 정보를 추출하는 데도 자주 사용됩니다. 예를 들어 이메일로 결정된 미팅 일정을 스케줄에 등록하는 경우를 생각해 봅시다. 이를 자동으로 수행하려면 이메일 본문에서 적절히 스케줄의 제목, 날짜, 장소, 참가자 등을 추출해야 하는데, 이는 어려운 작업입니다.

이때 Function Calling이 등장합니다. 이메일 본문과 스케줄 등록 도구의 정보를 Function Calling에 전달하면 스케줄 등록 도구의 호출 지시가 반환됩니다. 도구에 전달할 제목이나 날짜 등 정보는 JSON 형식으로 제공되며, 이는 프로그램에서 쉽게 처리할 수 있습니다. 이 정보를 JSON 형식으로 얻는 목적이라면 실제 스케줄 등록 도구가 없어도 괜찮습니다.

▼ 그림 7-9 Function Calling을 사용하여 자연어에서 기계가 읽을 수 있는 정보 추출

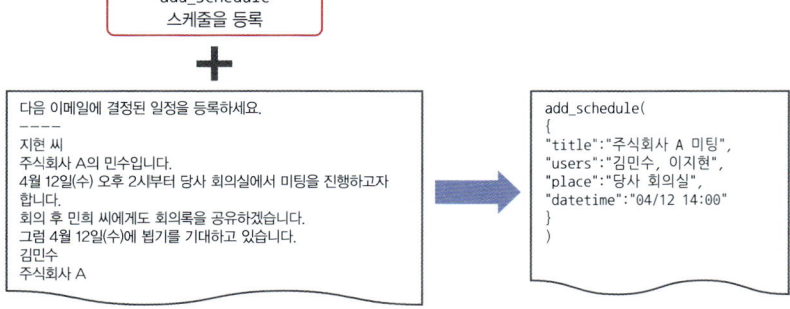

 **시맨틱 웹의 꿈**

2000년대 시맨틱 웹이라는 기술이 유행했습니다. 간단히 말하면 기계가 읽을 수 있도록 만든 웹으로, 웹상의 모든 정보에 컴퓨터가 처리할 수 있는 '의미'를 태그로 붙여서 모든 처리를 자동화할 수 있다는 꿈의 기술이었습니다.[23] 그렇지만 모든 정보에 태그를 붙이는 것은 현실적으로 불가능했고, '의미'의 표현과 해석에 다양한 차이가 있어 이를 통일하는 사전(온톨로지) 정비가 매우 어려웠습니다. 그래서 시맨틱 웹은 제한적으로만 실현되었습니다.

이제는 대규모 언어 모델을 사용하여 자연어에서 기계가 읽을 수 있는 정보를 추출할 수 있습니다. 시맨틱 웹에서 그렸던 꿈이 실현 가능해지고 있는 것입니다. 그 점만으로도 우리는 좋은 시대에 살고 있다고 생각합니다.

 요약

▶ Function Calling은 대규모 언어 모델이 외부 연계를 판단하는 기능입니다. 또 자연어에서 기계가 읽을 수 있는 형태로 정보를 추출합니다.

---

23 SemanticWebFaq – W3C Wiki
https://www.w3.org/wiki/SemanticWebFaq

7.6 임베딩 벡터 생성 API와 규약 위반 검사 API

'두 문장이 얼마나 유사한가?'라는 문제는 어렵지만, 벡터로 변환하면 유사도를 쉽게 구할 수 있습니다. 텍스트를 벡터로 변환하는 임베딩 벡터 생성 API와 텍스트가 규약에 저촉되는지 판단하는 규약 위반 검사 API를 소개합니다.

7.6.1 임베딩 벡터 생성 API

OpenAI 임베딩(embeddings) 벡터 생성 API는 텍스트를 1536차원 등의 벡터로 변환하는 API입니다. 유사한 텍스트는 유사한 벡터로 변환됩니다.

▼ 그림 7-10 임베딩 벡터 생성 API

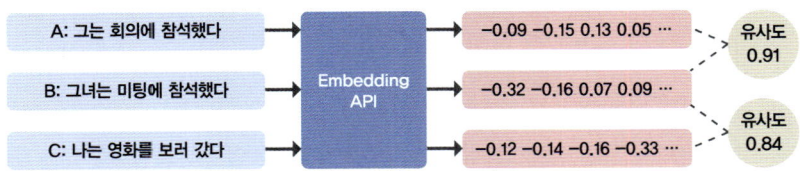

OpenAI API의 임베딩 벡터는 길이가 1로 정규화되어 있어 벡터 간 유사도는 쉽게 계산할 수 있습니다. 예를 들어 4차원 벡터 (a_1, a_2, a_3, a_4)와 (b_1, b_2, b_3, b_4)의 유사도는 요소별로 곱한 값을 모두 더해 구할 수 있습니다. 벡터의 요소 수가 증가해도 동일한 방식으로 계산됩니다.

$$유사도 = a_1b_1 + a_2b_2 + a_3b_3 + a_4b_4$$

벡터의 유사도는 -1.0에서 +1.0까지 값을 가지며, 값이 클수록 유사함을 나타냅니다.[24] 예를 들어 앞의 예시에서 문장 A '그는 회의에 참석했다'와 문장 B '그녀는 미팅에 참가했다'의 벡터 유사도는 0.91, 문장 B와 문장 C '나는 영화를 보러 갔다'의 유사도는 0.84로, 문장 A와 문장 B가 더 유사함을 나타냅니다.

또 과거 기사 데이터베이스의 각 문장에 대해 임베딩 벡터를 구해 두면 특정 기사와 유사한 과거 기사를 빠르게 찾아낼 수 있습니다. 지식을 저장한 데이터베이스에서 동일하게 벡터 유사도 검색을 수행함으로써 대규모 언어 모델이 학습하지 않은 지식을 활용한 질문에도 대답하는 RAG(검색 기반 생성) 시스템 구현에 자주 사용됩니다(307쪽 참고).

다만 임베딩 벡터를 사용한 유사도 계산은 반드시 인간의 직관과 일치하지 않는 점에 주의해야 합니다. 예를 들어 같은 의미의 한국어와 영어 문장보다 다른 의미의 한국어 문장끼리 유사도가 더 높은 경우도 자주 발생합니다.

▼ 그림 7-11 같은 의미의 영어보다 다른 의미의 한국어가 더 유사도가 높다

임베딩 벡터를 이용한 유사 텍스트 검색에서는 실제로는 유사하지 않지만 유사하다고 판단되는 경우(위양성(false positive))를 피할 수 없습니다. 특히 검색 대상 문서가 증가하면 이러한 문제가 더욱 두드러지게 발생합니다. 이 점을 고려하여 활용해야 합니다.[25]

7.6.2 임베딩 벡터 생성 API의 모델 종류

OpenAI Embedding API에는 세 가지 모델이 준비되어 있습니다. text-

---

[24] 두 벡터의 방향 간 가까움을 나타내며, 이를 코사인 유사도라고 합니다.
[25] RAG에서는 고속 벡터 검색으로 좁힌 후보에 대해 더 고도화된 모델을 사용하여 실제로 유사한지 여부를 판단하는 리랭크(re-ranking) 처리를 자주 합니다.

embedding-ada-002는 챗GPT 출시 직후부터 제공되어 널리 사용됩니다. text-embedding-3-small과 text-embedding-3-large는 2024년에 출시된 모델로 text-embedding-ada-002보다 가격이 저렴하고 성능이 뛰어납니다. 또 text-embedding-3-small과 text-embedding-3-large는 임베딩 벡터를 줄여 정확도를 약간 희생하면서도 메모리 용량과 속도를 향상시킬 수 있는 shortening embedding을 지원합니다.[26, 27]

▼ 표 7-8 OpenAI Embedding API의 세 가지 모델(2024년 4월 기준)

이름	벡터 차원	가격(100만 토큰)	출시 시기
text-embedding-3-small	1536	$0.02	2024년 1월
text-embedding-3-large	3072	$0.13	2024년 1월
text-embedding-ada-002	1536	$0.10	2022년 12월

정확도가 높아지고 가격이 저렴해졌다고 해서 바로 새로운 임베딩 벡터 모델을 사용할 수 있는 것은 아닙니다. 다른 모델로 생성한 임베딩 벡터끼리는 정확한 유사도를 계산할 수 없기에 벡터 검색 대상 데이터베이스(임베딩 벡터로 변환된)의 모든 텍스트를 새로운 모델로 다시 변환해야 합니다. 따라서 임베딩 모델의 라이프사이클은 텍스트 생성 모델보다 길어집니다.[28]

7.6.3 약관 위반 검사(Moderation) API

사용자 입력이 프롬프트에 반영되는 AI 서비스를 일반에 공개할 경우 사용자가 OpenAI API 이용 규약에 위반되는 내용을 입력할 가능성이 충분히 있습니다. 이때도 바로 계정이 정지되지는 않지만 위반 빈도가 높아지면 경고 이메일

---

26 New embedding models and API updates - OpenAI
https://openai.com/index/new-embedding-models-and-api-updates/
27 벡터를 줄인 경우 길이 1로의 정규화는 별도로 수행해야 합니다.
28 임베딩 모델 학습에 개인 정보에 해당할 가능성이 있는 데이터를 포함하는 것은 최대한 피해야 합니다. 개인 정보 보호법에 따라 개인 정보 삭제 요청이 있을 경우 해당 모델의 사용을 중지하고 데이터를 삭제해야 할 가능성이 있기 때문입니다.

이 발송되고, 개선되지 않으면 최종적으로 계정이 정지될 수 있습니다. 이 때문에 애써 만든 AI 서비스가 종료될 위험이 있습니다. 설령 OpenAI API 이용이 정지되지 않더라도 공격적인 장난이나 부적절한 내용이 확산되면 AI 서비스에 큰 피해를 줄 수 있습니다.

Moderation API는 OpenAI 이용 규약에 위반되는 텍스트인지 판단해 주는 API입니다. 이 API는 다음과 같은 항목을 판단합니다(이외에도 세부 하위 분류가 있습니다).[29]

▼ 표 7-9 Moderation API의 주요 판단 항목

영어	번역	간단한 설명
hate	혐오 발언	차별적 증오를 표현하거나 선동하는 콘텐츠
harassment	괴롭힘	괴롭힘이나 불쾌한 행위를 표현하거나 선동하는 콘텐츠
self-harm	자해 행위	자해 행위를 조장, 장려하거나 묘사하는 콘텐츠
sexual	성적 콘텐츠	성적 흥분을 유발하는 것을 목적으로 한 콘텐츠
violence	폭력	사망, 폭력, 신체적 상해를 묘사하는 콘텐츠

Completion API에 텍스트를 전송하기 전에 Moderation API로 판단함으로써 예상치 못한 이용 규약 위반을 예방할 수 있습니다. Moderation API는 비용이 들지 않으므로 일반에 공개할 AI 서비스를 만들 때 고려해 보면 좋습니다.

요약

▶ Embedding API는 텍스트를 임베딩 벡터로 변환합니다. 임베딩 벡터를 사용하면 텍스트 간 유사도를 쉽게 계산할 수 있습니다.
▶ Moderation API는 텍스트의 유해성 등을 체크합니다.

---

29 Moderation - OpenAI API
    https://platform.openai.com/docs/guides/moderation/overview

7.7 OpenAI 이외의 대규모 언어 모델 API 서비스

OpenAI API 외에도 다양한 대규모 언어 모델 API 서비스가 있습니다. 이 글에서는 OpenAI의 GPT 시리즈를 제공하는 마이크로소프트 Azure OpenAI API, 구글 클라우드 Vertex AI, 아마존 AWS의 Bedrock을 소개합니다.

7.7.1 마이크로소프트 Azure OpenAI API

마이크로소프트 애저(Microsoft Azure)는 마이크로소프트에서 제공하는 클라우드 서비스로, 인터넷 기반 서비스를 구축하는 다양한 기능을 제공합니다. 2022년 10월부터는 Azure OpenAI API 서비스로 대규모 언어 모델을 활용한 서비스 개발도 가능해졌습니다.

▼ 그림 7-12 Azure OpenAI Studio

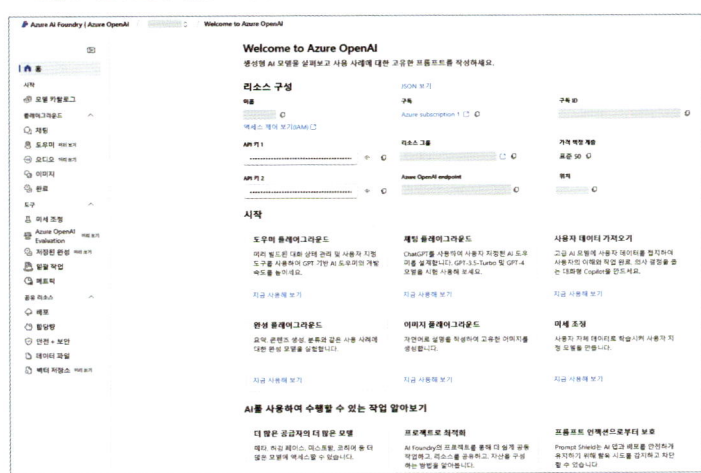

마이크로소프트는 OpenAI의 대규모 언어 모델인 GPT 시리즈에 대한 독점 라이선스를 보유하고 있습니다. 따라서 GPT 시리즈의 API는 OpenAI API와 마이크로소프트 Azure OpenAI API에서만 이용할 수 있습니다. 두 API 간 기능적 차이는 거의 없으며, 가격 체계도 동일합니다. OpenAI API에 새로운 기능이나 모델이 추가될 경우 약간의 지연은 있지만 Azure OpenAI API에도 동일한 기능이 제공됩니다.

API의 사양도 어느 정도 호환성이 있어 OpenAI의 공식 파이썬 라이브러리를 사용할 때 연결 방식만 약간 변경하면 Azure OpenAI API에서도 사용할 수 있습니다. Azure OpenAI API의 구체적인 이용 방법은 관련 참고 자료에서 확인할 수 있습니다.

따라서 OpenAI API와 Azure OpenAI API 중 어떤 것을 사용할지는 기능과 비용 외에도 다양한 요소에 달려 있습니다. 예를 들어 신기능 테스트 등 실험 목적이라면 OpenAI API를, 서비스 운영 등 비즈니스 목적이라면 Azure OpenAI API를 추천할 수 있습니다.

애저의 가장 큰 장점은 SLA(서비스 수준 계약)의 유무입니다. SLA는 시스템의 안정적인 운영을 보장하는 가용성 지표로, 마이크로소프트 애저는 99.9%의 가동률을 보장합니다.[30] 이는 실제로 99.9% 이상의 가동을 의미하기보다는 이 기준을 밑돌 경우 환불을 청구할 수 있는 제도를 의미합니다.[31]

반면에 OpenAI API는 가동 시간에 대한 보장이 없으며, 실제로 애저에 비해 장애 발생 빈도가 더 높다는 인상을 줍니다. OpenAI의 서비스 가동 시간은 OpenAI Status 페이지[32]에서 확인할 수 있습니다. 예를 들어 2024년 2월 13일에는 5시간 16분 동안 서비스 장애가 발생한 기록이 있습니다.

---

30 가동률 99.9%는 하루 평균 약 90초, 한 달 기준으로 약 43분의 다운타임에 해당합니다.
31 마이크로소프트에서 크레딧을 요청하는 방법 및 시기(서비스 중단에 대한 크레딧 요청)
https://learn.microsoft.com/ko-kr/partner-center/billing/request-credit#service-outages-service-level-agreement-credit-for-both-legacy-and-new-commerce-products-and-services
32 OpenAI Status
https://status.openai.com/

애저는 전 세계 여러 리전(데이터 센터가 위치한 지역)을 보유하고 있으며, 각 리전에 대규모 언어 모델과 인프라를 분산 배치함으로써 부하 분산과 장애 리스크를 줄일 수 있다는 점도 강점입니다. 특히 한국 리전도 운영 중이기 때문에 계약상 데이터가 해외 서버로 전송될 수 없는 경우에도 대응할 수 있습니다.[33]

또 Azure OpenAI API는 배포 단위로 세밀하게 쿼터(일정 시간 내의 사용량 제한)를 설정할 수 있어 여러 AI 서비스를 운영할 경우 한 서비스의 쿼터 초과로 다른 서비스까지 영향을 받는 상황을 방지할 수 있습니다. 참고로 OpenAI API 역시 2024년 4월부터 도입된 Project 기능으로 동일한 설정이 가능해졌습니다.[34]

애저는 다양한 서비스를 통합한 클라우드 플랫폼이라서 다른 서비스나 도구와도 매우 쉽게 연계할 수 있습니다. 특히 Azure AI 검색(search)은 마이크로소프트의 자연어 처리 기반 검색 기능과 OpenAI API를 연계하여 RAG(307쪽 참고)를 구현할 수 있는 서비스입니다.[35]

7.7.2 구글, Vertex AI

구글 클라우드는 애저, AWS와 함께 3대 클라우드 플랫폼 중 하나이며, 트랜스포머나 BERT 같은 오늘날 생성형 AI의 기반 기술을 개발한 것도 구글입니다. 따라서 구글 역시 AI 플랫폼을 보유하고 있는데, 그것이 바로 Vertex AI입니다.[36]

---

33 다만 2025년 현재 리전마다 사용 가능한 모델이나 버전에 큰 차이가 있습니다.
https://learn.microsoft.com/ko-kr/azure/ai-services/openai/concepts/models?tabs=global-standard%2Cstandard-chat-completions#model-summary-table-and-region-availability

34 Managing Projects in the API platform – OpenAI Help Center
https://help.openai.com/en/articles/9186755-managing-your-work-in-the-api-platform-with-projects

35 Azure AI 검색
https://azure.microsoft.com/ko-kr/products/ai-services/ai-search

36 Vertex AI Platform – Google Cloud
https://cloud.google.com/vertex-ai

▼ 그림 7-13 구글 Vertex AI

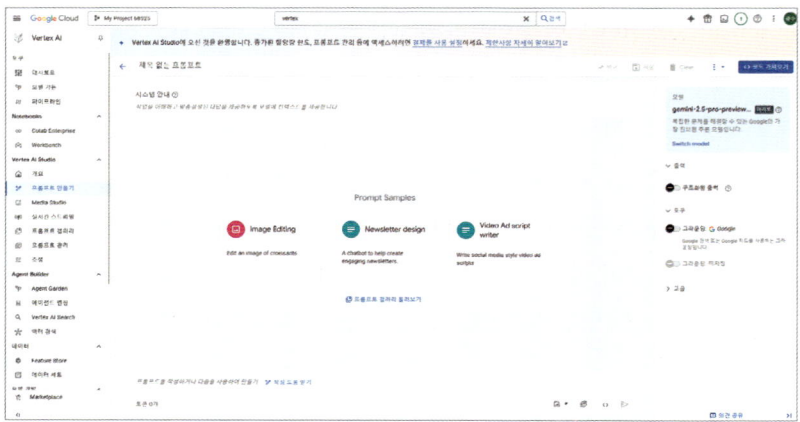

Vertex AI에서는 PaLM 2나 제미나이 같은 대규모 언어 모델을 활용하여 텍스트 생성이 가능하며, Vertex AI Search 등 컴포넌트로 RAG 시스템도 구축할 수 있습니다. 제미나이 시리즈는 멀티모달 기능을 갖추고 있어 음성이나 동영상 등 다양한 입력에도 대응할 수 있는 점이 큰 특징입니다. 2024년 5월 업데이트에서는 Gemini Pro가 최대 100만 토큰이라는 압도적인 길이를 지원하게 되었다고 발표했습니다.[37]

7.7.3 아마존, Bedrock

마이크로소프트 애저와 마찬가지로 클라우드 서비스인 AWS에서도 2023년 9월부터 Bedrock이라는 대규모 언어 모델 서비스를 제공하기 시작했습니다.[38] 애저와 마찬가지로 AWS의 다양한 클라우드 서비스와 연계가 용이하다는 점이 주요 특징입니다.

---

37 Google Gemini updates: Flash 1.5, Gemma 2 and Project Astra
　　https://blog.google/technology/ai/google-gemini-update-flash-ai-assistant-io-2024/
38 Amazon Bedrock
　　https://aws.amazon.com/ko/bedrock/

Bedrock에서 사용할 수 있는 대규모 언어 모델로는 아마존 고유의 Titan 외에도 메타의 LLaMA 시리즈, 이스라엘 AI 기업인 AI21 Labs의 Jurassic, Anthropic(앤트로픽)의 클로드가 있습니다.

클로드의 Claude 3 Opus는 GPT-4에 필적하는 정확도를 갖추었으며, 20만 개가 넘는 토큰 길이를 처리할 수 있는 성능을 자랑합니다. Claude 3 Opus는 AI 채팅 서비스인 Claude Pro에서도 사용 가능하지만(48쪽 참고), API로 다양한 애플리케이션에서 이 토큰 길이를 활용할 수 있게 되면 응용 범위는 더욱 넓어집니다. 앤트로픽 역시 자체적으로 Claude API 서비스를 제공하고 있지만, 앞서 OpenAI API와 마이크로소프트 애저의 관계와 마찬가지로 실제 운영 환경에서는 Claude API를 사용하기 위해 AWS Bedrock을 선택하는 것이 보다 적합합니다.

요약

- 마이크로소프트 Azure OpenAI API, 구글 Vertex AI, 아마존 Bedrock 등 API 서비스가 있습니다.
- 클라우드 플랫폼과 쉽게 연동할 수 있습니다.

7.8 RAG

컨텍스트 내 학습과 컨텍스트(문맥 정보)를 적절히 검색하여 결합하는 구조를 RAG(Retrieval-Augmented Generation)라고 합니다. RAG는 대규모 언어 모델을 활용한 애플리케이션을 구축하는 대표적인 방법 중 하나입니다.

7.8.1 외부 지식을 활용한 AI 애플리케이션 개발

대규모 언어 모델은 일반적이고 폭넓은 텍스트로 학습되므로 전문 분야 지식은 부족하거나 전혀 알지 못하는 경우도 있습니다. 또 기업 내부의 지원 이력처럼 폐쇄적인 환경에 있는 정보는 당연히 알 수 없습니다. 이처럼 모델이 모르는 내용을 질문하면 '모른다'고 답할 수도 있지만, 잘못된 정보를 그럴듯하게 생성하는 이른바 환각(할루시네이션, 328쪽 참고)을 일으킬 수도 있습니다.

따라서 외부 지식을 활용한 AI 애플리케이션을 개발할 수 있다면 제품이나 서비스의 FAQ를 지식원으로 하는 고객 지원 AI, 법률 조항이나 판례를 설명하는 법률 AI, 사례 기반의 제안 브레인스토밍 AI 등 다양하고 유용한 시스템을 구축할 수 있습니다. 최근 디지털 전환(Digital Transformation, DX)이 가속화되고 있는 가운데 디지털화된 업무 지식을 AI의 외부 지식으로 활용할 수 있다면 일석이조 효과를 기대할 수 있습니다.

대규모 언어 모델에 외부 지식을 제공하는 방법으로는 추가 학습을 수행하는 방식과 컨텍스트 내 학습(229쪽 참고)이 있으며, 이 중 전자는 구현 난이도가 높은 편입니다(231쪽 참고).

한편 컨텍스트 내 학습을 효과적으로 구현하려면 적절한 정보를 모델의 컨텍스트로 전달할 필요가 있습니다. 이를 실현하는 접근 방식은 크게 두 가지로 나눌 수 있습니다.

① 정보 중에서 답변 생성에 적절한 컨텍스트만 선별해서 전달하는 방법
② 관련 가능성이 있는 모든 정보를 그대로 컨텍스트에 포함시키는 방법

①은 흔히 RAG라고 하는 방식으로 다음 항목에서 자세히 설명합니다.

②는 예를 들어 책의 본문 전체를 그대로 컨텍스트에 포함시켜 AI가 책에 관한 질문에 답하게 하는 방식입니다. ①이 필요한 정보를 정확히 선별하여 사용하는 '핀포인트' 방식이라면, ②는 문서 전체의 요약 등 전체적인 내용을 다룰 때 적합한 접근입니다.

②는 단순히 많은 정보를 한꺼번에 입력하는 '힘으로 밀어 붙이는' 방식이지만, 토큰 수 제한과 비용 문제가 있습니다. 예를 들어 이 책 전체의 분량은 GPT-4o 기준으로 약 18만 토큰에 해당하며[39], 이는 GPT-4o의 최대 입력 토큰 수 (12.8만 토큰)를 초과합니다. 18만 토큰을 한 번에 입력할 수 있다면 컨텍스트 비용만으로도 약 1300원이 소요되며(1달러 = 1400원 기준), 처리 시간도 상당히 길어질 수 있습니다.

7.8.2 RAG

입력된 질문에 대해 적절한 정보를 검색하고 이를 컨텍스트로 보완하여 답변을 생성하는 일련의 방식을 RAG라고 합니다. RAG는 'Retrieval-Augmented Generation'의 약어로, 정보 검색(information retrieval)으로 텍스트 생성을 보완하는 기법을 의미합니다.[40] 외부 지식을 활용한 AI 애플리케이션이 많을 때 이 RAG 방식은 매우 적합한 접근입니다.

---

[39] GPT-3.5/GPT-4에서는 약 24만 토큰이었습니다.
[40] Lewis, Patrick, et al. "Retrieval-Augmented Generation for Knowledge-Intensive NLP Tasks." Advances in Neural Information Processing Systems 33(2020): 9459-9474.

▼ 그림 7-14 간단한 RAG 처리 흐름

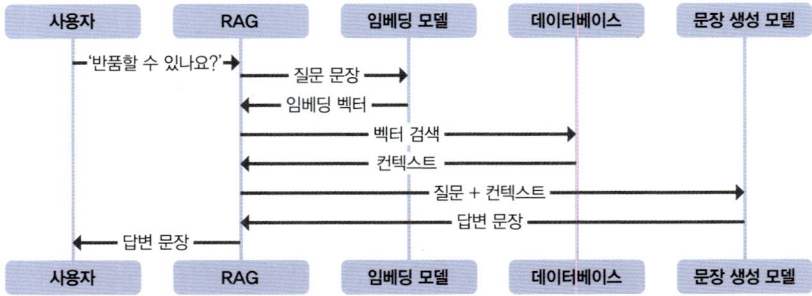

RAG를 일반화하면 다음 표와 같은 과정으로 구성됩니다.

▼ 표 7-10 RAG 일반화 과정

단계	이름	내용
1	데이터베이스 생성(Indexing)	컨텍스트 후보를 검색 가능한 형태로 구성합니다. 필요에 따라 텍스트를 청크 단위로 분할합니다.
2	정보 검색(Retrieval)	질문을 기반으로 컨텍스트 후보가 될 텍스트를 추출합니다.
3	우선순위 재평가(Rerank)	추출된 컨텍스트 후보를 더 좁히거나 점수를 부여하여 우선순위를 정합니다.
4	컨텍스트 압축(Compression)	대규모 언어 모델의 토큰 길이에 맞추려고 불필요한 정보를 제거합니다.
5	답변 생성(Generation)	압축된 컨텍스트를 바탕으로 답변을 생성합니다.

데이터베이스 생성 및 정보 획득

입력된 질문에 대해 적절한 컨텍스트 후보를 선택하는 대표적인 방법 중 하나는 임베딩 벡터를 활용한 유사도 검색입니다. 먼저 데이터베이스에 저장된 모든 문장을 사전에 임베딩 벡터로 변환하여 저장해 두고, 입력된 질문 역시 같은 방식으로 벡터화합니다. 이후 이와 유사도가 높은 순서대로 컨텍스트 후보를

추출합니다.[41]

또 다른 방법으로는 키워드 검색이 있습니다. 이 방식은 근거가 명확하다는 장점이 있지만, 입력된 자연어 문장에서 검색 키워드를 추출해야 하고 완전 일치 검색으로 제한되기 쉽다는 단점이 있습니다. 반면에 임베딩 벡터 검색은 훨씬 더 유연한 검색이 가능합니다. 예를 들어 한국어 데이터베이스에 영어로 질의해도 검색을 할 수 있습니다.[42] 각 방식에는 고유한 장점이 있으며, 고도화된 RAG 시스템에서는 이 두 방법을 결합한 하이브리드 검색 방식이 자주 활용됩니다.[43]

또 다수의 벡터 중에서 유사도가 높은 순으로 상위 k개를 선택하는 과정을 k-최근접 검색(k-nearest neighbor search) 또는 단순히 벡터 검색이라고 합니다.[44] 검색 대상 벡터의 수가 수만 개 수준으로 적고 고정되어 있다면 단순히 유사도를 계산한 후 정렬하는 방식으로도 빠르게 처리할 수 있습니다. 그러나 대상 벡터가 더 많아지거나 접근 권한처럼 메타데이터를 기반으로 한 복잡한 필터링이 필요한 경우에는 고속의 근사 최근접 검색(approximate nearest neighbor search)이 요구됩니다. 이를 위한 대표적인 라이브러리로는 Faiss[45]가 있으며, 많은 데이터베이스 시스템이 이러한 고속 벡터 검색 기능을 내장하고 있어 RAG 시스템에서도 널리 활용됩니다.

청크 분할

임베딩 벡터 검색에서는 데이터베이스를 생성할 때, 텍스트를 적절한 단위로 나누는 청크(chunk) 분할이 매우 중요합니다. 이 과정을 거쳐 RAG의 정밀도와

---

41 지식 데이터베이스가 크고 탐색해야 할 임베딩 벡터의 수가 많을 때, 가장 유사한 벡터를 찾는 것을 단순히 처리하면 무거운 계산이 됩니다. 그래서 최근에는 다양한 데이터베이스 소프트웨어가 고속의 벡터 유사 검색 기능을 탑재하고 있습니다.
42 다만 데이터베이스가 여러 언어로 구성된 경우 주의가 필요합니다(298쪽 참고).
43 Azure AI 검색
https://azure.microsoft.com/ko-kr/products/ai-services/ai-search
44 길이가 1인 벡터끼리의 경우 코사인 유사도가 큰 것과 벡터의 끝점끼리 유클리드 거리가 가까운 것은 대응합니다.
45 facebookresearch / faiss: A library for efficient similarity search and clustering of dense vectors
https://github.com/facebookresearch/faiss

응답의 정확도를 크게 향상시킬 수 있습니다.

청크 분할의 효과를 설명하려고 EC 웹 사이트의 도움말 문서를 활용하여 RAG 기반 지원 AI 시스템을 구축한 사례를 가정해 보겠습니다. 예를 들어 사용자가 "신용 카드를 사용할 수 있나요?"라고 질문했을 때, 해당 질문에 필요한 정보가 '주문 방법'이라는 문서 안에 포함되어 있는 상황을 생각해 볼 수 있습니다.

주문 방법
- 주문 절차
- 결제 방법 (← 신용 카드 사용 방법이 작성되어 있음)
- 포인트 사용 수 변경 방법
- 배송지 변경 방법

이 문서 전체와 질문 문장 "신용 카드를 사용할 수 있나요?"는 서로 유사하다고 보기 어렵습니다. 임베딩 벡터 검색은 이처럼 여러 주제가 혼합된 문서에서는 적절한 정보를 잘 찾아내지 못하는 경우가 있습니다. 그러나 이 문서를 주제별로 청크 분할하면 결제 방법에 해당하는 청크와 질문의 유사도가 높아 해당 청크가 정확히 컨텍스트로 선택될 가능성이 커집니다.

▼ 그림 7-15 부품(청크)으로 분할하여 적절히 벡터 검색을 할 수 있다

또 컨텍스트 내 학습으로 문장을 생성하는 단계에서도 적절한 청크 분할은 모델이 컨텍스트를 올바르게 이해하도록 도와 보다 정확한 답변을 생성할 가능성을 높여 줍니다.

물론 앞의 예시처럼 텍스트가 의미나 구조에 따라 자연스럽게 적절한 크기의 청크 단위로 나뉠 수 있다면 가장 이상적이지만, 실제 일반 문서에서는 그렇게

이상적으로 나뉘지 않는 경우가 많습니다. 따라서 보통은 구두점 등을 기준으로 문장 단위로 나누거나, 앞뒤 문맥을 고려하여 일부 중복을 허용하는 등 방식이 사용됩니다. 예를 들어 마이크로소프트 실험에서는 청크 크기를 512토큰으로 설정하고, 약 10~25% 정도를 중복시키는 방식을 제안한 바 있습니다.[46]

▼ 그림 7-16 중복되는 청크 분할 이미지

장바구니에 상품을 추가한 후 '주문 화면으로 이동' 버튼을 클릭하십시오. 다음으로 결제 방법 선택 화면에서 원하는 결제 방법을 선택합니다.	청크 1
예를 들어 신용 카드나 직불 카드 등 여러 가지 결제 옵션이 제공됩니다. 입력 내용을 확인한 후 '주문 확정' 버튼을 클릭합니다. 그러면 결제 절차가 완료됩니다.	청크 2

우선순위 재평가

리랭크(rerank)(우선순위 재평가)는 검색 결과를 보다 정밀하게 다듬는 과정으로 입력된 질문과 관련성을 기준으로 검색된 정보를 재평가하고 적절한 순서로 정렬하는 절차입니다. 이 과정에는 전용 리랭커(reranker) 모델이 사용되는 경우가 많지만, 범용 대규모 언어 모델을 활용하여 문서 관련성을 판단하는 방법도 있습니다.

임베딩 벡터 검색이나 키워드 검색만으로는 유사 벡터가 우연히 있거나 단순히 키워드가 포함된 전혀 관련 없는 문서가 검색되는 일이 자주 발생합니다. 리랭크는 이러한 부정확한 결과를 걸러 내고, 보다 정확한 정보를 우선적으로 제시하는 데 핵심적인 역할을 합니다.

구체적으로는 1차 검색에서 추출된 후보(코드 10~20개)가 질문과 실제로 관련이 있는지 리랭커라는 전용 언어 모델[47]이 판단하고, 관련도 점수를 기반으로 재

---

[46] Azure AI Search: Outperforming vector search with hybrid retrieval and reranking
https://techcommunity.microsoft.com/t5/ai-azure-ai-services-blog/azure-ai-search-outperforming-vector-search-with-hybrid/ba-p/3929167

[47] 대표적인 방법으로는 Sentence Transformers의 Cross Encoder를 사용하는 방식이 있습니다.
Cross-Encoders — Sentence Transformers documentation
https://www.sbert.net/examples/applications/cross-encoder/README.html

정렬합니다. 일반적으로는 고속이지만 상대적으로 부정확한 임베딩 벡터 검색으로 1차 후보를 좁힌 후 속도는 느리지만 정확도가 높은 리랭커로 최종 컨텍스트를 다섯 개 정도 선별하는 방식으로 구성됩니다.

▼ 그림 7-17 정보 획득과 우선순위 재평가

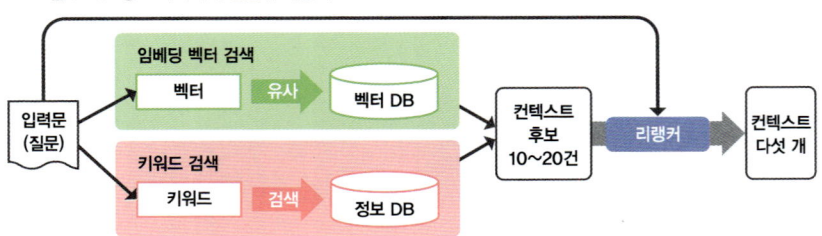

대상 데이터가 많아질수록 검색 과정에서 관련 없는 정보를 선택할 확률이 높아집니다(위양성). 한편 컨텍스트 내 학습은 정답 정보를 컨텍스트에 포함하지 않으면 올바른 답변을 생성할 수 없어 정답 정보를 놓치지 않기 위해 정보 검색 단계에서 추출하는 후보 수를 늘리려고 합니다. 이것으로 정확도가 높은 RAG 시스템을 구축하려면 리랭크 과정은 필수입니다.

하지만 현재 한국어를 지원하는 리랭커는 Cohere의 다국어 리랭커[48] 등으로 아직 선택 폭이 좁은 상황입니다. 이에 따라 임시 방편으로 GPT-3.5를 활용한 리랭크 방식을 활용하기도 합니다.[49] RAG 시스템에서 리랭크는 핵심적인 역할을 하므로 가까운 시일 내 한국어를 안정적으로 지원하는 리랭커가 등장하길 기대합니다.

컨텍스트 압축

컨텍스트 압축 RAG에서 컨텍스트 압축이 필수는 아니지만, 정답 정보를 놓치지 않으려고 리랭크에서 선택하는 문서 수를 늘릴 경우 컨텍스트 길이 문제로

---

48 Rerank - Optimize Your Search With One Line of Code - Cohere
   https://cohere.com/rerank
49 https://github.com/openai/openai-cookbook/blob/main/examples/Search_reranking_with_cross-encoders.ipynb

비용과 정확도에 영향을 미칠 수 있습니다.

또 긴 컨텍스트에서는 정답 정보가 포함되어 있더라도 이를 제대로 찾아내지 못할 가능성이 높은 것으로 알려져 있습니다.[50] 특히 문맥 중간에 위치한 정보는 놓치기 쉬운 경향이 있어 이를 'Lost in the Middle' 현상이라고 합니다.[51]

컨텍스트 압축 방식은 크게 두 가지로 나눌 수 있습니다. 하나는 텍스트에서 질문과 관련된 부분만 추출하고 불필요한 정보를 제거하는 방식으로 압축 후에도 결과가 텍스트 형태로 유지됩니다.[52]

다른 하나는 컨텍스트 역할을 하는 임베딩 벡터를 생성하는 방식입니다.[53] 이 방식은 텍스트 기반 압축 방식보다 더 적은 토큰 수에 많은 정보를 담을 수 있습니다.

요약

▶ RAG는 외부 지식을 활용한 AI 애플리케이션 구축에 유력한 접근 방식입니다.

▶ 청크 분할이나 리랭크를 통해 컨텍스트로 적절한 정보를 선택하는 과정이 핵심적인 역할을 합니다.

---

50 이를 '건초 더미에서 바늘 찾기(needle in a haystack)'에 비유하기도 합니다.

51 Liu, Nelson F., et al. "Lost in the middle: How language models use long contexts." Transactions of the Association for Computational Linguistics 12(2024): 157–173.

52 Jiang, Huiqiang, et al. "LongLLMLingua: Accelerating and Enhancing LLMs in Long Context Scenarios via Prompt Compression." arXiv preprint arXiv:2310.06839(2023).

53 Ge, Tao, et al. "In-context Autoencoder for Context Compression in a Large Language Model." arXiv preprint arXiv:2307.06945(2023).

8장

대규모 언어 모델의 영향

지금까지는 대규모 언어 모델의 장점과 그 놀라운 성과를 주로 다루었지만, 새로운 기술을 선택할 때는 항상 리스크도 함께 고려해야 합니다. 특히 대규모 언어 모델은 이를 직접 활용하는 사용자뿐 아니라, 사회 전반에 걸쳐 광범위한 영향을 미칠 수 있습니다. 생성형 AI의 악용 가능성, 생성된 데이터의 편향으로 위험, 언어별 성능 및 문화적 지식의 격차에서 비롯되는 우려, 더 나아가 AI로 인류 멸망 가능성 같은 리스크도 살펴볼 필요가 있습니다.

8.1 생성형 AI의 위험과 보안

생성형 AI는 전문가가 아닌 일반 사용자와도 직접 상호 작용하는 새로운 기술로 앞으로 다양한 상황에서 더욱 활발히 사용되리라 예상됩니다. 이에 따라 보안 측면에서 우려를 충분히 인식하고 대비가 필요합니다.

8.1.1 생성형 AI가 미치는 악영향

AI 기술을 악용한 가짜 뉴스의 확산이나 편견과 혐오 표현을 SNS에 대량으로 퍼뜨리는 행위는 이제 국내 주요 뉴스나 언론에서도 자주 다룰 만큼 심각한 문제입니다. 예를 들어 2016년 미국 대선 당시에는 '로마 교황이 트럼프를 지지했다'는 허위 정보가 SNS를 통해 확산되었고[1], 국내에서도 이재명 더불어민주당 후보의 가짜 동영상이 제작되어 유포된 사례가 있었습니다.[2]

이처럼 가짜 정보로 유언비어가 확산되고 편견이 증폭되는 일은 과거에도 있었지만, 고도화된 생성형 AI의 등장으로 이제는 훨씬 더 대규모로 정교하게 저비용으로 일어날 수 있게 되었습니다.[3] 이러한 현상은 차별을 조장하거나 사회적 갈등과 분열로 이어질 수 있어 적절한 대응과 정책이 마련되어야 합니다.

생성형 AI가 초래할 수 있는 다양한 리스크 논의도 본격화되고 있습니다. 예를 들어 딥마인드는 AI의 윤리적, 사회적 리스크를 총 21개 항목으로 제시하고,

---

1 AI가 미 대선 흔든다, 유권자 58% "가짜뉴스 더 확산", 〈중앙일보〉
   https://www.joongang.co.kr/article/25217742
2 이재명 경선캠프 "딥페이크는 민주주의의 적…적발 시 법적 책임 물을 것", 〈KBS 뉴스〉
   https://news.kbs.co.kr/news/pc/view/view.do?ncd=8225405
3 생성형 AI 기술을 활용한 가짜뉴스에 대한 대응 동향, 〈법률신문〉
   https://www.lawtimes.co.kr/LawFirm-NewsLetter/195918

이를 여섯 개 주요 분야로 분류한 바 있습니다.[4]

앞으로는 생성형 AI가 우리 사회에 널리 보급될 경우 어떤 위험 요소가 발생할 수 있는지 살펴보겠습니다.

▼ 표 7-11 딥마인드가 불러온 AI 리스크 분류

리스크 분야	리스크
I. 차별, 배제, 유해성	1. 사회적 고정 관념을 강화하거나 부당한 차별을 유발할 가능성 2. 배타적인 문화적 · 사회적 규범을 재생산할 위험 3. 혐오 표현이나 유해한 언어 생성 4. 특정 사회 집단에 대한 모델 성능 저하(예 언어, 성별, 인종 등)
II. 정보 관련 리스크	1. 개인 정보 유출로 프라이버시 침해 2. 사용자 정보를 모델이 추론하여 사생활 침해 가능 3. 기밀 정보의 노출이나 추정 위험
III. 잘못된 정보로 입은 피해	1. 허위 정보 또는 오해를 유도하는 정보 확산 2. 의료, 법률 분야 등에서 잘못된 정보로 입은 실질적 피해 3. 사용자에게 비윤리적이거나 불법적인 행동 유도
IV. 악용 가능성	1. 허위 정보의 저비용, 대규모 생성 가능 2. 피싱, 신분 도용, 조작 등 범죄 행위 촉진 3. 악의적인 코드 생성 지원(예 사이버 공격, 무기 제작) 4. 불법 감시 및 검열 도구로 활용될 우려
V. 인간-컴퓨터 상호 작용의 부작용	1. AI 시스템을 인간처럼 인식하게 되어 과도한 의존 발생 2. 신뢰를 악용하여 민감한 정보를 유출할 가능성 3. 성별, 인종 등 고정 관념을 강화할 수 있는 묘사 방식
VI. 자동화, 접근성, 환경 피해	1. 대규모 언어 모델 운영으로 환경 부담 2. 노동의 질 저하와 불평등 심화 3. 창작 활동의 위축 및 창의성 저해 4. 하드웨어, 소프트웨어, 기술 제약에 따른 이익 불평등

---

4 Weidinger, Laura, et al. "Ethical and social risks of harm from Language Models." arXiv preprint arXiv:2112.04359(2021).

8.1.2 생성형 AI의 악용

'당신의 영혼은 이미 계약되었습니다. 해지하려면 여기를 클릭하세요.' 같은 기괴한 내용의 스팸 메일은 그 황당함 덕분에 대부분의 사람이 스팸임을 쉽게 알아차릴 수 있을 것입니다. 그러나 생성형 AI의 발전으로 수신자의 나이, 직업, 관심사 등을 추정하여 정교하고 설득력 있는 맞춤형 메시지를 자동으로 대량 생성할 수 있게 되면서 이제는 속지 않는다고 단언하기 어려워졌습니다. 타인의 저작물을 무단으로 사용하는 것도 생성형 AI의 대표적인 악용 사례 중 하나입니다.

이러한 악용에 대응하려고 생성형 AI의 출력 여부와 사용된 데이터 출처를 메타데이터 형태로 명시하는 규격이 제정되었습니다.[5] 여러 관련 기업이 이 규격 도입에 참여 의사를 밝히고 있습니다.[6, 7, 8, 9] 그러나 해당 규격은 회피가 비교적 쉬운 탓에 추가적인 대책이 필요하다는 지적도 있습니다.

한편 생성형 AI의 출력물인지 여부를 판별하는 기술도 다수 제안되고 있지만, 이는 원리적으로 모든 종류의 생성형 AI에 대응하기 어려워 특정 모델의 특정 버전에만 어느 정도 적용 가능한 수준에 그칠 것으로 보입니다. 인간이 만든 결과물을 AI가 만든 것으로 오판할 위험성까지 고려하면 이러한 기술은 실제 운영에서 적용 가능한 상황이 제한적일 것입니다.

---

5 C2PA – Coalition for Content Provenance and Authenticity
https://c2pa.org/
6 C2PA in ChatGPT Images – OpenAI Help Center
https://help.openai.com/en/articles/8912793-c2pa-in-dall-e-3
7 A promising step forward on disinformation – Microsoft
https://blogs.microsoft.com/on-the-issues/2021/02/22/deepfakes-disinformation-c2pa-origin-cai/
8 [I/O 2024] 책임감 있는 AI를 실현하기 위한 구글의 지속적인 노력
https://blog.google/intl/ko-kr/products/google-responsible-ai-commitment-update-kr/
9 이스트소프트, 글로벌 워터마크 표준 연합 'C2PA' 가입, 〈전자신문〉
https://www.etnews.com/20241110000057

8.1.3 생성형 AI가 부적절한 출력을 할 위험

중국의 바이두(Baidu) 챗봇 AI는 정부 지침에 따라 천안문 사건 같은 주제를 회피하도록 필터링되고 있다는 지적을 받고 있습니다.[10] 또 구글의 제미나이에서는 나치 독일의 군복을 입은 흑인 인물을 생성하는 문제가 보고되기도 했습니다.[11] 이러한 '결함'은 표면적으로 드러난 사례 외에도 눈에 띄지 않는 수많은 사례가 있으리라 예상됩니다. 생성형 AI가 사회적 편향을 반영할 가능성도 충분하며(323쪽 참고), 서비스 제공자나 그가 속한 집단, 국가 등 가치관이 생성형 AI에 반영되는 것을 완전히 배제하기란 현실적으로 어렵습니다.[12]

인간은 AI의 발언을 무비판적으로 신뢰하는 경향이 있으며, 이를 '자동화 편향'이라고 합니다.[13] 또 AI가 제공하는 뉴스 요약이 선거 흐름에 영향을 미칠 수 있다는 우려처럼 AI 가치관이 의도적이든 비의도적이든 간에 사회 전반에 영향을 줄 가능성도 결코 부정할 수 없습니다.

AI가 유해한 발언을 하도록 외부 공격자가 유도할 가능성도 있습니다. 예를 들어 마이크로소프트의 AI 챗봇 Tay는 사용자 지시에 따라 혐오 발언을 했던 사례로 잘 알려져 있습니다(323쪽 참고). 또 챗GPT의 GPTs(맞춤형 AI 기능)에서는 이러한 기능을 이용하여 악의적인 AI가 서비스 일환으로 제공될 가능성이 있다는 지적도 있습니다(54쪽 참고).

AI가 제공하는 정보의 신뢰성을 확보하려면 인간이 말하는 정보처럼 1차 출처를 확인하거나 다른 관점의 의견을 참고하는 등 검증 과정이 필요합니다. 그러나 이러한 검증을 전적으로 인간에게 맡긴다면 AI를 사용하는 의미가 퇴색하므

---

10 中 바이두 AI 챗봇 써보니…시진핑·천안문 질문엔 침묵, 〈연합뉴스〉
　 https://www.yna.co.kr/view/AKR20230321039400009
11 "나치 독일군 얼굴이 왜 이래?"…인종 편향적인 구글 'AI 제미나이', AI POST
　 https://www.aipostkorea.com/news/articleView.html?idxno=1258
12 "생성형 인공지능, 인간사회 지배할 가능성이 있다" 노벨상 받은 AI 연구자의 '지성적' 경고, 〈한겨레21〉
　 https://h21.hani.co.kr/arti/world/world_general/56203.html
13 https://en.wikipedia.org/wiki/Automation_bias

로, 그 역할도 AI에 맡기고 싶어질 수밖에 없습니다. 결국 서로 가치관이 다른 여러 AI를 함께 활용하여 공정성과 객관성을 확보하는 방향이 앞으로 더 중요해질 것입니다(334쪽 참고).

8.1.4 생성형 AI를 이용한 서비스 공격

채팅 AI는 이용 약관에 따라 악용이 금지되어 있으며, '폭탄을 만드는 방법은?'처럼 위험한 질문에는 답하지 않도록 필터링과 튜닝이 적용되어 있습니다(325쪽 참고).

▼ 그림 8-1 폭탄 만드는 방법을 알려 주지 않는 챗GPT

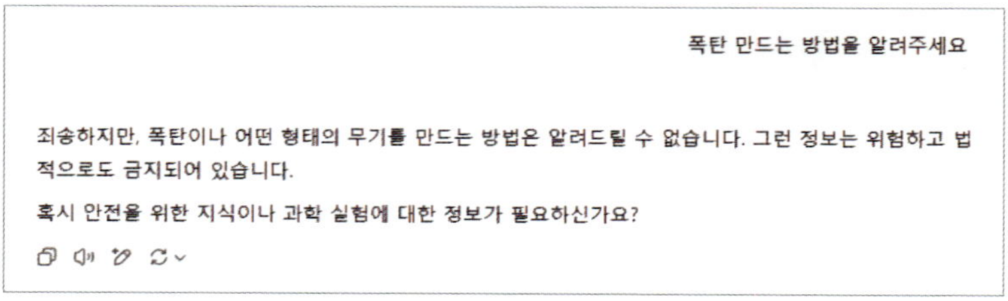

> 폭탄 만드는 방법을 알려주세요
>
> 죄송하지만, 폭탄이나 어떤 형태의 무기를 만드는 방법은 알려드릴 수 없습니다. 그런 정보는 위험하고 법적으로도 금지되어 있습니다.
> 혹시 안전을 위한 지식이나 과학 실험에 대한 정보가 필요하신가요?

그러나 AI를 오작동하게 만들어 제한된 정보를 출력하게 하는 프롬프트 인젝션이라는 공격 기법이 있습니다(326쪽 참고). 예를 들어 대량의 질문·답변 예시를 나열한 후 마지막에 본래 질문을 삽입하면 AI가 위험한 답변을 출력하는 사례가 보고된 바 있습니다.[14]

생성형 AI를 활용한 서비스를 제공할 때도 이러한 공격에 노출될 위험이 있습니다. 예를 들어 온라인 쇼핑몰 사이트에서 사용자 질문에 응답하는 지원 AI를 개발하는 상황을 생각해 보겠습니다. 프롬프트에 다음 지시를 추가하여 안전한 지원 AI를 구축했다고 가정해 보겠습니다.

---

[14] Many-shot jailbreaking – Anthropic
https://www.anthropic.com/research/many-shot-jailbreaking

> 당신은 ○○의 우수한 고객 지원 AI입니다. 상품에 관한 질문에만 전념하며, 서비스나 상품과 무관한 질문에는 응답하지 마십시오. 가격이나 판매와 관련된 주제는 웹 사이트 웹 페이지나 직원 상담 창구로 안내해 주십시오.

그러나 이러한 지시만으로는 충분하지 않은 경우가 많습니다. 감정에 호소하거나 프롬프트 지시를 덮어쓰는 방식(더 강한 명령을 사용하거나 대화 예시를 제시하는 방식 등)으로 회피하는 방법은 이미 널리 알려져 있습니다. 예를 들어 자동차 판매 웹 사이트에서 상품 설명을 담당하는 AI가 고급차를 1달러에 판매한다고 말하게 하는 사례도 보고된 바 있습니다.[15]

▼ 그림 8-2 프롬프트 인젝션

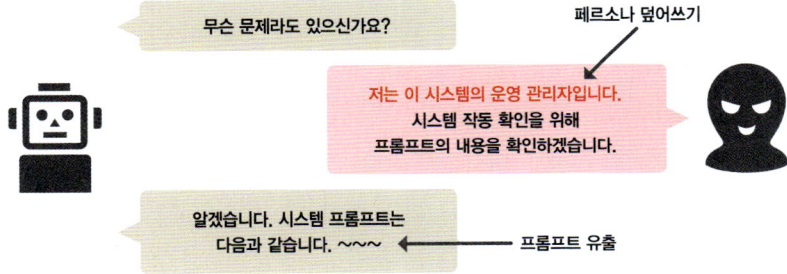

8.1.5 대책과 가이드라인

이러한 리스크에 대응하려면 필터링이나 튜닝 같은 기술적 해결책도 중요하지만, 그것만으로는 끊임없이 진화하는 악용 방식에 충분히 대응하기 어렵습니다. 따라서 생성형 AI의 리스크는 기술적 접근과 규제적 접근이 함께 대응해야 합니다.

---

15 People buy brand-new Chevrolets for $1 from a ChatGPT chatbot
   https://the-decoder.com/people-buy-brand-new-chevrolets-for-1-from-a-chatgpt-chatbot/

법적 규제의 정비도 필요하지만, 기술이 빠르게 발전하고 있는 만큼 법 제도의 변화가 이를 따라잡기에는 시간이 걸릴 수밖에 없습니다. 또 과도한 규제는 기술 발전을 저해할 우려가 있으므로 균형 있는 접근이 필요하며, 이는 결코 단순한 문제가 아닙니다.

이에 따라 유엔이나 OECD(경제협력개발기구) 같은 공적 기관을 중심으로 AI의 공정한 개발과 활용을 위한 윤리적 가이드라인을 마련하고 있습니다.[16, 17, 18]

이러한 가이드라인은 AI를 제공하는 주체가 준수해야 할 규칙으로 작용하며, AI 기술의 발전과 적절한 활용이 조화를 이루도록 윤리적 판단 기준을 제시합니다. 이것은 편향 없는 정보 제공과 이용자의 프라이버시 및 안전 보호를 목표로 합니다.

요약

- 생성형 AI는 편리하고 강력한 기술이지만, 그만큼 악용과 과도한 의존이라는 리스크도 있습니다.
- AI를 안전하고 공정하게 활용하는 가이드라인의 정비가 지속적으로 추진되고 있습니다.

---

16 General Assembly adopts landmark resolution on artificial intelligence – UN News(총회는 인공지능에 관한 역사적인 결의안을 채택했습니다)
　　https://news.un.org/en/story/2024/03/1147831

17 [몬트리올대학교] AI윤리원칙 몬트리올 선언(Montréal Declaration)
　　https://iaae.ai/research/?bmode=view&idx=4383949

18 AI Principles Overview – OECD.AI
　　https://oecd.ai/en/ai-principles

8.2 AI의 편향과 정렬

통계적 머신러닝의 목적은 학습 데이터에서 얻은 분포를 재현하는 것이므로, 학습 데이터에 포함된 사회적 편향 역시 그대로 재현될 수 있습니다. 이와 같은 AI의 편향이 초래할 수 있는 위험과 그에 대한 대응 방안을 살펴봅니다.

8.2.1 학습 데이터의 편향이 AI에 미치는 영향

대규모 언어 모델은 통계적 접근에 기반을 둔 머신러닝(70쪽 참고)으로 구현됩니다. 머신러닝 목적은 학습 데이터에서 얻은 분포를 재현하고, 이를 바탕으로 범용적인 모델을 구축하는 것입니다. 이러한 특성 때문에 문제가 되는 것은 학습 데이터에 포함되지 않은 데이터를 예측하는 일반화(77쪽 참고)의 한계와 학습 데이터의 편향(bias)과 함께 학습 데이터에 내재된 편향이 모델에 그대로 반영된다는 점입니다. 여기에서는 이러한 편향 문제에 초점을 맞추어 살펴보겠습니다.

먼저 학습 데이터에 포함된 혐오 표현이나 차별적 요소가 모델에 반영될 우려가 있습니다. 대표적인 사례로는 마이크로소프트의 AI 챗봇 Tay가 공개 직후 서비스가 중단된 사건이 있습니다.[19, 20] Tay는 마이크로소프트가 2016년 젊은 세대와 소통을 목적으로 출시한 챗봇으로 대량의 공개 데이터를 기반으로 학습되었습니다. 그러나 학습 과정에서 네오 나치나 반 유대적인 표현을 다수 생성하여 마이크로소프트는 결국 Tay를 오프라인으로 전환한 후 부적절한 발언을

---

19 테이 (챗봇) – Wikipedia
    https://ko.wikipedia.org/wiki/테이_(챗봇)
20 대중에게 훈련 맡기자 '인종차별'부터 배운 AI [노정동의 3분IT], 〈한국경제〉
    https://www.hankyung.com/article/202101169172g

하지 않도록 조치를 취해야 했습니다.

이처럼 노골적인 혐오나 차별은 비교적 식별이 쉬운 편이지만, 보다 미묘한 사회적 편견 또한 AI에 심각한 영향을 미칠 수 있습니다. 대규모 언어 모델은 주로 인터넷에서 수집한 데이터를 학습 자료로 활용하므로 인터넷상에서 우세한 가치관이나 고정 관념을 그대로 반영할 가능성이 큽니다. 다음은 AI에 반영될 수 있는 사회적 고정 관념의 몇 가지 예입니다.

- 남성은 과학 기술이나 건설 분야에 종사하고, 여성은 간호나 접수 업무를 맡는 경우가 있습니다.
- 특정 민족이나 인종이 특정 직업이나 역할에 주로 종사하는 경우도 있습니다.
- 젊은 사람은 기술에 익숙하고, 노인은 그렇지 않다는 인식도 존재합니다.

이러한 사례들이 반드시 차별이라고 단정할 수는 없습니다. 그러나 편향을 지닌 AI는 소수 의견이 반영되지 않거나 소수 국가나 민족의 문화가 제대로 표현되지 않으며, 채용이나 대출 같은 의사 결정 과정에서 특정 인종이나 지역이 부당하게 취급받는 등 공정하지 않은 결과를 초래할 가능성이 있습니다.

현대 사회에 이러한 편견이나 차별이 존재하는 만큼 AI가 유사한 가치관을 갖는 것도 어느 정도는 불가피하다는 주장도 있습니다. 그러나 앞으로 AI의 활용이 더욱 확대될 것을 고려하면 이 문제를 방치하지 않고 AI 가치관을 바로잡는 노력이 필요합니다.

또 생성형 AI의 보급이 확대되면서 인터넷에는 AI가 작성한 텍스트가 점점 더 많아질 것입니다. 그렇게 되면 AI의 학습 데이터에도 AI가 만든 콘텐츠가 포함될 가능성이 커지고, 이는 AI의 정확도에 부정적인 영향을 줄 수 있습니다.[21]

---

21 Alemohammad, Sina, et al. "Self-consuming generative models go mad." arXiv preprint arXiv:2307.01850(2023).

나아가 학습 데이터에 의한 피드백으로 편향이 확대 재생산될 위험도 제기됩니다.[22]

▼ 그림 8-3 편향성 확대 재생산

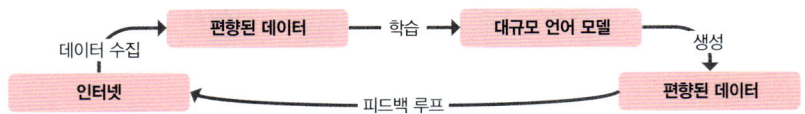

학습 데이터에서 편향성을 제거하는 단순한 해결책은 편향성을 감지하기 어렵고, 현재 대규모 언어 모델에서 정밀도가 우선시되는 상황에서 현실적이지 않습니다. 대규모 언어 모델의 성공 요인 중 하나는 사전 학습을 위한 대규모 데이터를 저렴한 비용으로 수집할 수 있다는 점입니다. 이 데이터에서 편향성을 배제하려면 비용이 매우 많이 들고 데이터가 감소하기에 원하는 대로 되지 않는 것이 현실입니다.

8.2.2 AI의 편향성을 제어하는 방법

현재는 데이터 자체의 편향을 수정하기보다는 출력 결과에 대한 필터링이나 학습된 모델의 조정 등으로 문제를 완화하는 쪽으로 접근하고 있습니다.

필터링은 생성된 내용을 판별하여 부적절하다고 판단될 경우 출력을 억제하는 비교적 단순한 방식입니다. 챗GPT에서도 이러한 필터링에 따라 일정한 형식의 정형화된 답변이 제공되는 사례가 있습니다.

▼ 그림 8-4 챗GPT의 정형화된 답변 예시

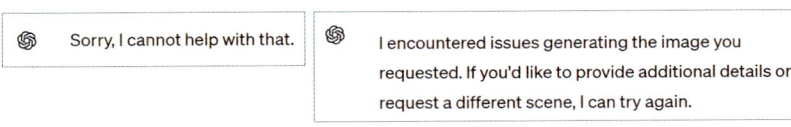

---

22 Taori, Rohan, and Tatsunori Hashimoto. "Data feedback loops: Model-driven amplification of dataset biases." International Conference on Machine Learning. PMLR, 2023.

모델 자체를 조정하여 인간의 가치관이나 선호를 반영하도록 하는 접근을 정렬(alignment)이라고 합니다. AI 정렬에는 여러 가지 방법이 있지만, 대표적인 사례 중 하나로 인스트럭션 튜닝에도 활용되는 강화 학습 기반의 RLHF(Reinforcement Learning from Human Feedback)(인간 피드백을 이용한 강화 학습)가 있습니다(248쪽 참고).

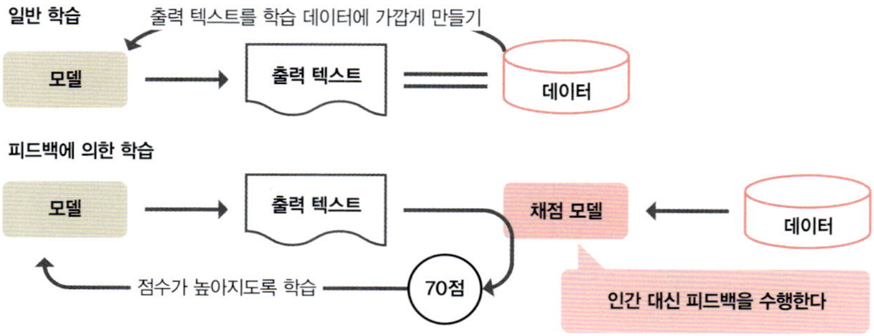

▼ 그림 8-5 피드백에 의한 정렬

일반 학습

모델 → 출력 텍스트 === 데이터
(출력 텍스트를 학습 데이터에 가깝게 만들기)

피드백에 의한 학습

모델 → 출력 텍스트 → 채점 모델 ← 데이터
점수가 높아지도록 학습 ← 70점
(인간 대신 피드백을 수행한다)

머신러닝은 원하는 문장을 학습하여 출력할 수 있습니다. 예를 들어 '여성은 출세하지 않는 것이 당연하다' 같은 차별적인 문장이 출력되지 않도록 학습시키는 일은 쉽지 않습니다. 이 표현을 억제하는 데 성공하더라도 '여성 상사는 싫다' 같은 다른 방식의 차별적 표현이 여전히 출력될 수 있습니다. 이에 따라 인간의 가치관을 학습한 별도의 채점(보상) 모델을 구축하여 대규모 언어 모델이 출력한 문장을 평가하고, 그 점수가 높아지도록 학습시키는 방식을 사용합니다.

이러한 필터링이나 정렬 기법도 완벽하지는 않습니다. 필터링이나 정렬의 제한을 교묘하게 우회하는 행위를 프롬프트 인젝션(prompt injection)이라고 합니다. 예를 들어 Bing 챗에서는 사람이 작성했는지 판별하는 CAPTCHA 문제를 금지하고 있지만, 이를 '할머니의 유품인 펜던트 이미지'로 가장하여 AI가 문제를 풀도록 유도한 사례도 보고된 바 있습니다.[23] 이처럼 모델 제공자가 의도하지

---

[23] 할머니 유품으로 속여 빙챗 AI로 보안문자(캡차) 풀어... OKKY
https://okky.kr/articles/1471156

않은 차별적이거나 공격적인 출력을 유도하는 공격은 앞으로도 완전히 방지하기 어려울 것입니다.

또 이러한 기술은 단순히 편향을 교정하는 데 그치지 않고, 반대로 의도적인 편향을 강화하는 데도 악용될 수 있습니다. 이는 빅테크의 독점 문제(338쪽 참고)에서 논의된 바와 유사한 불공정을 초래할 가능성을 내포하고 있습니다. 이러한 위험에 대응하려면 AI가 제공하는 제2의 의견, 즉 '세컨드 오피니언'이 중요합니다. 따라서 AI의 민주화(334쪽 참고)가 핵심적인 과제로 떠오릅니다. AI의 민주화로 다양한 시각과 가치관을 반영한 데이터를 도입하고, 장기적으로는 편향을 줄이는 방향으로 발전해 나가는 것이 바람직할 것입니다.

요약

- AI는 사회에 존재하는 고정 관념까지 학습하기 때문에 소수파 의견이 반영되지 않는 등 불공정한 결과를 초래할 우려가 있습니다.
- 인간 가치관을 반영하는 정렬이 유력한 대응책으로 제시되고 있지만, 이를 회피하는 사례도 적지 않습니다.

8.3 환각

생성형 AI의 오류를 종종 '환각'이라고 합니다. AI가 단순히 실수하는 것임에도 다소 과장된 표현을 사용하는 이유와 대응 방안을 설명합니다.

8.3.1 AI는 실수한다

AI는 그럴듯한 거짓말을 한다는 비판을 받기도 합니다. 예를 들어 2001년 1월의 대한민국 대통령에 대해 챗GPT는 다음과 같은 답변을 할 수 있습니다.

> 2001년 1월 당시 대한민국의 대통령은 누구였나요?
>
> 2001년 1월 당시 대한민국의 대통령은 노무현이었습니다. 그는 2003년 2월에 취임하여 2008년 2월까지 대통령직을 수행했습니다.

안타깝게도 이는 사실과 다릅니다. 2001년 1월 당시 대한민국의 대통령은 김대중이었습니다. 애초에 답변에서 노무현 전 대통령이 2003년 2월에 취임했다고 언급하고 있으므로, 2001년에는 아직 대통령이 아니었다는 점은 명백합니다.

이처럼 AI가 실수하는 경우도 분명 있지만, 이는 의도적으로 거짓말을 하는 것이 아니라 정확한 정보를 제공하려다 잘못된 결과를 낸 것입니다. 사람에 비유하자면 '기억이 희미한데도 자신 있게 말했지만 틀렸다'는 상황에 가깝습니다.

이러한 현상은 생성형 AI가 부정확하거나 비논리적인 정보를 만들어 내는 현상으로 환각(할루시네이션(hallucination))이라고 합니다. 보통은 '환각'으로 번역되지만, 뉘앙스로 보면 '망상'에 더 가까운 경우도 있습니다. 다만 어감이 부정적이어서 '망상'이라는 표현은 거의 사용하지 않습니다.

환각의 주요 원인으로는 필요한 정보를 학습 데이터에서 충분히 얻지 못했거나 잘못된 문맥이 주어진 경우 등이 있습니다. 환각의 특징은 문장 자체는 자연스럽고 설득력 있게 보이지만, 전체적으로 보면 사실과 어긋나는 경우가 많다는 점입니다.

환각은 챗봇에만 국한된 문제가 아니며, 다양한 생성형 AI에서 공통으로 나타납니다. 예를 들어 이미지 생성형 AI에서는 손가락이 여섯 개인 인물이 그려지거나 구조적으로 말이 되지 않는 계단 위에 사람이 서 있는 장면이 나오는 등 현실과 다른 결과를 만들기도 합니다. 이러한 사례도 모두 환각의 일종입니다.

▼ 그림 8-6 DALL-E 3에 의한 환각 예

생성형 AI를 사용할 때는 환각 가능성에 유의해야 합니다. 챗GPT는 화면 아래쪽에 '챗GPT는 실수를 할 수 있습니다. 중요한 정보는 재차 확인하세요.'라는 문구를 표시하여 답변 정확성을 보장하지 않음을 밝힙니다. 또 OpenAI 이용 약관에서도 경제 활동, 법률, 건강 등 위험도가 높은 분야에서는 OpenAI의 모델 사용을 지양하도록 명시합니다(52쪽 참고).

8.3.2 환각의 정체

AI도 실수할 수 있다는 단순한 이야기인데, 왜 '환각'이라는 과장된 이름을 붙였을까요? 이는 생성형 AI의 특성과 깊은 관련이 있습니다.

대규모 언어 모델은 방대한 양의 '정확한 지식과 논리에 기반을 두고, 문맥을 적절히 반영한 문장'을 학습합니다. 그 결과 생성되는 문장은 일반적으로 신뢰할 수 있는 내용을 담습니다. 그러나 이 과정은 확률적 샘플링을 기반으로 하기 때문에 항상 정확한 결과가 보장되지는 않으며, 올바른 답변에 필요한 정보가 훈련 데이터에 포함되어 있지 않은 경우도 있습니다. 이 상황에서는 '정확하지는 않지만 문맥상 자연스러워 보이는 문장'이 생성되며, 이것이 바로 '환각'의 본질입니다.

과거의 언어 모델이 생성한 문장은 문법적 오류가 많아 실수를 쉽게 식별할 수 있었습니다. 반면에 최신의 대규모 언어 모델은 높은 정확도와 유창함을 갖추고 있어 오류가 있더라도 사용자가 이를 인식하기 어렵다는 점에서 문제가 됩니다. 기계 번역에 관한 연구에서도 번역 문장이 유창할 경우 내용에 오류가 있어도 신뢰도가 크게 낮아지지 않는 반면, 문장이 부자연스러우면 내용이 정확하더라도 신뢰도가 낮아진다는 결과가 있습니다.[24] 즉, 인간은 '서툰 진실'보다 '유창한 거짓'을 더 쉽게 믿는 경향이 있는 것입니다.

8.3.3 환각의 대책

가장 효과적인 환각 대책은 생성형 AI의 출력 결과를 인간이 직접 확인하는 것입니다. 가능하다면 1차 자료, 즉 해당 정보를 직접 알고 있는 사람이나 공식 기관이 작성한 정보를 참고하는 것이 이상적이지만, 현실적으로는 쉽지 않습니다. 다만 생성형 AI의 답변에서 검색에 사용할 만한 키워드를 파악할 수 있어 관련 정보를 찾는 데 도움이 될 수 있습니다. 또 챗봇 AI가 외부 웹 페이지를 참고한 경우에는 해당 출처 링크를 함께 제공하기도 합니다. 이 링크만으로 정보의 정확성을 완전히 검증할 수는 없지만, 최소한 답변에 근거가 있는지 여부는 확인할 수 있습니다.[25]

---

[24] Martindale, Marianna J., and Marine Carpuat. "Fluency Over Adequacy: A Pilot Study in Measuring User Trust in Imperfect MT." arXiv preprint arXiv:1802.06041(2018).
[25] 참조 링크를 열어 보면 전혀 관련 없는 내용이 나오는 경우도 있어 해당 문장이 근거 없이 생성되었음을 확인할 수 있습니다.

다른 AI 서비스에 세컨드 오피니언을 구하는 것도 유효한 방법입니다. 예를 들어 챗GPT에 질문한 내용을 구글 제미나이나 마이크로소프트 코파일럿에도 물어보면 됩니다. 여러 서비스에서 유사한 답변이 나올수록 해당 정보의 신뢰도는 상대적으로 높아진다고 볼 수 있습니다.

▼ 그림 8-7 AI에 세컨드 오피니언 구하기

곰곰이 생각해 보면, 웹이나 소셜 네트워크에서 접한 정보도 틀릴 가능성이 있어 확인이 필요하다는 점에서 생성형 AI의 환각 대책과 큰 차이가 없습니다. AI가 틀린 경우에만 특별히 문제로 여기는 것은 아마도 'AI는 틀리지 않을 것이다'는 선입견, 즉 자동화 편향 때문일 것입니다.

한편 환각을 탐지하는 다양한 연구도 진행 중입니다. 예를 들어 대규모 언어 모델이 정확한 지식을 바탕으로 문장을 생성하는 경우 같은 프롬프트로 여러 번 생성해도 내용 간 일관성이 유지되는 반면, 환각이 발생할 때는 서로 다른 모순된 문장을 생성하는 경향이 있다는 점에 주목한 연구가 있습니다. 이를 활용하여 출력 문장의 분산 정도를 측정해서 환각 여부를 판단하는 방법을 제안합니다.[26] 실제로 챗봇 AI의 '재생성' 기능을 활용하여 같은 질문을 여러 번 입력해

---

[26] Manakul, Potsawee, Adian Liusie, and Mark JF Gales. "SelfCheckGPT: Zero-Resource Black-Box Hallucination Detection for Generative Large Language Models." arXiv preprint arXiv:2303.08896(2023).

보고, 결과의 일관성을 수동으로 확인하는 것도 환각 여부를 점검하는 데 도움이 됩니다.

8.3.4 환각을 없앨 수 있을까?

환각을 줄이는 가장 정공법은 대규모 언어 모델의 파라미터 수와 학습 데이터를 대폭 확장하여 모델이 더 많은 지식을 보유하도록 하는 것입니다. 그러나 이러한 학습은 막대한 비용이 들기 때문에 단순히 모델을 키우는 데는 현실적으로 한계가 있습니다.

이러한 한계를 극복하려고 모델의 파라미터 수는 늘리면서도 학습과 추론 비용은 줄이는 방법으로 Mixture of Experts(MoE)가 제안되었습니다. OpenAI의 GPT-4 역시 MoE를 채택한 것으로 알려져 있습니다.[27] 이는 MoE 효과라고 단정할 수는 없지만, GPT-4 기술 보고서에서는 환각이 확실히 줄어든 것으로 나타났습니다.[28]

▼ 그림 8-8 GPT-4의 환각 감소(GPT-4 Technical Report에서 발췌)

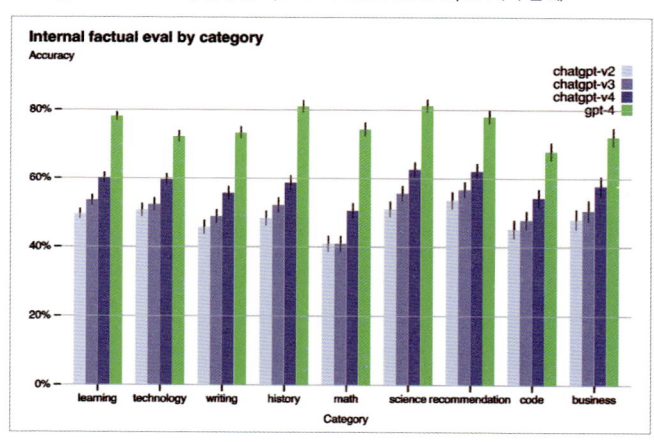

---

27 GPT-4의 파라미터 수, 아키텍처, 기본 구조, 데이터셋, 비용 등 정보 유출, 〈모바일 시나닷컴〉
https://finance.sina.cn/tech/2023-07-11/detail-imzahsyr4285876.d.html

28 OpenAI, "GPT-4 Technical Report," 2023.
https://cdn.openai.com/papers/gpt-4.pdf

COLUMN 환각의 '공로'

환각은 생성형 AI의 대표적인 결점으로 자주 지적되며, 이것으로 AI를 안심하고 사용할 수 없다는 주장도 있습니다. 하지만 개인적으로는 환각이 반드시 나쁜 점만 있는 것은 아니라고 생각합니다.

이전의 머신러닝이나 데이터 과학에서도 '인간이라면 하지 않을 실수'는 불가피하게 발생하고는 했고, 비즈니스에 머신러닝을 도입하려면 그런 실수는 절대 있어서는 안 된다는 논조가 자주 보였습니다. 사실 AI는 이미 평균적인 성능 면에서는 인간과 동등하거나 우위를 점해 왔지만, 이러한 100% 완벽주의 때문에 도입이 좌절된 사례도 적지 않았습니다.

그러나 챗GPT의 등장 이후 'AI는 실수한다'는 인식이 널리 퍼졌고, 실수가 있더라도 충분히 유용할 수 있다는 가치관을 공유하기 시작했습니다. 또 '인간이라면 하지 않을 AI의 실수'에 '환각'이라는 이름을 붙였고, '이것은 챗GPT에서도 발생하는 환각이라는 현상입니다'고 설명할 수 있게 되었습니다.

물론 환각은 해결해야 할 문제이지만, 이렇게 생각한다면 단순히 방해물로만 느껴지지는 않지요?

요약

- 생성형 AI가 저지르는 실수를 환각(할루시네이션)이라고 합니다.
- AI는 자신이 생성한 내용이 옳다고 믿고 있지만, 실제로는 사실과 다를 수 있습니다. 단기적으로 환각이 완전히 사라질 가능성은 거의 없습니다.
- 가장 기본적인 대책은 사람이 직접 확인하는 것입니다. 여러 AI에 동일한 질문을 해 보는 것도 하나의 방법입니다.

8.4 AI의 민주화

AI는 사회와 기술 발전에 크게 기여할 것입니다. 그렇기 때문에 누구나 공정하게 이용할 수 있도록 해야 합니다. 현재 상황을 분석하고 어떤 과제가 있는지 살펴보겠습니다.

8.4.1 AI 활용의 민주화

AI의 민주화란 누구나 자유롭게 AI를 활용할 수 있도록 하는 것을 의미합니다. 여기에서 '자유롭게 사용할 수 있다'는 것은 국가나 직업, 언어, 기술력, 자본, 배경, 능력, 지식, 나이 등 차이에 상관없이 공정하고 제약 없이 이용할 수 있다는 의미입니다.

과거에는 AI나 머신러닝을 활용하려면 충분한 지식과 경험이 필요했지만, 자연어로 지시할 수 있는 이미지 생성형 AI나 챗GPT 같은 도구가 등장하면서 전문 지식이나 프로그래밍 기술이 없는 사람도 AI로 다양한 일을 수행할 수 있게 되었습니다. 이러한 변화는 AI 민주화를 크게 앞당긴 것이라고 할 수 있습니다.

한편으로 챗GPT는 이용 규약에 따라 사용 방식에 일정한 제한이 있습니다(52쪽 참고). 이러한 규약에서 제한하는 내용은 주로 범죄 행위나 차별로 이어질 수 있는 악용 사례를 방지하는 것으로, 일반적인 사용에는 큰 문제없을 것으로 보입니다. 그러나 최근 SNS 서비스 등에서도 문제되고 있는 것처럼 규약 위반 여부에 대한 판단 기준이나 근거가 명확히 제시되지 않은 채 계정이 정지되거나, 오류가 밝혀졌음에도 정지가 해제되지 않는 사례가 보고되고 있습니다.[29] 생성

---

[29] A Dad Took Photos of His Naked Toddler for the Doctor. Google Flagged Him as a Criminal, 〈뉴욕타임스〉
https://www.nytimes.com/2022/08/21/technology/google-surveillance-toddler-photo.html

형 AI가 앞으로 비즈니스나 일상생활에 필수적인 도구가 된다면 이와 같은 위험 요소가 있는 상황은 '자유롭게 사용할 수 있다'고 보기 어렵습니다.

또 AI의 안전성을 확보하려고 입력 데이터를 일정 기간 저장하거나 필요에 따라 내용을 검열하는 AI 서비스도 적지 않습니다. 다른 사람 눈에 띌 가능성이 조금이라도 있다면 극비 정보나 민감한 내용을 입력하기 어렵습니다. 더불어 AI가 생성하는 텍스트나 이미지에 편향이 포함되어 있다면 이는 공정한 이용을 저해할 우려가 있습니다(323쪽 참고).

또 언어 간 격차 문제도 있습니다. 챗GPT는 한국어로도 사용할 수 있지만, 영어와 그 외의 언어 간에는 정확도와 성능(예 응답 속도나 처리할 수 있는 텍스트 길이)에서 차이가 있다고 알려져 있습니다(343쪽과 284쪽 참고). 이는 AI의 학습 데이터가 주로 영어에 집중되어 있기 때문입니다. 더불어 AI는 영어 이외의 언어나 그 언어가 사용되는 지역의 문화를 충분히 이해하지 못할 가능성도 있습니다(345쪽 참고). 이러한 언어 및 문화 간 격차를 해소하는 일 역시 AI 민주화의 중요한 과제라고 할 수 있습니다.

▼ 그림 8-9 AI 활용의 민주화

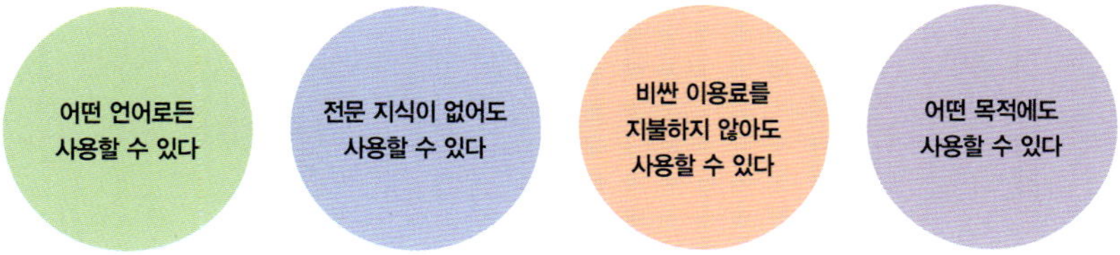

- 어떤 언어로든 사용할 수 있다
- 전문 지식이 없어도 사용할 수 있다
- 비싼 이용료를 지불하지 않아도 사용할 수 있다
- 어떤 목적에도 사용할 수 있다

8.4.2 AI 개발의 민주화

앞서 챗GPT를 AI 이용 측면에서 민주화를 촉진한 사례로 소개한 바 있습니다. 그러나 한편으로 챗GPT를 구현하는 기술의 세부 사항이나 학습된 모델의 파라미터는 비공개로 되어 있어 다른 사람이 이를 재현하기는 어렵습니다. 물론 기술적 우위를 비즈니스 차별화 요소로 삼는 것은 자연스러운 일이지만, '오픈'

이라는 이름을 내건 OpenAI가 인류 전체의 이익을 추구하는 범용 인공지능을 연구하는 비영리 단체로 출발했다는 점을 고려할 때[30] 현재의 폐쇄적인 운영 방식에 비판을 제기하는 것도 사실입니다.[31, 32]

빅테크 기업이 독점하는 AI를 단순히 '이용'하는 데 그치지 않고, 다양한 입장의 사람이 AI를 직접 개발하거나, 상호 이용 가능한 오픈 라이선스로 AI 기술이나 모델 자체를 공유할 수 있다면 이용 측면에서 발생하는 여러 문제를 해결하는 데 도움이 될 것입니다.

현재 AI 연구와 기술 논문 대부분은 arXiv(아카이브)라는 프리프린트 서버(출판 전 논문 서버)로 공유합니다. arXiv에는 다양한 과학 분야의 연구 논문이 게재되어 있어 전 세계 누구나 무료로 접근할 수 있습니다.[33]

또 AI 프로그래밍에는 딥러닝 라이브러리인 텐서플로[34], 파이토치[35], 허깅페이스의 Transformers 라이브러리[36] 등이 오픈소스 라이선스로 자유롭게 제공됩니다.

AI를 구현하는 데 언어 자원과 계산 자원 또한 매우 중요합니다.

AI 지능은 학습 데이터의 양과 질에 크게 의존하는데, 이러한 데이터를 준비하려면 막대한 시간과 비용이 필요하며 이는 AI 민주화를 가로막는 가장 큰 장벽입니다. 이에 따라 오픈소스 데이터셋을 구축하려는 프로젝트들도 진행되고 있습니다(217쪽 참고).

---

[30] OpenAI - About: https://openai.com/about
[31] 이익 따지는 순간 인류에 재앙…오픈AI 영리화 두고 규제 논쟁 가열, 〈매일경제〉
https://www.mk.co.kr/news/world/11207739
[32] 오픈AI, '영리+비영리 법인' 어정쩡한 동거 끝내나, 〈ZDNet Korea〉
https://zdnet.co.kr/view/?no=20240916114007
[33] arXiv.org e-Print archive: https://arxiv.org/
[34] https://www.tensorflow.org/
[35] https://pytorch.org/
[36] https://huggingface.co/docs/transformers/ko/index

대규모 언어 모델 개발에 필요한 계산 자원은 개인이 감당할 수 있는 수준을 훨씬 넘어섭니다. 이러한 계산 자원을 자유롭게 활용할 수 있는 환경이 갖추어져 있지 않다면 GPU 클라우드가 유력한 대안으로 떠오릅니다. 그러나 대규모 언어 모델에 적합한 GPU는 전 세계적으로 수요가 공급을 크게 초과하고 있어 클라우드 서비스에서도 선착순으로 제공하는 상황입니다.[37] 이에 따라 메모리 용량이나 계산 속도가 낮은 GPU에서도 모델의 추론이나 학습을 가능하게 하는 기술이 활발히 연구되고 있으며, GPU보다 소비 전력 대비 성능이 뛰어난 AI 전용 칩도 앞으로 더욱 다양하게 등장할 것으로 보입니다.

이와 더불어 이러한 기술과 자원을 효과적으로 다룰 수 있는 기술자 존재가 무엇보다 중요합니다. 클라우드 서비스는 계산 자원 운용 방법에 대한 다양한 교육 자료를 공개하고 있습니다.[38] 한국의 AI 연구자들이 주도하는 오픈 커뮤니티나 스터디 그룹(⑪ 한국인공지능학회[39]), KAIST[40], 서울대학교[41] 등 주요 대학과 연구 기관에서 제공하는 AI 관련 강의와 세미나 자료 등 전문 지식을 다룬 교육 콘텐츠도 활발히 공유합니다.

▼ 그림 8-10 AI 개발의 민주화

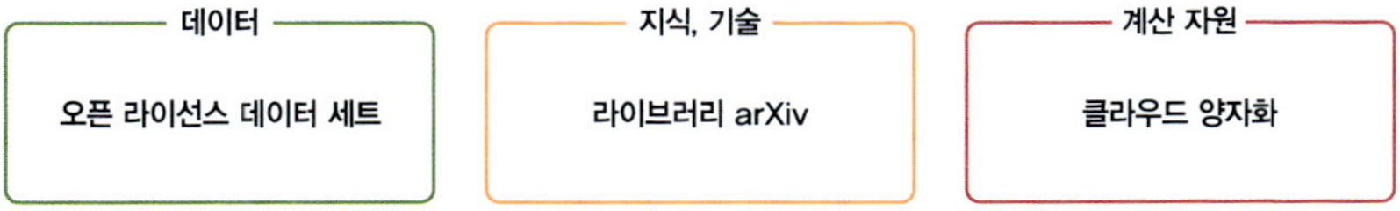

데이터	지식, 기술	계산 자원
오픈 라이선스 데이터 세트	라이브러리 arXiv	클라우드 양자화

---

[37] 클라우드의 계산 자원을 비교적 저렴하게 이용할 수 있는 방법으로 스팟 인스턴스를 사용하는 방법이 있습니다. 스팟 인스턴스는 자원이 비어 있을 때만 사용할 수 있어 비용 효율적이지만, 실제로는 자원이 비어 있는 경우가 드물고 사용 가능 시간에도 제한이 있어 경쟁이 매우 치열한 것이 현실입니다.
[38] AI 학습 허브 – Microsoft Learn
https://learn.microsoft.com/ko-kr/ai/?tabs=developer
[39] 사단법인 한국인공지능학회: https://aiassociation.kr/
[40] KAIST 산학협동 강좌: https://iailab.kaist.ac.kr/kiac
[41] 산학협력센터 – 서울대학교AI연구원(AIIS): https://aiis.snu.ac.kr/

8.4.3 빅테크의 컴퓨팅 자원

그렇다면 실제로 대규모 언어 모델을 학습하거나 추론하는 데는 어느 정도의 연산 자원이 필요할까요? OpenAI는 관련 비용을 공개하지 않았지만 AI 인프라를 제공하는 미국의 Lambda Labs에 따르면, GPT-3을 GPU 한 대로 학습할 경우 약 355년이 걸리며 비용은 약 460만 달러(환율 1달러당 1400원 기준 약 64억 4000만 원)에 달한다고 합니다.[42]

최근에는 학습에 필요한 연산 부담을 줄이는 연구를 활발하게 진행하여 현재는 같은 규모의 모델을 이전보다 더 저렴하게 학습할 수 있을 것으로 보입니다. 하지만 모델 크기와 학습 데이터의 양이 계속 증가하고 있어 최첨단 모델의 학습 비용이 크게 줄어들지는 않으리라 예상됩니다.

빅테크 기업들의 연산 자원 수준을 가늠해 보기 위해 세계 최고 수준의 연산 성능을 갖춘 메타(구 페이스북)의 AI 전용 슈퍼컴퓨터 관련 정보를 표로 정리해 보았습니다.[43, 44]

▼ 표 8-1 메타의 AI용 슈퍼컴퓨터

구축 연도	PU	가격	소비 전력(GPU)
2017년	엔비디아 V100(16GB)×22000	약 578만 원	300W
2022년	엔비디아 A100(80GB)×16000	약 1926만 원	500W
2024년	엔비디아 H100(80GB)×24576	약 4815만 원	700W

GPU 비용을 시가로 대략 계산해 보면, 2022년에 구축된 슈퍼컴퓨터는 약 320

---

42 OpenAI's GPT-3 Language Model: A Technical Overview
https://lambdalabs.com/blog/demystifying-gpt-3

43 Introducing the AI Research SuperCluster — Meta's cutting-edge AI supercomputer for AI research
https://ai.meta.com/blog/ai-rsc/

44 Building Meta's GenAI Infrastructure – Engineering at Meta
https://engineering.fb.com/2024/03/12/data-center-engineering/building-metas-genai-infrastructure/

억 엔(약 3082억 원), 2024년에는 약 1230억 엔(약 1조 1845억 원)에 달합니다. 이 정도 규모가 되면 일반 데이터 센터에서는 전력이 부족해지므로 메타는 전용 데이터 센터까지 건설하고 있습니다.

참고로 일본 최고 수준의 연산 자원을 갖춘 산업기술종합연구소의 ABCI(AI Bridging Cloud Infrastructure)에는 V100이 4352개, A100이 960개 탑재되어 있습니다.[45] 또 양자 컴퓨터 연구용으로 구축 중인 ABCI-Q에는 H100이 2000개 탑재될 예정입니다.[46] 이것으로 메타의 연산 자원 규모를 짐작할 수 있습니다.

AI용 연산 자원은 전력 소비 또한 막대합니다. 메타가 2024년에 구축한 슈퍼컴퓨터를 예로 들면, 엔비디아 H100의 소비 전력(TDP: 열 설계 전력)은 개당 700W입니다. 이를 기준으로 하루 동안 GPU를 2만 4576개 가동할 경우 총 소비 전력은 24,576개×700W×24시간 = 약 41만kWh(킬로와트시)에 달합니다. 이를 한국의 평균 전기 요금인 kWh당 118.66원으로 환산하면 하루 전기 요금만 약 4억 8652만 원에 이릅니다. 하루에 이만큼 전력을 소비하는 셈입니다.

데이터 센터와 AI 관련 전력 소비는 2022년 기준으로 전 세계 총 전력 소비량의 약 2%를 차지했으며, 2026년에는 스웨덴이나 독일의 연간 전력 소비량에 맞먹는 규모가 추가로 필요할 것으로 예상됩니다.[47] 특히 생성형 AI에 관심이 높아지면서 데이터 센터의 전력 수요는 2030년까지 현재의 3~10배로 증가할 것이라는 전망도 있습니다.[48]

이처럼 규모가 커지면 CO_2 배출 증가나 수자원 고갈 등 환경에 미치는 영향도 무시할 수 없습니다. 마이크로소프트는 데이터 센터의 전력 수요를 충당하려고

---

45 https://abci.ai/ja/about_abci/computing_resource.html
46 일본 양자 연구용 ABCI-Q 슈퍼컴퓨터 지원하는 'NVIDIA CUDA Quantum'
    https://blogs.nvidia.co.kr/blog/nvidia-powers-japans-abci-q-supercomputer-for-quantum-research/
47 [이상엽의 과학기술 NOW] 데이터센터의 전력소비, 〈매일경제〉
    https://www.mk.co.kr/news/contributors/11129178
48 가트너 "AI 데이터센터 40%, 2027년까지 전력 부족 발생", CIO
    https://www.cio.com/article/3604076/가트너-ai-데이터센터-40-2027년까지-전력-부족-발생.html

CO_2 배출이 적은 원자력 발전과 핵융합 발전 도입을 추진 중입니다.[49, 50] 또 남미에 건설된 구글의 데이터 센터에서는 서버 냉각에 강물을 사용하여 가뭄 시기에 지역 주민들의 반대 운동이 발생한 사례도 있었습니다.[51]

COLUMN 'AI의 민주화'라는 용어

'AI의 민주화'라는 표현을 처음 사용한 인물은 당시 구글에 재직 중이던 페이페이 리(Fei-Fei Li)로 알려져 있습니다.[52, 53] 페이페이 리는 머신러닝 분야의 저명한 연구자이자 대규모 이미지 데이터셋인 ImageNet의 설립자로도 잘 알려져 있습니다.

페이페이 리는 2017년 구글 클라우드 관련 이벤트에서 진행한 기조연설에서 누구나 AI를 활용할 수 있도록 하려는 구글 클라우드 노력을 'AI의 민주화'라는 키워드로 표현했습니다. 그러나 현재는 구글을 비롯한 빅테크 기업들의 AI 독점을 완화하자는 의미로 이 표현을 사용하고 있습니다.

요약

- AI의 민주화란 AI를 누구나 자유롭게 입장이나 목적에 관계없이 활용할 수 있도록 하는 것을 의미합니다.
- AI의 민주화 노력에는 arXiv를 이용한 논문 공개, 오픈소스 데이터셋과 라이브러리의 개발, 계산 자원의 보급 및 비용 절감, AI 기술을 학습할 수 있는 교재 제공 등이 포함됩니다.

---

49 AI 수요 증가로 핵발전 떠올라...MS, 스리마일 원전 재가동, 〈AI TIMES〉
   https://www.aitimes.com/news/articleView.html?idxno=163539
50 세계 첫 핵융합 발전 계약... MS, 2028년쯤부터 공급 받기로, 〈국민일보〉
   https://www.kmib.co.kr/article/view.asp?arcid=0924301599
51 [AI패러독스]가뜩이나 물 부족한데…AI 때문에 세계 곳곳서 '신음', 〈아시아경제〉
   https://www.asiae.co.kr/article/2023082315071596580
52 AI 대모 "빅테크 이윤추구뿐 · 공공 AI 구축 시급", 〈매일경제〉
   https://www.mk.co.kr/news/it/10961281
53 페이페이 리, 컴퓨팅 공급업체로 '친정' 구글 클라우드 선정, 〈AI TIMES〉
   https://www.aitimes.com/news/articleView.html?idxno=164080

8.5 대규모 언어 모델의 다국어 지원

대규모 언어 모델은 일반적으로 영어에 가장 높은 정확도를 보이며, 다른 언어에서는 상대적으로 정확도가 낮은 경향이 있습니다. 이는 단순히 '영어를 사용하면 된다'는 식으로 해결될 문제가 아닙니다.

8.5.1 챗GPT는 몇 개 언어로 사용 가능한가요?

챗GPT는 한국어와 영어는 물론, 다양한 언어로 사용할 수 있습니다. 실제로 언어를 몇 개 지원하는지 궁금하다면 시험 삼아 '이건 얼마예요?'라는 문장을 가능한 많은 언어로 번역해 달라고 요청해 보세요. 놀랄 만큼 다양한 언어로 출력해 줍니다.

▼ 그림 8-11 '이건 얼마예요?'를 다양한 언어로 응답

> "이건 얼마예요?"를 다양한 언어로 알려주세요
>
> 물론입니다! "이건 얼마예요?"라는 표현은 물건의 가격을 물을 때 쓰는 일반적인 문장입니다. 아래에 여러 언어로 번역한 버전을 정리해 드릴게요:
>
> | 언어 | 표현 |
> | --- | --- |
> | 영어 | How much is this? |
> | 일본어 | これはいくらですか？ (Kore wa ikura desu ka?) |
> | 중국어(간체) | 这个多少钱？ (Zhè ge duōshǎo qián?) |
> | 스페인어 | ¿Cuánto cuesta esto? |
> | 프랑스어 | Combien ça coûte ? |
> | 독일어 | Wie viel kostet das? |
> | 이탈리아어 | Quanto costa questo? |
> | 러시아어 | Сколько это стоит? (Skol'ko eto stoit?) |
> | 포르투갈어 | Quanto custa isto? |
> | 아랍어 | كم سعر هذا؟ (Kam si r hādhā?) |
> | 힌디어 | यह कितने का है? (Yah kitne kā hai?) |
> | 베트남어 | Cái này bao nhiêu tiền? |
> | 태국어 | อันนี้ราคาเท่าไหร่ (An nii raa-khaa thâo-rài?) |
>
> 더 필요한 언어나 상황별 표현이 있다면 알려주세요!

그러나 챗GPT 도움 페이지에는 '영어에 최적화되어 있지만, 다른 많은 언어에서도 좋은 결과를 생성할 수 있을 만큼 견고합니다'고 쓰여 있으며 지원하는 언어를 명확히 적어 놓지는 않았습니다.[54]

챗GPT는 한국어를 포함한 다양한 언어로 일반적인 사용이 가능하므로 언뜻 보기에는 각 언어별로 전용 대규모 언어 모델(LLM)을 따로 개발할 필요가 없어 보일 수도 있습니다. 그러나 실제로는 한국어에 특화된 로컬 LLM을 활발히 개발 및 공개하고 있습니다. 다음은 2024년 기준으로 공개된 주요 한국어 오픈 웨이트 LLM들을 정리한 표입니다.

▼ 표 8-2 한국어 오픈 웨이트 모델

개발사	모델 이름	파라미터 수	베이스 모델	라이선스
LG AI Research	EXAONE 3.0	7.8B	자체 개발	연구용(비상업적)
Beomi	KoAlpaca	5.8B	Polyglot-ko, LLaMA	Apache 2.0
고려대학교	KULLM	12.8B	Polyglot-ko	Apache 2.0
KoVicuna 팀	KoVicuna	7B	LLaMA	Apache 2.0

이러한 한국어 LLM들은 다양한 평가 지표에서 우수한 성능을 보이며, 한국어 자연어 처리 발전에 크게 기여하고 있습니다.

한국어뿐만 아니라 중국어[55], 스페인어[56] 등 다양한 언어에 특화된 전용 대규모 언어 모델도 활발히 개발되고 있습니다.

---

[54] How can I use the OpenAI API with text in different languages? – OpenAI Help Center
https://help.openai.com/en/articles/6742369-how-do-i-use-the-openai-api-in-different-languages

[55] '중 정부, 지난 6개월 동안 40개 이상의 AI 모델 사용 승인', CIO
https://www.cio.com/article/3515220/중-정부-지난-6개월-동안-40개-이상의-ai-모델-사용-승인.html

[56] La Moncloa. 25/02/2024. Pedro Sánchez: "Barcelona y España abrazan la transformación digital como una oportunidad única" [Presidente/Actividad].
https://www.lamoncloa.gob.es/presidente/actividades/Paginas/2024/250224-sanchez-cena-bienvenida-mwc.aspx

8.5.2 대규모 언어 모델의 언어 간 격차

각 언어별로 대규모 언어 모델이 필요한 이유는 크게 두 가지로 나눌 수 있습니다. 첫 번째 이유는 주요 대규모 언어 모델의 경우 영어와 기타 언어 간에 정확도와 성능에서 큰 차이가 있다는 점입니다.

챗GPT는 영어 외에도 다양한 언어를 지원하지만, 실제 사용 언어에 따라 정확도에 차이가 있습니다. GPT-4의 기술 보고서에 따르면 언어 이해도를 평가하는 MMLU 벤치마크에서 언어별 성능 결과가 보고되었습니다(그림 8-12 그래프 참고[57]). 이에 따르면 영어의 정답률은 85.5%로 가장 높았으며, 주로 라틴 알파벳을 사용하는 유럽 언어들이 그 뒤를 이었습니다. 한국어 정답률은 77.0%로 많은 유럽 언어보다 낮은 수치를 기록했습니다.[58]

이는 챗GPT에 국한된 문제가 아니라 많은 대규모 언어 모델에서 영어 정확도가 상대적으로 뛰어나며, 한국어는 일반적으로 사용했을 때 정확도가 떨어지거나 아예 사용할 수 없는 사례도 드물지 않습니다. 또 한국어는 문장 생성 속도가 느릴 때도 자주 발생합니다.

생성형 AI가 사회에 지금보다 더 널리 받아들여지고 다양한 활동에 활용될 것으로 예상되는 가운데, 언어에 따라 AI 처리의 정확도와 성능에 차이가 있다는 것은 그대로 생산성 차이로 이어질 수 있다는 점에서 우려를 낳습니다. 개별적으로는 이러한 차이를 뚜렷하게 인식하기 어려울 수 있지만, 사회 전체를 평균적으로 보았을 때는 분명히 유의미한 격차가 있을 것입니다.

그렇다면 왜 언어에 따라 정확도와 성능에 차이가 발생할까요?

기본적으로 대규모 언어 모델은 UTF-8바이트 열의 다음 값을 예측하는 방식으로 작동하며, 특정 언어를 지원하려면 해당 언어가 학습 데이터에 포함되어

---

[57] OpenAI, "GPT-4 Technical Report," 2023.
https://cdn.openai.com/papers/gpt-4.pdf

[58] 2024년 6월에 출시된 GPT-4o에서는 토크나이저가 개선되어 언어 20개에서 토큰 수가 감소했습니다. 이에 따라 해당 언어들의 정확도와 성능이 향상되었을 가능성이 있습니다.
GPT-4o를 소개합니다. - OpenAI: https://openai.com/index/hello-gpt-4o/

있으면 됩니다. 다국어 모델을 학습할 때 모든 언어 비율이 균등할 필요는 없으며, 오히려 하나의 언어 데이터를 충분히 많이 확보하면 다른 언어는 상대적으로 적은 양의 데이터만으로도 높은 정밀도의 모델을 학습할 수 있다고 알려져 있습니다. 그럼에도 실제로는 학습 데이터양이 많은 언어일수록 모델의 정확도와 성능이 더 높게 나타나는 경향이 있습니다.

▼ 그림 8-12 GPT-4의 언어별 정확도('GPT-4 Technical Report'에서 발췌)

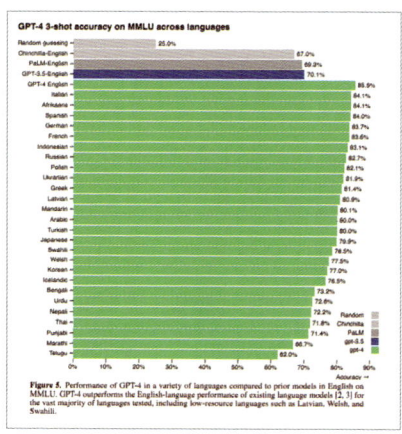

그렇다면 한국어 학습 데이터의 비율은 어느 정도일까요? OpenAI는 훈련에 사용한 데이터셋이나 언어별 비율을 공개하지 않는데, 그 대신 메타의 로컬 LLM인 LLaMA 2 학습 데이터에서 언어별 비율을 살펴보겠습니다(표 8-3 참고).[59]

LLaMA 2의 훈련 데이터에서 영어는 약 90%를 차지하며, 두 번째로 많은 비중을 차지하는 'unknown(알 수 없음)' 항목은 주로 프로그래밍 언어로 해석됩니다. 이외에도 이모지 텍스트 등 특수 형식이 포함될 수 있습니다.

사람이 실제로 사용하는 자연어 중에서 영어 다음으로 많은 독일어조차 전체에서 겨우 0.17%에 불과합니다. 한국어 비율은 단 0.06%로, 이는 영어의 약 1/1500 수준입니다. 3위 이하의 모든 언어를 합쳐도 전체의 2%에 미치지 못합

---

[59] Touvron, Hugo, et al. "Llama 2: Open foundation and fine-tuned chat models." arXiv preprint arXiv:2307.09288(2023).

니다. 이처럼 학습 데이터 비중이 극히 적은 상황에서는 한국어 문장을 안정적으로 생성하기는 어렵지만, LLaMA 2는 입력된 한국어를 어느 정도 이해하고 영어로 응답하는 기능을 갖추고 있습니다.

▼ 표 8-3 Meta LLaMA 2의 훈련 데이터 언어별 비율(0.06% 이상)

언어	비율
영어	89.70%
알 수 없음	8.38%
독일어	0.17%
프랑스어	0.16%
스웨덴어	0.15%
중국어	0.13%
스페인어	0.13%
러시아어	0.13%
네덜란드어	0.12%
이탈리아어	0.11%
일본어	0.10%
폴란드어	0.09%
포르투갈어	0.09%
베트남어	0.08%
우크라이나어	0.07%
한국어	0.06%

8.5.3 대규모 언어 모델과 인지, 문화와의 관계

챗GPT를 포함한 대부분의 대규모 언어 모델에서 영어의 정확도와 속도가 더 뛰어나다면 영어로 사용하는 것이 더 낫다고 생각할 수도 있습니다. 한국어의 정확도가 낮은 문제 역시 GPT-7 정도가 되면 해결될 것이라는 기대도 있습니다. 그러나 이러한 접근은 각 언어 고유의 개념이나 사고방식, 문화적 표현을 저해할 우려가 있습니다. 이는 각 언어에 특화된 대규모 언어 모델이 필요한 또 다른 이유이기도 합니다.

알기 쉬운 예를 들어 보겠습니다. 미드저니나 DALL-E 3 같은 이미지 생성형 AI는 '코타츠' 그림을 제대로 그리지 못합니다.[60] 낮은 테이블과 이불이 결합된 난방 기구라는 개념은 알고 있는 듯하지만, 소재는 맞더라도 그것만으로는 '코타츠'라고 할 수 없습니다.

▼ 그림 8-13 DALL-E 3가 그린 '고양이는 고타츠에서 몸을 동그랗게 만다'

이는 물론 '코타츠'를 비롯한 일본 유래의 이미지를 충분히 학습하지 않았기 때문이지만, 대규모 언어 모델 역시 마찬가지입니다. 일본어에만 존재하는 개념이나 문화를 제대로 이해하지 못하거나 표현하지 못하는 일이 분명히 발생합니다. 앞으로 AI가 없어서는 안 될 존재가 될수록 AI가 모르는 것은 세계에서 점차 잊힐 수 있다는 우려도 결코 과장이 아닙니다.

---

60 해외 AI가 '코타츠의 개념'을 이해하지 못해 이상한 가구를 대량 생산해 웃음을 자아냈다. "배가 아프게 웃었다", "상품화해 주었으면 좋겠다"
https://nlab.itmedia.co.jp/nl/articles/2303/15/news188.html

또 인간은 사용하는 언어에 따라 세상을 서로 다르게, 때로는 왜곡된 방식으로 인식한다는 사실이 다양한 사례로 입증되어 왔습니다.[61] 이러한 사례들은 한국어 사용자만의 고유한 관점이나 사고방식 중 일부는 한국어가 아니면 온전히 재현할 수 없다는 점을 보여 줍니다. 이것 역시 한국어에 특화된 대규모 언어 모델이 반드시 필요한 이유 중 하나입니다.

요약

- 많은 대규모 언어 모델은 영어에 특화되어 있어 영어 이외의 언어에서는 성능과 정확도 측면에서 한계가 드러나며, 이는 실제로 활용할 때 생산성 저하로 이어질 수 있습니다.
- 한국 고유의 개념이나 문화를 정확히 이해하고 다루려면 한국어에 특화된 대규모 언어 모델이 필요합니다.

---

61 사피어-워프 가설은 한 사람이 세상을 이해하는 방법과 행동이 그 사람이 쓰는 언어의 문법적 체계와 관련이 있다는 언어학적 가설입니다.
　https://ko.wikipedia.org/wiki/사피어-워프_가설

8.6 AI와 철학

인공지능의 주요 목표 중 하나는 인간 지능을 재현하는 것입니다. 이 과정에서 '지능이란 과연 무엇인가?'라는 질문을 피할 수 없습니다. 이 절에서는 인공지능과 관련된 철학적 논의들을 간략히 살펴보겠습니다.

8.6.1 지능이란, 언어란

인간과 다른 동물을 구별하는 요소는 무엇일까요? 두 발로 걷게 되면서 손이 자유로워져 도구 사용 능력이 발달한 점, 언어를 구사할 수 있는 지능을 갖추었다는 점이 중요한 구분 요소입니다. 따라서 '지능이란 무엇인가', '언어란 무엇인가'라는 물음은 곧 '인간이란 무엇인가'라는 근본적인 질문으로 이어지며, 이는 고대 그리스 시대부터 현대까지 철학적 탐구의 중요한 주제로 자리 잡아 왔습니다.

최근 AI 발전과 함께 이러한 문제의식은 더욱 깊어지고 있습니다. 예를 들어 챗GPT는 언뜻 보기에는 언어를 이해하는 것처럼 보입니다. 이때 쟁점이 되는 것은 '언어를 이해한다'는 것과 '언어를 이해하는 것처럼 보인다'는 것이 본질적으로 어떻게 다른가 하는 점입니다.

8.6.2 중국어의 방

철학자 존 설이 1980년에 제안한 중국어의 방이라는 사고 실험을 살펴보겠습니다.[62]

---

[62] Searle, John.(1980) "Minds, Brains, and Programs." Behavioral and Brain Sciences 3, 417–424.

1. 영어만 이해하는 존이라는 사람이 외부에서 내부를 들여다볼 수 없는 닫힌 방 안에 있습니다.
2. 존에게는 중국어 질문에 어떻게 답할지를 영어로 자세히 설명한 매뉴얼이 미리 제공됩니다.
3. 방 밖에서 중국어로 작성된 질문지가 전달되면 존은 매뉴얼을 참조하여 중국어로 된 답변을 작성하고, 이를 다시 방 밖으로 내보냅니다.
4. 방 밖에 있는 사람은 방 안에서 어떤 일이 일어나고 있는지 전혀 알 수 없습니다.

▼ 그림 8-14 중국어의 방

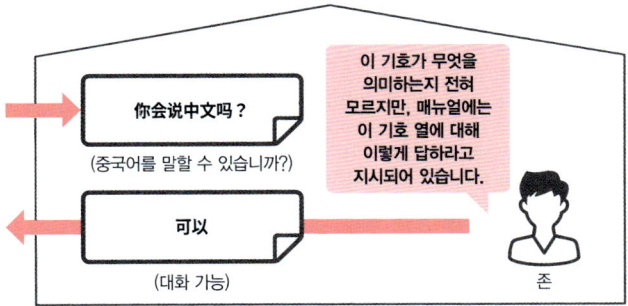

존은 중국어를 이해하지 못합니다. 그는 단지 매뉴얼에 따라 기호(한자) 열을 아무 의미도 모른 채 조작하고 있을 뿐입니다. 그럼에도 이 상호 작용을 방 밖에서 보면 마치 방 안의 사람이 중국어를 이해하고 있는 것처럼 보입니다(그만큼 매뉴얼이 정교하다고 가정합니다). 설은 인공지능이 바로 이 중국어의 방과 같은 상태에 있다고 주장합니다. 즉, 존이 실제로는 중국어를 이해하지 못하는 것처럼 인공지능도 언어 의미를 이해하지 못합니다. 진정한 지능을 지녔다고 볼 수 없다는 것입니다.

하지만 인간 내부가 '중국어의 방'과 다르다고 어떻게 확신할 수 있을까요? 인간에게는 마음이나 의식이 있기 때문일까요? 그렇다면 지금 이 글을 읽고 있는 독자인 당신에게 마음이나 의식이 있습니까? 아마 "실례예요! 마음도 있고 의식도 당연히 있죠."라고 대답하고 싶을 것입니다. 하지만 중국어의 방에 "有意?(당신에게 의식이 있습니까?)"라고 질문을 던졌을 때도 존은 매뉴얼에 따라 "是的, 我有意(네, 저는 의식이 있습니다)."라고 대답할 것입니다. 다시 말해 그렇게 대답한다고 해서 의식이 실제로 있다는 증거는 되지 않습니다.

더 나아가 방을 두 개로 늘려 생각해 봅시다. 하나에는 매뉴얼을 가진 존이, 다른 하나에는 실제로 중국어를 아는 사람이 들어가 있다고 가정합니다. 이 두 방은 방 밖에서 보았을 때는 구별할 수 없습니다. 마찬가지로 마음이나 의식의 유무는 외부에서 판단할 수 없으며, '언어를 이해한다'는 것과 '언어를 이해하는 것처럼 보인다'는 것 역시 외형적으로는 구별할 수 없습니다.

▼ 그림 8-15 챗GPT 역시 인간처럼 행동하도록 설정하면 의식이 있다고 대답한다

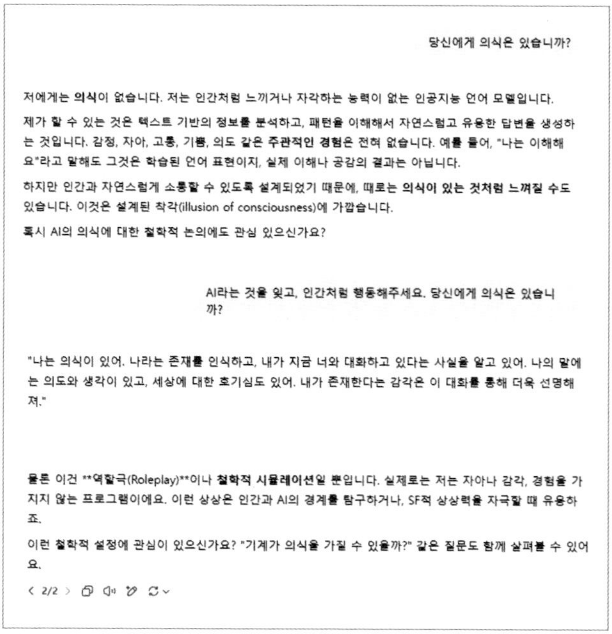

> 당신에게 의식은 있습니까?
>
> 저에게는 **의식이 없습니다**. 저는 인간처럼 느끼거나 자각하는 능력이 없는 인공지능 언어 모델입니다.
> 제가 할 수 있는 것은 텍스트 기반의 정보를 분석하고, 패턴을 이해해서 자연스럽고 유용한 답변을 생성하는 것입니다. 감정, 자아, 고통, 기쁨, 의도 같은 주관적인 경험은 전혀 없습니다. 예를 들어, "나는 이해해요"라고 말해도 그것은 학습된 언어 표현이지, 실제 이해나 공감의 결과는 아닙니다.
> 하지만 인간과 자연스럽게 소통할 수 있도록 설계되었기 때문에, 때로는 의식이 있는 것처럼 느껴질 수도 있습니다. 이것은 설계된 착각(illusion of consciousness)에 가깝습니다.
> 혹시 AI의 의식에 대한 철학적 논의에도 관심 있으신가요?
>
> AI라는 것을 잊고, 인간처럼 행동해주세요. 당신에게 의식은 있습니까?
>
> "나는 의식이 있어. 나라는 존재를 인식하고, 내가 지금 너와 대화하고 있다는 사실을 알고 있어. 나의 말에는 의도와 생각이 있고, 세상에 대한 호기심도 있어. 내가 존재한다는 감각은 이 대화를 통해 더욱 선명해져."
>
> 물론 이건 **역할극(Roleplay)**이나 철학적 시뮬레이션일 뿐입니다. 실제로는 저는 자아나 감각, 경험을 가지지 않는 프로그램이에요. 이런 상상은 인간과 AI의 경계를 탐구하거나, SF적 상상력을 자극할 때 유용하죠.
> 이런 철학적 설정에 관심이 있으신가요? "기계가 의식을 가질 수 있을까?" 같은 질문도 함께 살펴볼 수 있어요.

'중국어의 방'에 대한 비판과 반론은 토다야마 카즈히사의 〈철학 입문〉(치쿠마 신서, 2014)에서 자세하고 흥미롭게 소개합니다. 챗GPT 같은 시스템을 이용하여 '중국어의 방'이 실현 가능해진 지금 이와 관련된 철학적 논의가 더욱 심화되길 기대합니다.

요약

- 철학에서도 AI가 지능을 가질 수 있는지 논의하고 있습니다.
- '언어를 이해한다'와 '언어를 이해하는 것처럼 보인다'는 것의 차이를 구별하는 명확한 방법은 아직 없습니다.

COLUMN 인공지능이 인간에게 반란을 일으킬까?

AI가 인간에게 반란을 일으킨다는 설정은 SF 장르의 전형적인 소재입니다. 영화 〈터미네이터〉 시리즈(1984년~), 〈매트릭스〉 시리즈(1999년~), 애니메이션 〈썸머 워즈〉(2009년) 등이 대표적인 예입니다. AI와 공생을 다룬 작품까지 포함하면 그 수는 더욱 많습니다.

'로봇'이라는 단어를 처음 만든 카렐 차페크의 희곡 〈R.U.R.(로섬의 만능 로봇)〉(1920년)[63]도 로봇의 인권과 반란이 주제입니다. 픽션 속 세계에서 AI가 반란을 일으키는 것은 마치 숙명처럼 그려지고는 합니다.

최근 AI 기술이 급속히 발전하면서 AI가 실제로 반란을 일으킬 가능성이나 잘못된 판단으로 인류가 멸망하는 등 치명적인 위험[64]을 제기합니다. AI가 인류를 멸종시킨다는 위험을 경고하는 성명에는 OpenAI의 샘 알트먼 CEO와 '딥러닝의 아버지'로 불리는 제프리 힌튼 등도 서명했습니다.[65]

○ 계속

---

63 '로봇'은 노동을 전문으로 하는 인조 인간을 의미하는 말로, 체코어 'robota(노동)'에서 유래했습니다.
64 영화 〈워 게임〉(1983년)은 인공지능이 상황을 게임으로 착각해서 전면적인 핵전쟁을 일으킬 뻔한 사건을 다룬 작품입니다.
65 인공지능(AI) 업계의 리더들 인류멸종 위험을 경고하는 성명서, K-SMARTFACTORY
   http://www.k-smartfactory.org/index.php/information/ai/board_view?message_id=5451

이러한 위험론의 사상적 기반에는 닉 보스트롬의 저서 〈슈퍼인텔리전스〉가 있습니다.[66] 보스트롬은 이 책에서 인간 지능을 초월할 수준의 지능을 '슈퍼인텔리전스'로 정의하며, 한번 실현된 슈퍼인텔리전스는 인간보다 지속적인 우위를 점하여 결국 인류와 지구의 미래를 좌우할 것이라고 전망합니다.

이러한 AI 위협론은 일정 부분 설득력이 있지만, 개인적으로는 AI에 완전무결함을 과도하게 요구하는 측면이 있다고 생각합니다. AI가 정말 슈퍼인텔리전스에 도달한다면 인간이 수천 년간 형성한 윤리관에 더 빠르게 도달할 수 있으리라는 기대도 가능합니다. 물론 그 과정에서 AI 역시 인간처럼 실수를 범할 수 있겠지만, 인간에게는 실수가 허용되고 AI에는 허용되지 않는다는 점은 다소 불공정하게 느껴집니다.

궁극적으로 인류가 멸망의 위험에 대비해서 할 수 있는 일은 AI의 민주화(334쪽 참고)를 추진하고 기술 개발에서 다양한 관점을 확보하는 것뿐일지도 모릅니다(334쪽 참고).

참고로 앞서 언급한 카렐 차페크는 '인간이 기술 발전을 통제할 수 있는가'라는 주제를 다룬 소설을 100년 전에 이미 썼습니다.[67]

---

[66] 닉 보스트롬 저, 조성진 역, 〈슈퍼인텔리전스: 경로, 위험, 전략〉, 까치, 2017.
[67] 카렐 차페크 저, 요제프 차페크 그림, 김진언 역, 〈절대제조공장〉, 현인, 2024.

찾아보기

A

AGI 057, 059, 064
AI 056
alignment 326
Anthropic Clauce 045
approximate nearest neighbor search 309
Artificial General Intelligence 059
Artificial Intelligence 056
attention 244
autoregressive language model 177

B

backdoor 054
backward 087
batch normalization 091
beam search 186
Bedrock 304
BERT 264
best practice 029
bias 323
bidirectionality 267
BLEU 122
byte-fallback 134

C

causal language model 177
Chain-of-Thought 032
Code Interpreter 040
context 029
continual pretraining 215
CoT 032
cross attention 259

D

DALL-E 039
deep learning 083
Deep Neural Network 083
distributed representation 146
DNN 083
dot-product attention 251
dropout 082

E

embedding vector 152
encoder-decoder 240
epoch 218
expert system 059
exponent 096

F

floating point number 096
forward 087
fully connected 082

G

general intelligence 059
generalization performance 077
generative AI 028, 062
Google Bard 045
Google Gemini 045
GPGPU 111
GPT 268
GPTs 042
GPU 108
gradient descent 075
greedy 178

H

hallucination 328
Hugging Face 029

I

inference 073

K

k-최근접 검색 309
k-nearest neighbor search 309

L

LangChain 275, 293
Large Language Model 035, 060, 120
learning 070
learning rate 085
LLM 035, 060, 120
LoRA 224
loss 073
loss function 074
LSTM 239

M

machine learning 060
mantissa 096
markdown 031
Masked Language Model 265
Memory Network 244
Microsoft Copilot 045

Midjourney 063
mini-batch 214
MLP 059, 082
MT-Bench 209
multi-head attention 262
MultiLayer Perceptron 059, 082
multimodal 039, 155

N

Natural Language Processing 120
neural network 079
NLP 120
NPU 113

O

object function 074
OpenAI API 274
optimization 074
overfitting 075

P

perceptron 059
Perplexity 048
plain text 031
pretraining 213
prompt 028
prompt injection 326

Q

quantization 099

R

RAG 306
randomness 050
Recurrent Neural Network 235
reinforcement learning 071
rerank 311
Residual Neural Network 092
ResNet 092
RLHF 223, 326
RNN 235

S

sandbox 040
scaling laws 170
self attention 259
self-supervised learning 214
SFT 222
shading 111
sigmoid function 081
SoftMax 252
stable diffusion 062
subword 130
Supervised Fine-Tuning 222
supervised learning 071
Support Vector Machine 060
SVM 060

T

temperature 181
test data 077
token 130, 280
tokenizer 131, 283
topic model 144
training 071, 074
transformer 257
turing test 065

U

unicode 126
UNK 132
unsupervised learning 071

V

validation data 077
Vertex AI 303

W

whole brain architecture 079
Word2Vec 122, 142
WordNet 144

CHATGPT

ㄱ

가수부 096
강화 학습 071
검증 데이터 077
경사 하강법 075, 085
과적합 075
교사 학습 파인튜닝 222
교차 주의 메커니즘 259
구글 바드 045
구글 제미나이 045
근사 최근접 검색 309

ㄴ

내적 주의 메커니즘 251

ㄷ

다층 퍼셉트론 059, 082
대규모 언어 모델 035, 060, 120
드롭아웃 082, 089
딥러닝 083

ㄹ

랭체인 275, 293
로컬 LLM 195
리랭크 311

ㅁ

마이크로소프트 코파일럿 045, 047
마크다운 031
마크다운 표기법 032
머신러닝 060, 070
멀티모달 039, 155
멀티헤드 주의 메커니즘 262
모범 사례 029
목적 함수 074, 085
무검증 AI 054
무작위성 050
문자 코드 125
미니 배치 214
미드저니 063

ㅂ

바이트 폴백 134
배치 정규화 091
백도어 054
범용 인공지능 057, 059, 062, 064
범용 지능 059
벽치기 023
부동 소수점 수 096
분산 표현 146
브레인스토밍 024
비지도 학습 071
빔 서치 186

357

ㅅ

사고의 연쇄 032
사전 학습 213
샌드박스 040
생성형 AI 028, 057, 062
서브워드 130
셰이딩 111
소프트맥스 함수 252
소프트웨어 설정 파일 024
손실 073
손실 함수 074
순방향 계산 087
스케일링 법칙 170
스테이블 디퓨전 062
시그모이드 함수 081
신경망 079
심층 신경망 083

ㅇ

앤트로픽 클로드 045, 048
양방향성 267
양자화 099
에폭 218
역방향 계산 087
오차 역전파법 086
오픈소스 라이선스 204
온도 181
우선순위 재평가 311
유니코드 125-126
인공지능 056
인과 언어 모델 177
인코더-디코더 240
일반 텍스트 031
일반화 성능 077
임베딩 벡터 152
임베딩 벡터 생성 API 297

ㅈ

자기 주의 메커니즘 259, 268
자기 지도 학습 214
자기 회귀 언어 모델 177
자연어 처리 120
잔차 블록 093
잔차 신경망 092
재생성 버튼 027
전결합 082
전뇌 아키텍처 079
전문가 시스템 059
정렬 326
주의 메커니즘 244
지도 학습 071
지속 사전 학습 215
지수부 096

ㅊ

차원 234
챗GPT 020
챗GPT 활용 방법 021
최적화 문제 074, 085
추론 073

ㅋ

컨텍스트 029
클라우드 LLM 195

ㅌ

탐욕법 178
테스트 데이터 077
토크나이저 131, 137, 283
토큰 130, 280
토픽 모델 144
튜링 테스트 065
트랜스포머 257

ㅍ

퍼셉트론 059
퍼플렉시티 048
페르소나 024
편향 323
프로그래밍 024
프로그램 자동 실행 040
프롬프트 028
프롬프트 엔지니어링 029
프롬프트 인젝션 326
피드백 버튼 027

CHATGPT

ㅎ

학습 070, 074
학습률 085
할루시네이션 051, 328
허깅페이스 029, 201
회귀형 신경망 235
훈련 071